低碳供应链管理

杨红娟 著

科 学 出 版 社

北 京

内 容 简 介

本书以案例问题为研究切入点，以供应链管理理论、生态伦理学理论、低碳经济理论、可持续发展理论为支撑，运用系统集成思想，通过信息集成、过程集成、企业集成和知识集成，从整个供应链的角度考虑降低碳排放和提高资源利用效率，统筹规划低碳供应链的物质流、信息流、资金流和工作流，强调企业间废弃物的资源化利用和能量的梯级利用，通过低碳供应链管理体系设计、管理障碍模型构建、成员间协同管理、成员利益分配、信用风险分析评价控制、碳排放评价、供应商的选择等研究，实现低碳供应链管理。

本书既可供从事环境管理和供应链管理的高等院校师生和研究人员参考，也可供企业界人士参考。

图书在版编目（CIP）数据

低碳供应链管理/杨红娟著．—北京：科学出版社，2013

ISBN 978-7-03-039053-0

Ⅰ.①低… Ⅱ.①杨… Ⅲ.①供应链管理-节能-研究 Ⅳ.①F252

中国版本图书馆 CIP 数据核字(2013)第 260743 号

责任编辑：魏如萍 / 责任校对：胡小洁

责任印制：阎 磊 / 封面设计：无极书装

科 学 出 版 社 出版

北京东黄城根北街 16 号

邮政编码：100717

http://www.sciencep.com

北京凌奇印刷有限责任公司 印刷

科学出版社发行 各地新华书店经销

*

2013 年 12 月第 一 版 开本：720×1000 B5

2013 年 12 月第一次印刷 印张：13

字数：262 000

POD定价： 62.00元

（如有印装质量问题，我社负责调换）

前　言

随着全球市场竞争的加剧及信息化的快速发展，商业竞争已不是企业和企业之间的竞争，而是供应链与供应链之间的竞争，在供应链中考虑环境因素的研究最早在20世纪70年代提出。哥本哈根世界气候大会后，全球已经进入低碳经济时代。“低碳”（low carbon，LC）概念开始高频率地走进人们日常生活。这就要求企业顺应全球性潮流，选择可持续发展的经营战略，在其经营活动的各个层次、各个方面采用新的经营模式，不仅承担促进经济发展的责任，而且担负起推动社会发展和低碳经济发展的责任，追求经济效益、社会效益和环境效益的统一。要达到这样的目的，企业的视角就不能局限于企业自身，而应放在整个供应链上。在供应链中考虑和强化碳排放因素，即做到低碳供应链管理（low-carbon supply chain management）。供应链上的各节点企业通过与上下游企业的合作以及企业创新，实现碳排放的最小化。低碳供应链管理研究从产品生命周期角度出发，在强调以最终客户为中心的同时，通过供应链上节点企业间的协同合作和信息共享，对产品采取低碳采购、低碳制造、低碳支付、低碳物流、逆向物流等一系列手段以实现整个供应链上的碳排放最少化，实现不仅对用户需求快速反应，而且降低碳排放，达到降低对环境的影响的目标。

低碳供应链管理更具有系统性、集成性、实用性和与时俱进性。低碳供应链管理的核心在于把供应链上的各个企业看成供应链上的一系列节点，从整个供应链的角度来优化各节点企业及供应链的低碳行为，通过各节点企业同步、协调地运行，对企业实施低碳供应链管理的体系结构、运作模式进行研究，提高各节点企业在低碳经济背景下的市场竞争力，进而占有较高的市场份额、获得丰厚的利润，最终使整个低碳供应链上的节点企业受益，实现企业在低碳经济环境下的可持续发展。

本书以案例问题为研究切入点，以供应链管理（supply chain management，SCM）理论、生态伦理学理论、低碳经济理论、可持续发展理论为支撑，运用系统集成思想，通过信息集成、过程集成、企业集成和知识集成，统筹规划低碳供应链的物质流、信息流、资金流和工作流，强调企业间废弃物的资源化利用和能量的梯级利用，从整个供应链的角度考虑降低碳排放和提高资源利用效率。本书分为13章：第1章为低碳供应链管理的提出；第2章为低碳供应链管理体系；第3章为低碳供应链管理障碍模型研究；第4章为低碳供应链成员间协同管理；第5章为低碳供应链成员利益分配；第6章为低碳供应链成员的利益分配模型研究；第 7 章为低碳供应链信用风险分析；第 8 章为基于模糊综合评价法的低碳供应链信用风险评价；第 9 章为低碳供应链信用风险控制措施；第 10 章为低碳供应链碳排放评价体系研究；第 11 章为低碳供应链碳排放评价体系实证运用——以燃煤发电供应链为例；第 12 章为低碳供应链背景下的供应商选择评价；第 13 章为低碳供应链管理的实施——以云南化工行业为例。

本书由杨红娟教授整体设计完成，感谢李晓蓉、郭彬彬、章京、郭小叶、高珍珍、孙伟等做了大量工作。书中引用了许多学者的观点与资料，在此一并致谢！

本书是主持完成云南省基金的研究成果和国家基金课题的阶段性成果：低碳供应链管理体系设计和运作模式研究（2010 年 10 月～2013 年 9 月），云南省应用基金；少数民族农户低碳行为模式研究——以云南为例（2013 年 1 月～2016 年 12 月），国家自然基金。

目　　录

第1章　低碳供应链管理的提出

1.1　供应链管理

供应链管理在斯坦福全球供应链论坛（Stanford Global Supply China Forum，SGSCF）中的定义为“从供应（商）、制造（商）、分销（商）到客户的物流和信息流的协调和集成”（王非等，2005）。而在W.C.Copacino看来，供应链管理的含义则是“管理从物料供应者一直到产品消费者之间的物料和产品流动的技术”（王冲等，2006）。Harland认为，组织内部、直接供应商、第一层与第二层供应商及供应链上的顾客、整个供应链等范围的企业活动关系是供应链管理所涉及的内容（Simon，2000）。陈国权（1999）认为供应链管理是对整个供应链系统进行计划、协调、操作、控制和优化的各种活动和过程，在使总成本达到最小的同时也实现将顾客所需的正确的产品（right product）能够在正确的时间（right time），按照正确的数量（right quantity）、正确的质量（right quality）和正确的状态（right status）送到正确的地点（right place）——即“6R”的目标。马士华等（2005）认为供应链管理的实质就是最优化整条供应链的流程：以最少的成本，使包括工作流、物质流、资金流和信息流在内的供应链从采购开始到最终顾客的所有过程高效地运作，使合适的产品以合理的价格按时准确地到达最终的客户。这些定义尽管各有各的侧重点，但它们与经典的管理思维是一脉相承的：因为它们基本上都着重指出供应链管理是以集成化、系统化、最优化等作为其指导思想并通过对链条中资金流、工作流、物质流以及信息流的有效管理，尽可能地满足最终客户的需求，最终实现最大化整条供应链收益的管理思想、方法和技术。

自20世纪80年代末供应链管理的概念被提出以后，近年来随着制造的全球化，其在制造业管理中得到普遍应用，成为一种新的管理模式。供应链管理的概念虽然提出的时间仅有十几年，但是在竞争激烈的国际市场、迅猛的技术改良以及经济需求的不确定性等现实条件的影响之下，目前已得到广泛关注和应用，发展的阶段基本上可以归纳为以下三个。

第一阶段：1980～1989年，其思想的诞生阶段。1989年，“供应链管理”的概念由美国管理学家Stevens提出。供应链管理是一种包括企业内部和外部的集成思想，因此供应链节点上的各个企业之间和企业内部各个部门之间的合作显得非常重要。

第二阶段：1990～1995 年，初步形成其概念的阶段。供应链上的节点企业之间或者是企业的部门之间有时候发生的利益冲突，使得供应链效率降低进而导致了整条供应链的竞争力下降。而作为节点企业以及各部门间重要沟通工具的信息流，在向上传递的时候经常发生信息错误。为了减少不必要的利益冲突，尽可能完全的信息共享成为了提高供应链竞争力的有效手段。

第三阶段：1996 年至今，企业间建立合作伙伴关系被强调阶段。各合作企业之间一致协调对外是初期提出的协调供应链的主张；而合作伙伴关系则强调在分步骤的、考虑多种因素的综合评价过程中对合作伙伴进行选择，在与尽可能少的供应商合作的前提下保证合作的有效性。

尽管有关供应链的管理显得非常复杂，且动态、多变，但国际上众多企业已经在供应链管理的实践中获得了丰富的经验并取得显著成效。当前供应链管理的发展正呈现出一些明显的发展趋势。

(1) 供应链的全球化。随着原材料供应、产品制造以及销售等供应链流程越来越多样化和复杂化，并且在这些过程中涉及的不同地域的合作企业数量不断增加，供应链最终呈现了全球性，进而导致了全球供应链的产生。

(2) 供应链的敏捷化。21 世纪需要新的制造战略和新型的生产模式，因此作为供应链和管理科学面向制造活动之必然趋势的敏捷制造应运而生。敏捷供应链（agile supply chain）以加强企业适应变化无常的市场需求的能力作为指导方向，同时选择动态联盟的快速重构（re-engineering）为基本着力点，目标是加快供应链结盟、优化供应链运行和供应链平稳解体的过程。在供应链环境下，时间与速度已被看成是提高企业竞争优势的主要来源，一个环节的拖沓往往会影响整个供应链的运转。供应链中的各个企业通过各种手段实现它们之间物流、信息流的紧密连接，以达到对最终客户要求的快速响应、减少存货成本、提高供应链整体竞争水平的目的。

(3) 供应链的信息化。电子商务（electronic commerce，EC）即通过信息网络进行生产、营销等活动，它指包括 Internet 上的交易在内的所有利用电子信息技术来进行的商务活动。在供应链层面，电子商务的作用包括如下三类：①企业内部各部门之间。通过 Internet 企业内部自动处理工作流并更快反映市场变化。②供应链各节点企业之间。本书认为，电子商务可以将各节点企业组合成一个虚拟的大型企业即供应链联盟集团，类比电子商务在上述第一类企业各部门之间的作用，信息可以达到高度共享从而为整个供应链提供增值服务。③企业与顾客之间。企业网上商店的开放，使双向交互通信得到实现，这样就有效地提高了交易效率，节省了双方的时间和空间。

1.2　可持续发展战略

1.2.1　可持续发展的概念与内涵

1987 年世界环境与发展委员会（WCED）发表了《我们共同的未来》（*Our Common Future*）这一重要的研究报告，第一次明确提出了可持续发展的定义：可持续发展是既能满足当代人的需求，又不对后代人满足其需求的能力构成危害的发展。可持续发展概念的提出是对当前人类在经济发展和环境保护方面存在的问题所进行的全面和系统的评析。它一针见血地指出：过去我们关心的是发展对环境带来的影响，而现在我们则迫切地感到生态的压力，如土壤贫瘠、水资源缺乏、大气污染、森林退化对人类发展所带来的影响；以前人类只关注国家与国家在经济方面相互协作的重要性，而现在人们则更加感受到国家之间对生态环境相互依赖的重要性。生态与经济从来没有像现在这样紧密联系在一个互为因果的网络之中。

与传统发展模式下人类中心论的世界观和以征服自然、奴役自然、无限度地牺牲自然来满足人类需要的价值观不同，可持续发展坚持的是协调、持续、科学的发展观。它要求以系统的观点，从整体上把握和解决人口、资源、环境与发展问题，探索人类与其赖以生存和发展的地球系统共同构成的大系统的运行机理和发展规律。从社会伦理的角度公平分配地球资源，既满足当前发展，又考虑未来发展的需要；既满足当代人的利益，又不损害后代人利益。同时做到坚持科学技术是第一生产力，用科学技术谋发展。

可持续发展的观点兼具经济学内涵、社会学内涵、生态学内涵和以人为中心的可持续发展的内涵。

（1）经济学内涵：人类的发展要靠经济的增长，但这种经济增长应保持在自然与生态的承载力范围之内。可持续发展是“在保护资源质量和提供服务的前提下，使经济的净利益增加到最大限度”。

（2）社会学内涵：可持续发展是社会的持续发展，包括生活质量的提高与改善。只有做到人口趋于平稳、经济稳定、政治安定、社会秩序井然，人类才能从中收益，才能发展。

（3）生态学内涵：从生态学的角度来看，可持续发展是“自然资源及其开发利用之间的平衡”。在国际生态学联合会和国际生物科学联合会共同举行的可持续发展研讨会上，可持续发展被定义为“保护和加强环境系统的生产和更新能力”。

（4）以人为中心的可持续发展的内涵：可持续发展着眼点在于自然环境的呵护，而最终关心的是人类的生存和发展问题。它不仅关心人类现实的利益和发展，更关心人类未来的利益和发展。

随着国际上可持续发展观念的提出，我国于 1994 年率先制订了世界第一部国家级可持续发展战略规划——《中国 21 世纪议程——中国人口、资源、环境与发展白皮书》。如今，我国政府把实施可持续发展作为国家经济、社会发展的总体战略，致力于中国和整个世界的可持续发展。

总之，可持续发展是一种要从环境和自然资源角度出发的关于人类发展的战略和模式，它要求在人类的发展过程中连续、不间断，更重要的是强调环境资源的长期承载对发展的重要性以及发展对改善人类生活质量的重要性。可持续发展的概念从理论上结束了长期以来发展经济同环境与资源相对立的错误观点，指出了其相互关联、互为因果的内在联系。可持续发展是一个涉及经济、社会、文化、技术与自然环境的综合概念，是自然资源与生态环境的可持续发展、经济的可持续发展、社会的可持续发展。

1.2.2　可持续发展与环境及资源

可持续发展的提出缘起于环境问题，但它已经超越了单纯的环境保护。它将环境问题和发展问题有机地结合起来，成为一个有关社会经济发展的全面性战略并引起世界各国的关注。在 20 世纪 90 年代，诸如美国、德国、巴西、中国等都提出了自己的 21 世纪议程或行动纲领。其目的都是在强调促进经济和社会发展的同时要注重环境保护。环境对发展的约束是由不合理的发展破坏了环境所致，而合理的发展又为治理环境提供更多的资金和技术支持。因此，在满足全体人民基本要求的基础上，应更快建立资源节约型的国民经济体系，从掠夺性开发向集约性经营转变，维持生态平衡和可持续发展能力，实现社会经济与生态之间的协调发展。

资源是有限和稀缺的，而人类的发展与需求却是无止境的。正是因为存在这样的矛盾，可持续发展承担着合理配置资源、实现自然资源可持续供给的重任。根据可持续发展的原则制定相应的政策，从而有效地管理各种资源和资产以求不断增加财富和福利是可持续发展的重要功能。

1.2.3　可持续发展与供应链管理

人类工业史上的每一次重大进步都是以消耗巨量资源和造成生态环境破坏为代价的。20 世纪末人类社会迈入了信息经济时代，随着信息技术特别是网络技术的广泛应用，产品生命周期缩短，客户需求的个性化趋势增强，市场竞争空前激烈。与此同时，对环境的污染与破坏也空前严重。正是在这种大背景下，企业为了适应经济全球化，增强自身的竞争力，开始广泛参与供应链管理。

对供应链的研究始于 20 世纪 60 年代。它最早来源于企业的物料计划以及物料运输的研究，但随着企业竞争的加剧，供应链早已超越原来企业范围，成为一种跨企业的，从供应商的供应商到顾客的顾客，包括了原材料采购、生产、销售、运输等各个环节的企业联盟。供应链管理不是供应商管理的别称，而是一种新的管理策略，它把不同企业集成起来以增加整个供应链的效率，注重企业之间的合作。它通过前馈的信息流和反馈的物料信息流将供应商、制造商、仓库和商店有效地结合成一体来生产商品，并把正确数量的商品在正确的时间配送到正确地点的一套方法。

随着人们环境保护意识的增强，全球企业也开始重视环境的影响，在生产经营过程中添加了环保因素的考虑，如实施绿色制造。经济上的可持续发展政策同样适用于供应链管理活动。这是因为供应链管理活动的过程中同样存在能源和资源的消耗，产生环境污染。为了实现社会经济可持续的发展，必须采取各种措施来保护自然环境，只有供应链上的各个环节的运作与环境保护相辅相成才能实现双赢。

1.3 环境因素影响下的供应链管理

1.3.1 闭环供应链管理

现代企业已经清楚地认识到在竞争空前激烈的市场上，唯有供应链上下游企业协同合作才是赢取成功的关键。换言之，企业与企业的竞争已然成为供应链与供应链之间的竞争。供应链管理的概念最早出现在 20 世纪 70 年代后期，至今未形成统一的定义。我国《物流术语》中把供应链管理定义为："即利用计算机网络技术全面规划供应链中的商流、物流、信息流、资金流等，并进行计划、组织、协调与控制。"早期所定义的供应链管理没有涉及环境因素的影响，目的是追求经济效益最高，没有考虑环境的承受能力，缺乏对可持续发展和环境效益、社会效益的综合思考。随着环境的恶化、可持续发展思想的普遍深入，许多国家规定生产商必须负责废旧产品的回收，有些国家甚至规定如果生产商不在本国，那么进口商负责回收产品。我国也从 2003 年起要求电子产品生产商必须负责回收废旧产品。

传统的供应链管理主要涉及采购、生产、配送等环节，很少涉及销售环节。近年来由于市场经济发展及法律法规的制约，企业需要扩展供应链管理范围，不但要包括销售活动、产品的使用阶段的服务和维护，还包括产品生命周期终结后的回收、整修或再生等活动。这些附加活动可以被看成是传统供应链管理概念的延伸。随着产品生命周期的日益缩短，企业必须同时考虑从制造商到顾客的正向流和从顾客到制造商的逆向流，即形成闭环供应链（closed-loop supply chain）。

闭环供应链管理是随着人们对环保意识的加强才引起重视的物流观念和现

象，目前没有对其产生权威的定义。目前关于闭环供应链管理的定义有：在产品整个生命周期中，同时考虑正向供应链以及回收再利用的逆向供应链活动。也有学者指出：闭环供应链管理的目的是对物料进行封闭处理，减少废弃物排放和剩余的废物，以降低成本为顾客服务。由于正向供应链和逆向供应链之间有着很强的相互关系，必须同时考虑。

总之，闭环供应链管理使“资源—生产—消费—废弃”的开环过程变为“资源—生产—消费—再生资源”的闭环反馈式循环过程。在这一过程中可以减少废弃物排放，把经济活动对自然环境的影响降低到尽可能小的程度，同时以降低成本为顾客提供服务。闭环供应链构架及其对环境的影响的结构关系，如图 1-1 所示。

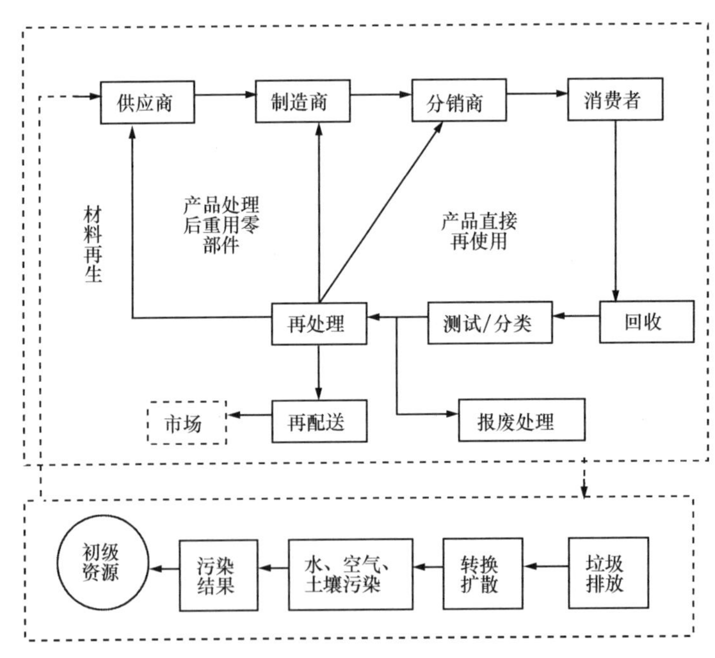

图 1-1　闭环供应链框架及其对环境的影响

资料来源：计国君．2007．闭环供应链下的配送和库存理论及应用［M］．北京：中国物资出版社

1.3.2　绿色供应链管理

关于闭环供应链管理的研究，许多文献只体现在逆向物流方面，缺乏发展基础理论和理论框架去支持这些方法的应用。因此，在后来的研究中人们逐步摆脱仅仅基于逆向物流视角这样限制性的看法，即以全盘的观点，从绿色供应链的角度而不是逆向物流本身。全球化经济也需要发展绿色供应链的理论和框架。

绿色供应链管理（green supply chain management）就是在供应链管理过程

中考虑和强化环境因素。具体就是通过与上下游企业的合作以及企业内部各部门的沟通，从产品设计、材料的选择、产品制造、产品销售以及回收的全过程考虑环境整体效益最优化，同时提高企业的环境绩效和经济绩效，从而实现企业和所在供应链的可持续发展。

从企业的角度来看，随着全球企业环境责任意识的增强，许多年前一些企业就开始使用类似绿色供应链管理的方法，如与供应商签订的标准合同明确要求满足各种环保要求、实行绿色采购等。企业绿化其供应企业可以从中获得许多好处。

（1）提高效率带来的经济收益。通过减少废物产生的数量，企业降低了处理成本、采购成本甚至罚款。供应企业的成本节约也可能部分转移到采购企业。

（2）创新所带来的竞争优势。通过清洁生产、过程创新和废弃物减量等方法，可以提高生产效率，从而减少废弃物并提高收益。

（3）提供绿色产品。合作伙伴之间保持对绿色供应链管理的认同，有利于产品质量的改善，获得绿色产品。

（4）一致的公司环境目标。有利于建立共同的企业文化，消除隔阂。

（5）提高企业形象。通过绿色供应链管理，提升企业绿色形象，可以获得消费者、投资者和员工等的欢迎。

1.3.3　生态供应链管理

生态供应链管理（ecological supply chain management）是在系统观和整体观的指导下，依据可持续发展的管理模式，运用生态思维对产品从原材料的选择、采购、供应、生产、销售、消费直到废弃物回收再利用的整个过程进行以“实现最大程度的资源利用和最低限度的消耗”为宗旨的生态设计，通过供应链中各企业之间与企业内部各部门之间的紧密合作，使整条供应链在环境管理方面协调统一，最终达到人类、自然和社会的共赢。

生态供应链管理的基本思想包括了产品多生命周期的每一过程。产品多生命周期不仅包括本代产品实行生态设计、生态采购、生态制造、生态营销、生态物流、生态消费和废弃物生态处理所经历的时间，还包括产品报废后，其产品或其零部件在下一代、再下一代等多代产品中循环再利用的时间。这样做可使对环境的污染达到最小。因此，实施生态供应链管理有以下几方面作用。

（1）生态供应链管理可以达到环境优化、经济发展、社会协调的三重效果，是企业获得生态形象的有效途径。

（2）企业通过实施生态供应链管理策略，既可以满足消费者对产品的要求，又做到了环境影响最小，更能突破国际贸易的壁垒，从而在市场竞争中占据优势。

(3) 生态供应链管理能改变传统的粗放型生产经营方式，做到低投入、低消耗和高产出，是提高经济效益的主要途径。

1.4 低碳经济与低碳供应链管理

1.4.1 低碳经济概念的提出与发展

1997 年在日本京都通过的《京都议定书》是世界上第一部以法律约束力来控制温室气体排放的国际性条约，这是引发低碳经济概念的触点。该条约规定，2008～2012 年，发达国家温室气体排放量要在 1990 年的基础上平均消减 5.2%，包括二氧化碳、甲烷、氮氧化物、氟利昂等 6 种气体；并对几个重要发达国家温室气体排放量规定明确的降低指标，这一协议被称为人类“为防止全球变暖迈出的第一步”。

美国著名学者布朗（1999）在《生态经济革命》一书中最早提到了低碳经济，他指出：创建可持续发展经济“首要工作乃是能源经济的变革”，并提出面对地球温室化的威胁，应尽快从以化石燃料（石油、煤炭）为核心的经济转变为以太阳能、氢能源为核心的经济。

低碳经济最早见诸政府文件是在 2003 年的英国能源白皮书《我们能源的未来——创建低碳经济》，其中提到：到 2050 年将英国二氧化碳的排放量消减 60%，从根本上把英国变成一个低碳经济的国家。为此英国制定了一系列的气候政策来提高能源利用效率，降低温室气体排放量。

2007 年联合国气候变化大会在巴厘岛通过决议，制定了“巴厘岛路线图”，要求发达国家在 2020 年之前将温室气体排放减少 25%～40%，这为全球进一步迈向低碳经济时代起到了积极的促进作用。2008 年世界环境日的主题为“转变传统观念，推行低碳经济”。

2009 年 192 个国家的环境部长在哥本哈根召开《联合国气候变化框架公约》缔约方第 15 次会议，会议通过了《哥本哈根协议》。该协议维护了《联合国气候变化框架公约》及《京都议定书》确立的“共同但有区别的责任”原则，就发达国家实行强制减排和发展中国家采取自主减缓行动做出了安排，被喻为“拯救人类的最后一次机会”。

低碳经济是在全球气候变暖后所提出的新概念，尤其是在哥本哈根大会召开以后，低碳经济更是引起全社会的广泛关注。低碳经济没有约定俗称的定义，人们普遍认为低碳经济是指在可持续发展理念的指导下，通过技术创新、制度创新、产业转型、新能源开发等多种手段，尽可能地减少煤炭、石油等高碳能源消耗，减少温室气体排放，达到经济社会发展与生态环境保护双赢的一种经济发展形态。

1.4.2　低碳经济的理论基础

低碳经济是兼顾经济稳定增长的同时实现温室气体排放的低增长或负增长的经济模式。因此，必须有经济学作为理论支撑。同时，如何保持社会经济与自然生态的协调发展，提高人类生存环境的质量，已成为人类当前面临的紧迫任务。经济学和生态学都是低碳经济的重要理论基础。

1. 经济学

经济学一般分为微观和宏观两个层面。微观经济学研究的是个体或个体与其他个体间的决策问题。如消费、生产过程中稀缺资源的投入、资源分配等。在低碳经济的研究中，微观经济学主要涉及消费者的消费模式和企业的生产方式等。宏观经济学常以地区、国家作为研究对象，涉及收入与生产、物价、货币、就业等问题。对于低碳经济则重点研究的是实行低碳经济对国内就业、物价水平和国民收入等的影响。本书具体阐述微观经济学和宏观经济学在低碳经济发展过程中的影响。

1）微观经济学

（1）供给和需求的市场力量。供给和需求是使市场经济运行的力量，它们决定了市场上每种物品的产量和价格。相反，价格也会影响产品的供给和需求，影响稀缺资源的有效配置。发展低碳经济要靠市场机制的作用：随着环保意识的增强，人们会逐步放弃对高能耗、高污染产品的消费，而选择节能减排产品，即消费者对耗能高、污染重的产品需求会逐渐下降，而对节能减排产品的需求逐步上升，那么前种产品的价格会随之下降，而后者价格会随之上升，从而市场中耗能高、污染重的产品的供给会减少，环保类产品供给量增加，市场将引导企业转变生产模式。

（2）利润和投入产出之间的关系。企业经营的目标是通过为社会和他人提供所需的商品和劳务，从而增加自己的收入。不同经济行为的相对收益率决定了其吸引力，较高的收益率一般更受青睐。而价格是收益率的关键性决定因素，价格在大多数青睐的经济行为中起着决定作用。产出的高价格和投入的低成本可以吸引投资；反之，产出的低价格和投入的高成本不会吸引投资者。利润＝收入－成本＝产出价格×产出数量－投资价格×投入数量。实现低碳经济的发展，企业必须研发低碳技术，进行产品的升级换代。因此，企业需要衡量自身的经济实力，对研发的成本及相应的经济收益和社会收益，做出正确的决策。

2）宏观经济学

对于公共物品和公共资源，人们不用购买就可以使用。它们的生产和消费是由政府承担的，不是市场上的个人决策解决的。因此，政府必须采取一定的激励措施引导市场提供或改善公共资源，以实现供求平衡。

低碳经济中的自然资源与环境一向被视为公共财产，具有公共物品的属性。每个人对资源与环境的消费取决于它向社会提供的总量。这样一来，公共资源被过度使用，造成二氧化碳排放量激增、温室效应加剧、环境破坏严重等问题。因此，政府需要通过宏观经济政策手段，保证全体社会成员公共利益最大化，以实现低碳经济。

2. 生态学与生态经济学

1866年德国动物学家赫克尔把生态学定义为“研究动物与其有机及无机环境之间相互关系的科学”。生态学是研究生物与环境相互关系的知识体系，是协调和统筹人与自然关系的指导性学科，同时也是引领人类可持续发展的主要理论基础。通过从自然和社会的双重角度来研究生态系统和经济系统的复合系统结构、功能及其运动规律，生态学和经济学相结合形成了一门新的边缘学科——生态经济学。

近年来，生态经济学发展迅速，通过生态经济学可以运用一些方法对环境进行决策分析，如市场价值法、恢复和保护费用法、享乐价格法及旅游成本法等。同时，生态学的重要课题“生态税”改革的政策也在研究中，就是将征税的基础逐步从劳动力转向能源利用和环境污染治理，这一转换过程被认为能产生环境改善和减少税收对经济扭曲的双赢结果。

生态经济学是在生态和经济之间矛盾激化的背景下产生的，所以它所进行的研究可以为缓解这种矛盾关系提供理论依据。低碳经济也是缓解人与自然矛盾的途径之一，只有认识生态系统，按生态系统良性循环的客观规律确定工作重点，制定方针、政策、措施，才能实现低碳经济。

1.4.3 低碳供应链管理

在全球变暖的大背景下，尽可能减少温室气体的排放，尤其是二氧化碳的排放，是避免气候发生灾难性变化、保证人类可持续发展的有效方法之一。在涉及面广泛的供应链领域，各个环节相互合作，为节能减排做出应有的贡献是责任也是义务。以供应链管理的视角来看，绿色供应链管理和生态供应链管理改变了传统供应链的单程经济模式，但同时这两种模式在现实中由于目标多样化而存在很大的障碍。在低碳经济时代，虽然绿色、生态和低碳都涵盖了节能减排，但低碳是以更加细化地减少碳排放为标准的，因而这三者不存在矛盾。以碳排放来定量是绿色供应链、生态供应链进一步发展的必要——低碳供应链管理具有时代意义。

由于业界还没有对低碳供应链管理做出明确的定义，本书参照供应链管理比较常用的提法和低碳经济的定义，可以认为低碳供应链管理是指：在可持续发展理论、生态学理论、供应链管理理论以及低碳经济的指导下，对供应链中的参与主体——供应商、制造商、分销商、零售商，乃至最终用户的商流、物流、信息流、资金流、知识流等进行科学的计划、组织、协调与控制。其目的是在供应链中考虑和强化碳排放因素，通过各节点企业间的合作以及企业创新，实现碳排放的最小化，从而实现低碳制造、低碳营销、低碳物流、低碳消费、逆向物流等，最终达到低碳经济的目标。

低碳经济的概念具有广泛的社会性和前沿性，其影响包括产业、能源、管理等多个领域。供应链在低碳经济中占有特殊的地位。这是因为在供应链领域内包括从原材料供应商、制造商、分销商到消费者的一条完整的业务链条中，其各个环节都涉及能源的消耗和二氧化碳的排放，某些环节还是二氧化碳的排放大户，由此必然产生对供应链如何适应低碳经济发展问题的探讨。

1.4.4　相关概念辨析

1. 绿色供应链管理

首先，绿色供应链是指在整个供应链的管理过程中将环境因素考虑并强化进去。具体来讲就是，通过企业之间以及企业内各部门的协作把追求环境效益的最优化目的融入产品设计、材料选择、产品制造、产品销售以及回收的全过程中，并提高企业的环境和经济双重绩效以实现整条供应链上所有节点企业的未来可持续发展。绿色供应链是将对于资源的有效利用以及环保意识融入供应链各个环节中从而实现绿色化生产和可持续发展的重要手段，其目的是在对环境的负面影响最小的前提下使得整个供应链资源利用效率达到最高。绿色供应链管理是依据可持续发展的思想来解决企业与环保两者间冲突的有效方式，并通过将绿色或环保的理念融入供应链管理过程中使得整个供应链的资源消耗和环境副作用最小，因此是当代企业实现可持续发展的一种有效途径（但斌等，2000）。

2. 低碳供应链管理

哥本哈根联合国气候变化大会后，全球已经进入低碳经济时代。在国内外企业对于低碳的社会责任越来越明确的情况下，本书提出低碳供应链管理的概念。

如果说，低碳经济概念是在生产和生活中将碳排放量尽可能减少到最低限度乃至零排放，从而获得最大的生态经济效益方式的话，那么，其与“绿色”的概念一样，本质都是以最小的环境代价实现可持续的发展，因此二者并没有质的区别。从物流和供应链管理的概念出发，就不难界定低碳供应链的概念。

低碳供应链管理，就是将低碳化的思维融入所有的物流和供应链环节之中，形成从原材料采购到产业设计、制造、交付和生命周期支持的完整的低碳供应链管理体系。同时，低碳供应链管理也是目标、组成成员、要素及活动的高度集成，但由于供应链上节点企业之间彼此产权独立，都具有各自的经济利益，从信息经济学角度看，供应链上企业之间的委托-代理关系比较复杂，既合作又竞争，是一个长期动态博弈的过程。低碳供应链目标的多重性导致多目标的委托-代理，并且企业自身既是委托方也是代理方，这种双重角色决定了企业间逆选择和道德风险并存。一条低碳供应链的建设，不仅需要核心企业和成员企业从产品的设计到理念都保持一致，供应商企业提供的产品和服务也要一体化。

总体来说，低碳供应链管理是在绿色供应链管理概念的基础上，将碳排放深化为供应链可持续发展的衡量标准，尝试通过各类相关低碳技术，尽可能地使整个供应链的碳排放量大幅度减少甚至到零。低碳供应链管理概念的提出，既是当前形势的需要，也是经济发展的必然。

3. 低碳供应链管理与绿色供应链管理的关系

低碳供应链管理，是在绿色供应链管理研究的总体基础之上对绿色供应链管理中“绿色”“环保”“无害”等指标进行细化和深化，都归为“低碳”后的延伸和发展，因此，在具体的研究方法和研究思路上，没有本质上的区别。

第 2 章　低碳供应链管理体系

供应链是资源的整合与集成，低碳供应链则是通过低碳设计、低碳材料选择、低碳制造工艺、低碳回收、低碳包装与低碳消费等途径实现无废生产和零排放，最大化地消除环境影响。低碳被更具体地确定了是以减少碳排放量为标准，这使企业有了更加明确的方向，从原材料、制造商、分销商，到最后的消费者，在整条链中，占用的资源越少，就越“低碳”。

低碳供应链管理是一种在整个供应链中综合考虑碳排放的现代管理模式，它以供应链管理理论为基础，涉及供应商、制造商、销售商和用户，同时以低碳经济理论为指导，其目的是使得产品从物料获取、加工、包装、仓储、运输、使用到报废处理的整个过程中，碳排放最小，对环境的影响、副作用最小。它要求供应链设计人员在设计一开始就充分考虑到产品整个生命周期中从概念形成到产品报废处理的所有因素，它包括了质量、成本、进度计划、用户需求、资源的优化利用、碳排放的产生以及回收等情况。

从总体的运作程序上可以把整个低碳供应链管理流程分为低碳采购、低碳制造、低碳支付、低碳物流和逆向物流等环节。

具体的低碳供应链管理体系结构如图 2-1 所示。

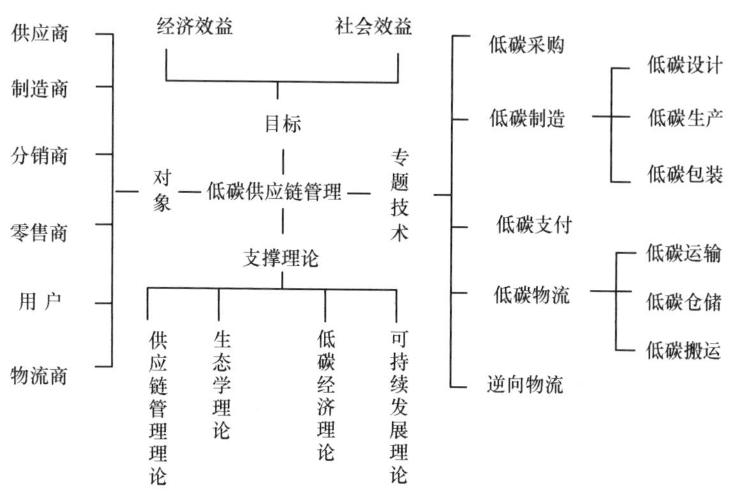

图 2-1　低碳供应链管理体系结构图

2.1 低碳采购

Webb（1994）研究了一些产品对环境的影响，并基于此提出了绿色采购的概念。Min 等（1997）讨论了在选择供应商的决策中如何考虑环境保护因素，以及绿色采购在减少废物中的作用。

作为低碳供应链上的关键环节，低碳采购实质是绿色采购理论的发展。低碳化供应端即供应企业承担一定碳减排责任。公司的绩效直接受采购部门及提供产品和服务的公司企业间的联系所影响。因此，本书认为，低碳采购是指在原料采购过程中综合考虑碳排放因素，尽量采购碳排放低的产品或服务。

低碳供应链是绿色供应链的一个子集。显然，采购本身作为供应链中的一个重要环节的情况，使得低碳采购也同样成为低碳供应链管理的一个子集。采购规格，选择低碳化替代材料的采购经理已经在供应链低碳管理中担任比以往重要的角色。自然环境的直接影响因素包括：采购原料、服务、专业行动或者缺失行动。例如，采购人员本身往往在符合价格、质量等其他标准的前提条件下决定着采购何种原料；而这些采购的材料对产生的废料是否具有再循环性也起着质的作用；设备的选择则是由专业性的人员决定，进而决定着对环境影响的大小。采购专业人员影响环境的另外一个角色就是有关废料的投资恢复，尽管废料投资恢复涉及与下游企业的合作，但因为采购设备和材料的人员最了解如何有效出售最终的废料，所以也经常参与解决有关废料和使用完设备的处置或者再出售问题。对于复杂的供应链，碳减排问题还可能出现在第二级供应企业和第三级供应企业，因此许多公司纷纷要求其供应企业满足一些减排要求，如通过相关的权威认证等。同时，一些供应企业发现他们满足客户要求的努力也带来了其他收益，如降低成本、提高运营效率、把企业价值扩展到客户、提高销售量、获得媒体正面关注以及得到社会责任投资组织的认可等。

2.2 低碳制造

低碳制造包括低碳设计、低碳生产和低碳包装三项内容。及时对市场信息进行分析将直接决定被生产的产品种类和数量，消耗资源的种类、数量和资源利用率则将被产品设计以及产品的种类、数量、形态和特性直接影响，而产品的包装、销售和服务也会对销售状况造成一定程度的影响。由于在制造的过程之中，每一步都会产生很大数量的碳排放，在制造的准备工作进行之时或者之前，应对将来各过程的碳排放进行一个合适的评估，对于有效减排将起到重要作用。

2.2.1 低碳设计

低碳设计是指在产品及其生命周期全过程的设计中，在保证产品性能、成本的前提下努力使得碳排放减到最小。低碳设计的基本思想是：要从根本上节约资源和能源，尽可能地减少碳的排放，关键在于设计与制造过程，不能等产品产生了不良的后果再采取防治措施（如目前常采用的末端处理），应该在设计阶段就充分考虑到产品在制造、销售、使用及报废后的碳的排放量，与和产品有关的人员密切合作，信息共享，应用低碳化评价准则约束和优化制造工艺、装配方案、拆卸方案、回收处理的设计过程，并使之具有良好的经济性。

低碳设计要考虑三个主要要素，即成本（用 c 表示）、碳排放量（用 i 表示）、性能（用 p 表示）（山本良一，2003），如表 2-1 所示。

表 2-1　低碳设计的三要素

<table>
<tr><td rowspan="13">要素</td><td rowspan="5">成本</td><td>原料成本</td></tr>
<tr><td>制造成本</td></tr>
<tr><td>运输成本</td></tr>
<tr><td>循环再生成本</td></tr>
<tr><td>处理成本</td></tr>
<tr><td>碳排放量</td><td>碳排放量</td></tr>
<tr><td rowspan="7">性能</td><td>安全</td></tr>
<tr><td>回收性</td></tr>
<tr><td>附加值</td></tr>
<tr><td>便利与否</td></tr>
<tr><td>精神文化</td></tr>
<tr><td>审美观</td></tr>
<tr><td>寿命</td></tr>
</table>

低碳设计产品的综合价值可用 p，i，c 来表征，其综合价值指标 $= p/ic$ 。

可见，设法使 p 趋于最大、i 与 c 趋于最小，达到产品的综合价值指标最大化，这就实现了低碳设计。反之，若排除碳排放影响 i，只去考虑 p/c，即追求 产品的性能最好、成本最低，这正是基于传统经济价值的方法，没有考虑到企业的可持续发展的因素。所以，我们必须摆脱传统的经济价值观，在设计中要考虑碳排放影响因素，做到低碳设计，这也就使企业的可持续发展得到保证。

2.2.2 低碳生产

正处于蓬勃发展中的低碳生产技术中，目前最具有代表性的就是清洁生产。自20世纪80年代末，发达国家逐步开始推行清洁生产，以改善环境生态①。其要求从根本上解决工业污染的问题，即在污染前采取防止对策，而不是在污染后采取措施治理，将污染物消除在生产过程之中，实行工业生产全过程控制。

(1) 清洁生产的基本含义。到目前为止在国际上尚未形成对清洁生产概念的统一定义，一般广泛接受的含义是联合国环境规划署工业与环境规划活动中心于1989年所提出的："清洁生产是指将综合预防的环境战略持续地应用于生产过程和产品中，以便减少对人类和环境的风险性。对生产过程而言，清洁生产包括节约原材料和能源，淘汰有毒原材料并在全部排放物和废物离开生产过程之前减少它们的数量和毒性。对产品而言，清洁生产战略旨在减少产品在整个生命周期过程（包括从原材料提炼到产品的最终处理）中对人类和环境的影响。清洁生产通过应用专门技术，改进工艺技术和改变管理态度来实现。"

通过上述定义可以发现，清洁生产的最终目标是：尽可能地减少资源消耗从而提高资源利用率。这样不仅资源的可持续利用降低了成本，而且企业不再局限于末端治理而是将清洁生产贯穿到生产到销售的整个环节，这样便从根本上解决了生态环境的破坏问题，使得经济的发展走向了良性循环的轨迹从而具有了可持续性。

(2) 清洁生产的主要内容。其中包括：①尽量使用环境影响尽可能小的资源替代环境副作用大的资源；②采用清洁的工艺技术，使得资源尽可能地有效利用，从而最大限度地减少产生对环境有害的废弃物；③提高储运以及生产组织方面的管理效率，制定并保障清洁生产的规章制度和操作规程，尽量减少物料能源不必要的流失；④尽量控制产品使用过程中对于环境的副作用；⑤尽可能低成本高效率地处理必须产生的废弃物使之对于环境的影响减少到最小；⑥加大对环境的审计力度，通过审计找出薄弱之处防止污染的产生是实行清洁生产、做到对于全过程控制的基础。

不难发现，清洁生产的实质就是指资源在得到充分合理利用的同时废弃物数量又最小以及环境副作用最低，从而实现企业经济效益和生产安全有机统一、企业内外部经济性有机统一（刘思华，2002）。同样地，在清洁生产技术上深化而来的低碳生产，将更加显著地将"低碳"这一概念融入清洁生产的实质中去。

---

① United Nations Environment Programme (UNEP), *Cleaner production global status report*, 2002年。

2.2.3 低碳包装

作为在商品流通中不可缺少的环节，包装在产品的保护、物流效率的提高、销售的租金等方面作用非常重要。我国现正处于迈向低碳经济发展的时代，倡导低碳包装的任务十分艰巨。低碳经济已经对包装提出了新的挑战，也许我们对低碳包装还不能完整表述，但是期待大家共同探讨和思索。何谓低碳包装，是否可以认为在包装整个生命期中，每一种材料、每一个过程、每一个环节在注重包装功能的同时，对生态环境、节能环保、绿色安全以及二氧化碳的排放选择最佳值。我们应该重新认识和审视包装，对包装发展中出现的问题进行反思。低碳包装将冲击原有的思维模式，梳理出新的包装发展脉络，以消费者为导向，重视包装功能性和低碳包装研究，形成整体包装服务共识。同时，包装又是一个“资源消耗大，生命周期短”的行业，每年需耗用大量的珍贵的资源，这就要求包装行业必须认真按照减量化、低排放、再利用、资源化的原则，转变经济增长方式，积极推行低碳包装，促进循环经济和包装产业的发展。

低碳经济对包装行业的具体要求，主要包括以下几个方面。①在节能降耗方面：一是提高企业的能源利用率，积极运用低碳技术对原有工艺、技术进行改造，提升能效技术、节能技术，做好节约能源工作。二是通过加强科学管理和推进技术进步的各种途径，降低生产成本，从源头上做好包装减量化工作，开发研究绿色包装材料、低碳原料及新材料的开发利用工作。②在降低污染和排放方面：一是加大节能减排力度，减少污染物排放。调整和优化能源结构，提高产能的技术与效益，构建绿色文明生产系统。二是生产对生态环境和人体健康无害、能循环复用或再生利用、可促进国民经济持续发展的包装材料。三是企业应承担其社会责任。在保护环境、推行循环经济、低碳经济方面承担一定的社会责任，如包装废弃物回收利用工作、承担碳排放中和等。

2.3 低碳支付

低碳绿色供应链的支付环节实际上是一个交付的过程，它包括两部分的内容：低碳营销的过程和低碳消费的过程。

2.3.1 低碳营销

1992 年 6 月 3 日联合国在巴西里约热内卢召开了环境与发展大会。大会通过了《环境与发展宣言》及《21 世纪议程》，要求各国根据本国的情况，制定各自的可持续发展战略、计划和对策。一些国家纷纷推出以环保为主题的“绿色计划”，积极树立绿色营销观念，实施绿色营销。即企业营销活动中必须体现社会价值观、伦理道德观，充分考虑社会效益，既自觉维护自然生态平衡，更自觉抵制各种有害营销，自始至终谋求消费者利益、企业利益与环境利益的协调，既要充分满足消费者的需求，实现企业利润目标，也要充分注意自然生态平衡。

低碳营销正是在环境保护形势日益严峻的状况和低碳经济逐渐形成的驱动下产生的。而由此催生的低碳营销必然会日益深化，成为 21 世纪的主流营销模式——低碳营销。低碳经济时代，企业主动实施低碳营销是企业在营销实践中主动承担社会责任的积极反映，也是企业可以保持长久竞争优势的一个重要筹码。

低碳营销是绿色供应链管理的重要组成部分。低碳营销考虑营销全过程中的碳排放因素。传统营销通过产品、价格、渠道、促销的有机组合来实现自己的营销目标。低碳营销强调营销组合中的“低碳”因素；注重低碳消费需求的调查与引导，注重在生产、消费及废弃物回收过程中减排；注重开发和经营符合低碳标志的低碳产品，并在定价、渠道选择、促销等营销全过程中考虑以低碳为主要内容的各类因素。低碳营销是对现代市场营销的扬弃，是市场营销理论发展的新阶段。企业在开展低碳营销前要确定营销的减排目标，并开发低碳产品、制定低碳价格、建立低碳渠道和开展低碳促销。

（1）开发低碳产品。企业实施低碳营销必须以低碳产品为载体，为消费者提供满足低碳需求的低碳产品。低碳产品是指具备节能、减排作用的产品。例如，天然竹木产品、太阳能产品、黑金活炭、电子签章、变频空调、自行车等。

（2）制定低碳产品价格。低碳产品在其开发过程中，增加了企业在原料、技术、碳排放等方面的成本，根据“污染付费”和“环境有偿使用”的原则，企业用于减排方面的支出，应该计入成本，构成价格的一部分。低碳价格反映减排成本，包括产品所吸收的环保及减排支出的费用，确立环境与生态有价的基本观点，加之低碳包装、低碳促销等活动的费用，低碳产品的定价一般比同类非低碳产品的定价要高一些。具体价位，企业要根据国内外市场的供求状况而定，在产品定价过程中，除了要考虑企业用于减排方面的支出应计入成本外，还需要考虑政策因素和市场因素。按照国际上通常的做法，政府允许低碳产品的价格比同类产品价格上浮一定比例。从市场因素来看，要充分考虑消费者的承受能力以及文化程度。具有一定购买能力和文化程度的消费者为了追求低碳节能、自尊、自我价值的实现，愿意多支付 30％～100％的费用购买代表时尚、文明的低碳产品。

（3）选择低碳营销渠道。正确有效的低碳渠道是低碳营销的关键环节。因为它涉及低碳产品销售的有效性，会影响低碳价格，并影响企业的低碳形象。此外，它亦涉及低碳产品的质量保证及销售过程中的资源耗损问题。企业建立可靠、畅通的低碳分销渠道，是为了使低碳产品顺利送达消费者手中，并且防止仿冒。建立低碳营销渠道，需要选择有信誉的批发商、零售商，设立低碳产品专柜、低碳产品专卖商店或低碳连锁店，开展低碳产品直销活动，缩短销售渠道及减少污染。低碳渠道是在分销渠道基础上形成的，是低碳产品从生产者转移到消费者所经过的通道。低碳渠道要求制造低碳商品的生产者、中间商或代理人具有很强的低碳观念，并促使最终消费者成为低碳产品消费者。企业实施低碳营销战略必须建立稳定的低碳营销渠道，提高企业渠道系统的低碳程度。建立低碳产品流通网，积极采用现代化的网络销售手段，实施 LC 化分销。LC 渠道以跨时空、交互式、拟人化、高效率、碳的低排放为特征，能够适应新经济及低碳营销的要求。

（4）开展低碳促销。低碳促销是通过低碳促销媒体，传递低碳产品及低碳企业的低碳信息，启发引导消费者的低碳需求，最终促成购买行为。以顾客为中心的促销要求改变传统的以广告促销为主要手段，向以整合营销传播为主转变，其核心理念是“营销就是传播”，通过顾客愿意接受的方式与顾客沟通，营销需要做点、线、面的工作，需要对广告、公关、营业推广、产品陈列等传播工具进行良性整合，而不是一味单方面进行广告刺激。低碳促销的核心是通过充分的信息传播，塑造企业与产品的低碳品牌形象，以赢得公众的信任与支持，为企业谋求更多的便利和竞争优势。消费者对绿色产品的信任，需要通过商家提供令人满意的低碳产品以及彼此有效的沟通才能建立。商家要建立与消费者之间的沟通，促销是纽带和桥梁。促销本身就是一种沟通，有着诱导需求、创造需求的功能。商家要注重把产品、企业与节能减排有机联系起来进行促销。

2.3.2　低碳消费

低碳经济的实质是污染化的工业文明转向生态化经济文明的一次大跨越，作为其中的一个重要环节，低碳消费的本质代表着一类环境友好型消费方式，它是以正确的消费伦理观念为基础，要求正确看待消费与自然的关系而确定环境友好的理念、正确看待消费中个人与整个社会的利益关系以及正确看待物质层面的消费与精神文化层面消费的关系。在目前国内广义层面中，低碳消费方式包括恒温消费方式、经济消费方式、安全消费方式、可持续消费方式以及新领域消费方式。其中，恒温消费指温室气体排放量在消费过程中最低；经济消费指对资源的消耗最小；安全消费指消费结果对环境副作用最小；可持续消费指不危及人类后代的需求；新领域消费指转向消费新型能源，鼓励开发新低碳技术来研发低碳产品，拓展新的消费领域。

面对低碳大潮，供应链上的企业更应该重塑生产经营观念，迎合世界潮流。要像对待生产过程一样，把消费作为一个过程予以重新考虑，只不过是从相反的方向进行，以便能发现使消费者获得所需的商品和服务的更好方式。低碳供应链体系中应注意开发低碳消费流程需要合理配置的相关业务活动，以便在不浪费企业和消费者时间、精力以及资源的情况下，满足消费者在整个消费过程中随时随地的需要。低碳供应链体系必须从根本上改变思维方式，重新考虑供应链与消费之间的关系，以及消费者在供应链流程中所担当的角色，确保所有产品和服务都能发挥正常功效并相互配套的能力。

2.4　低碳物流

低碳物流的兴起，归功于哥本哈根环境大会对低碳的官方倡导。物流本身作为高端服务业也必须走低碳化道路，而发展低碳物流服务和智能信息化则显得至关重要。

目前，我国物流业发展较为粗放，而专业水平很低直接导致能耗的增加和能源的浪费，进而直接提高了物流成本。我国全社会物流费用支出占国内生产总值的比重接近20%，这个比例远远高于美日等发达国家，也高于中等发达国家的16%。我国目前物流业的问题主要表现为：空驶率高、重复运输、交错运输、无效运输等；同时仓储利用率低且积压过大，物流设施利用率低，物流信息化程度低。如国家发展和改革委员会（以下简称国家发改委）在2011年4月25日举办的物价形势内部座谈会上，分析了蔬菜“卖贱”和“买贵”的直接原因是物流综合成本太高，蔬菜流通成本高达70%；间接原因是物流交通组织方式太落后，信息化程度低，导致运输能力40%空载（钟晶晶，2011）。在这种形势下，物流业作为我国十大重点产业之一，必然在低碳经济的发展中有所作为。

由此，本书认为：实现低碳物流必须从低碳运输方式、低碳运输组织和低碳运输设施三方面入手。

2.4.1　低碳运输方式

低碳运输方式包括三点：第一，低碳包装的推广；第二，发展快速铁路运输；第三，发展公路运输。

（1）推广低碳化包装。不合适的包装材料所引发的碳排放问题日益突出，因此在供应链物流环节大力推广低碳包装显得尤为必要。主要措施有三点：首先是减少使用一次性塑料材料，推动生物降解塑料的规模使用，并研发和推广其他环保包装材料；其次是避免过度包装和昂贵包装；最后是加大对采取低碳包装企业的经济补贴等方面的政策支持力度。

（2）发展快速铁路货物运输。各种运输方式中最节能、最低碳的正是铁路运输。应通过提高信息化水平来创新组织模式，进而加快运输速度和质量的方式促进铁路运输的发展。

（3）大力发展低碳公路货物运输。低排放车辆是低碳公路货物运输发展的一个重要瓶颈，从《京都议定书》签订伊始至今，电动车、燃料电池车、生物能源车已经大量出现，这种趋势显示低碳汽车的发展在所难免。

2.4.2　低碳运输组织

低碳运输组织主要是通过物流信息化建设，达到三个目的：其一，尽可能准确预测需求，在需要的时候、按需要的量生产所需产品以实现零库存；其二，提高运输工具实载率，避免无效运输和重复运输；其三，提高仓储设施利用率。

共同配送是解决我国物流配送设施布局不合理、利用率低、重复建设等问题的较好解决手段，其实质指物流资源的共享。一旦实现了共同配送，既可以有效提高车辆使用率，又能明显改善交通运输状况，进而给全社会创造低碳生活做出贡献。

2.4.3　低碳运输设施

低碳运输设施的建设主要涉及废旧物流设施设备的循环利用和构建物流商务信息系统等两个方面。

(1) 循环利用废旧物流设施。随着物流业的快速发展，废旧物流设施迅速增加，报废、遗弃无疑是对资源的浪费。通过加大对废旧物流设施设备的循环利用，可以大幅度减少对环境的污染和碳排放。例如，拆解和回收废旧物流设备，改造废旧物流设施（如废旧仓库）等。

(2) 构建物流信息系统。物流信息化既是发展低碳物流服务业的必然要求，也是建设低碳社会的有效手段。智能信息化物流服务可以降低其过程中对有形资源的消耗量，将有型的资源转化为无形的信息形式，从而减少对于环境的影响。我国企业应大力推进拥有自主知识产权的物流信息技术的研发和使用，构建跨地区、跨行业的供应链物流信息共享平台，从而减少不必要的资源损耗。而在此过程中，政府部门提供的财政补贴和政策扶持也起着很重要的作用。

2.5　逆向物流

长期以来，一般的企业管理者对回收活动中的收集、运输等过程缺乏重视，从而导致相关方面的研究滞后以及技术水平发展缓慢，资源回收活动因此成为了消耗大、效果低的“鸡肋”，故在企业经营战略中沿供应链的逆向物流在很长一段时间内被排除在外。

1990 年以来，很多国家在自然资源开采越来越困难和人类环保意识越来越强烈的情况下制定了严格的关于废弃物回收的法规，于是逆向物流成为一种企业战略进而受到企业管理层的高度重视。可以说，新型的资源经济观成为了逆向物流发展的直接推动力。

目前，如通用汽车、IBM 等越来越多的跨国企业为了降低退货层面的资源损耗纷纷通过一系列控制措施制定逆向物流的项目，通过废料的回收和重复利用达到降低成本的目的。逆向物流受到重视的根本原因在于其不仅符合政府法规的要求，还体现企业的未来核心竞争力。简而言之，企业对环境的友好其实就是对于自身未来可持续发展的负责。

2.5.1 逆向物流的内涵

1999 年，首部关于逆向物流的著作 *Going Backwards：Reverse Logistics Trends and Practices* 由美国逆向物流执行委员会主席 Rogers 博士和 Tibben-Lembke 博士写成。在这部书中，该书作者认为：逆向物流是指一种流动过程，具体来说是指物品从其消费地向其上一级来源地的流动，其目的在于补救物品的缺陷、恢复物品价值或使其得到正确处置。

我国在 2001 年制定的国家标准 GB/T 18354-2001《物流术语》中定义逆向物流包括回收物流（returned logistics）和废弃物物流（waste material logistics）两大类。其中，回收物流是指从需求方返回到供应方的过程中不合格物品的返修、退货以及周转使用的包装容器所形成的实体物质流；废弃物物流是指将经济活动中根据实际需要进行收集、分类、加工、包装、搬运、储存那些失去原有使用价值的物品并将其分送到专门处理场所时的实体物质流。

通过以上定义，逆向物流的内涵可以从流动对象、流动目的和活动构成等方面来具体理解。

(1) 流动对象层面上，逆向物流是一种“反向的”（backward）流动过程，在这个过程中产品、产品运输容器、包装材料及相关信息从它们的最终目的地沿供应链渠道流动。

(2) 流动目的层面上，逆向物流是为了重新获得不合格产品的使用价值，或者是为了正确地处置最终产品的废弃物。

(3) 活动构成层面上，逆向物流包括回收、重用、翻新、改制、再生循环、垃圾填埋等多种形式，另外还包含正向物流中的资源缩减。

(4) 逆向物流定义虽然各有侧重点，但其共同点在于其最主要的流动还是废、次产品及包装材料从最终顾客到上一级企业的反向流动。设计一个逆向流动系统以保证这些废、次产品的回收效率以重获它们的使用价值，对于企业来说尤为必要。

2.5.2 逆向物流中的主要活动

不同类型的逆向物流处理有不同的方式，因各种问题退货而发生的逆向物流，主要包括以下几种。

(1) 回收。即通过有偿或无偿的方式将顾客所持有的产品或包装材料返还到销售方或生产商指定的第三方机构的反向过程。

（2）检验与处理决策。该环节是根据产品结构特点以及性能分析回收品的功能，确定恰当的处理方案，包括直接再销售、翻新修整后再销售、分拆后零部件再利用、报废处置等。然后，对各种方案进行成本-效益分析，并决策出最符合企业情况的方案。

（3）产品的分拆。为保证拆卸后的零部件具有使用价值，按照产品结构上的特点无损坏地将产品分拆成零部件。

（4）再加工。该环节是为了恢复物料的使用价值，对回收的产品进行某些加工流程使之作为原材料重新进入生产循环的过程。

（5）报废处理。该环节是最后的废弃处理过程，主要针对那些没有再利用价值的回收品，具体涉及机械处理、地下掩埋或焚烧等方式。

按不同的逆向物流对象将逆向物流活动归纳为表 2-2（王长琼，2004）。

表 2-2　逆向物流活动

逆向物流对象	逆向物流活动
产品	退回给上游供应商 加工后重新销售 通过其他渠道再出售 废品回收再利用 整修、翻新 再制造（改制） 回收原材料 循环使用 捐赠 垃圾填埋
包装物	多次重复利用 翻新 回收原材料 再循环 残值处理再利用 填埋 焚烧

第 3 章 低碳供应链管理障碍模型研究

前面章节对低碳供应链的流程进行了一般性分析，在流程的各个阶段都有可能出现障碍，为构建低碳供应链管理障碍模型，必须研究不同障碍因素的发生机理。本章将首先分析低碳供应链管理过程中障碍的机理，进而对这些因素进行具体分析。同时以低碳经济理论为依据，为构建低碳供应链管理障碍模型提供依据。

3.1 低碳供应链管理障碍机理分析

根据前面对低碳供应链管理各流程障碍的细化分析，可将以上障碍发生机理分为三大类，即低碳化战略性障碍机理、低碳供应链外部性障碍机理以及低碳信息不对称障碍机理。以下是对这三大障碍机理的具体阐述。

3.1.1 低碳化战略性障碍机理

本书认为，主要可以将前面列举的战略性因素分为三类：基于低碳观念上的障碍、政府在低碳减排相关制度上的障碍、传统供应链模式的障碍。其中，基于低碳观念上的障碍主要表现在企业领导层和政府心态方面的问题以及消费者对于低碳产品的认同度等。在企业层面上，很多企业忽视在生产上碳排放带来的负外部性，一味追求利润最大化，认为企业实施低碳管理就是增加成本，浪费资金；另外，一些企业考虑了碳影响，但只是采用末端处理方式，这就不可避免地把碳治理作为一项负担，因此也就不能够实现生产过程中的低碳化。在政府层面上，许多地方政府没有低碳生产观念，往往认为先发展才能后治理，缺乏对企业的监管。在消费者层面，低碳观念不强，阻碍了低碳供应链管理的发展，这主要从两方面来说明：第一，目前我国部分公民的消费意识开始向低碳化方向发展，但从整体来看，还没有形成低碳消费观念，没有充分认识到低碳消费对可持续发展的重要性，这势必会影响低碳供应链的发展效果；第二，大多数供应链企业员工低碳减排观念淡薄，阻碍了低碳供应链管理的成功实施。

(1) 低碳制度障碍机理。政府在低碳减排相关制度上的障碍主要表现在我国企业在低碳减排方面相关的法规制度较为欠缺，对于能耗较低行为的处罚力度不够而且缺乏有效的监督，不能够在法律层面明确低碳化，制度低碳化。低碳供应链的“低碳”目标覆盖产品全生命周期，而不是某一局部或阶段，若生产、制造、支付、物流中某一环节没有达到减少碳排放的要求，将形成发展低碳供应链的瓶颈。

（2）传统供应链模式障碍机理。低碳供应链管理模式强调低碳采购、低碳设计、低碳生产、低碳包装、低碳营销等在产品生命周期内的有效集成，这大大增加了供应链管理的难度。其一，低碳供应链强调供应链成员实现知识创新。只有在供应链各环节不断利用新的知识、技术与新的资源，才能彻底抛弃末端低碳化处理方式。因此，知识流成为继传统物流、资金流和信息流之后低碳供应链的重要组成部分。传统供应链结构模型不能满足供应链内的知识创新：供应链成员创新收益往往不能完全内部化而归创新者所有，使供应链成员缺乏创新的激励；虽然供应链成员实现了有效的知识创新，但是由于经济利益的驱动，会在一定范围内限制其创新成果的扩散。以上种种因素限制了知识在供应链成员间的共享效率，新的设计、新的工艺很可能不能及时有效地在各成员间顺利实施。其二，传统供应链始于原材料供应商，止于用户，对产品退出使用期以后的问题基本不作考虑，物流、信息流以及资金流均为单向运动，而低碳供应链中的物流、信息流、知识流均为双向运动。逆向物流通过回收处理的方式使资源得到再利用，“低碳”信息与知识流在各个子系统中双向运动使创新得以实现，低碳原则在各个子系统得到遵循。其三，传统供应链管理的功能目标只包含时间（T）、质量（Q）、成本（C）、服务（S）四个目标。随着科技的进步、社会的发展以及国际社会对于低碳化的关注和越来越严格的要求，各国企业不得不重视低碳化问题。因此，低碳供应链管理的功能目标应该包括 T，Q，C，S，LC，即尽可能短的市场响应时间、尽可能高的产品质量、尽可能低的产品成本、尽可能好的产品服务、尽可能少的碳排放。

3.1.2　低碳供应链外部性障碍机理

自从外部性由马歇尔在 20 世纪初提出后，外界对其投入了相当多的关注。诺德豪斯和萨缪尔森认为，当生产或消费对其他团体强征了不可补偿的成本或给予了无需补偿的收益的情况发生时即产生了外部性。根据兰德尔的定义：外部性是用来表示当一个行动的某些效益或成本不在决策者的考虑范围内的时候所产生的一些低效率现象，也就是某些效益被给予，或某些成本被强给没有参加这一决策的人。外部性在布坎南看来，就是指他人的行为被包含进入个人的效用函数的自变量中，其公式为

$$F_j = F(X_{1j},\ X_{2j},\ \cdots,\ X_{mj},\ X_{nk}),\quad j \neq k \tag{3-1}$$

其中，j 和 k 为不同的人或厂家；函数 F_j 为 j 的福利；X 为经济活动。j 的收益在受到自己经济活动影响的同时也受到另外个人或者厂商 k 经济活动 X 的影响。当 m 分别为正负数时，j 的收益就会因 k 而得到利益或者受到损失，正外部性或者负外部性则会相应产生。从以上对外部性的定义来看，本书 认为：外部性的产

生是在经济主体之间缺乏任何经济交易的情况下发生，也就是说，关于外部性的范围和任何补偿性支持，供应者和接受者之间最起码在事实发生之前缺乏任何谈判。

一般经济中对外部性的研究是基于同一时间域内的讨论，即 j 与 k 是同一时间域内的行为主体。低碳供应链的哲理基础中公平性内涵有必要扩展到代际的公平，因而从可持续发展的思想来看，仅仅从同一时间域来考察经济活动的外部性是不够的，有必要从不同时间域来考察外部性，从这一点来看生产者之间、消费者之间或者消费者和生产者之间产生外部性和时域是否相同无关。对此我们可以通过对式（3-1）进行完善来描述不同时间域的外部性问题，即

$$F_{jt}=F(X_{1jt}, X_{2jt}, \cdots, X_{mjt}, X_{ntk'}), \quad j\neq k \tag{3-2}$$

其中，F_j，X，j，k，m，n 与式(3-1)中的含义相同；t 与 t' 为行为主体 j 与 k 所处的时间域。当 t 等于 t' 时表示行为主体属于同一时间域，这时式(3-1)等同于式(3-2)。当 t 与 t' 不相等时表示行为主体 j 与 k 处于不同的时间域，一般地，$F_t > F_j$，即前一代际的行为主体的活动对后一代际的行为主体的福利产生外部性：如果两个经济主体处于不同的时间域，只有前一代人的行为才可能对后代人的福利产生影响，当代人是行为的主体，后代人则承受行为主体所产生的正的或者负的影响。

从供应链成员行为的角度来看，其活动存在外部性的可能，这种外部性既包括同一时间域内的外部性也包括不同时间域的外部性；从供应链行为的角度来看，资源投入、制造、销售与消费及逆向物流等主要活动被包括在内，同时供应链也存在技术、生产工艺、生产资源的创新等支持性活动。低碳供应链中的活动同样存在外部性，具体表现为资源投入的外部性、消费与制造活动过程中的外部性、资源利用过程中出现的技术外部性。

（1）资源投入的外部性。自然资源本来由自然界提供的，它具有内在的生态结构和规律，资源同时又是供应链运作的投入源，是供应链得以运作的必备条件。在资源的投入过程中存在外部性的可能，这种外部性体现为两个方面，即同一时间域内的外部性（或者称为代内外部性）与不同时间域的外部性（代际外部性）。资源的产权不完全是资源投入所产生的代内外部性产生的根本原因，其之所以不完全是因为对于资源产权界定的成本过高；而产权界定成本的高昂导致资源的所有者所拥有的产权不具备排他性；从投入和开发资源的过程来看，自利行为的存在使得制造商决策的标准是其私人边际收益等于其私人边际成本。这样资源开发过程中就存在了代内的外部性。

当代人对效用的最大化与当代人开发不对后代的状况作权衡利弊使得代际的外部性也同样存在在供应链对资源的开发过程中。当代人为了提高资本收益率首先开发那些容易开发的、优质高效的资源而给后代人留下的则是难于开发的资

源，后代人开发资源的单位成本势必增加；另外，当代人先开发那些能产生高附加值的资源，留给后代人的则是一个不容易产生高附加值的资源结构；再者，当代人在寻找新资源方面的努力，从资源的寻找成本看也会使后代人的成本增加；最后，资源的价格低估导致资源的过度开发，这也对后代造成了代际的外部性。

（2）消费与制造活动过程中存在的外部性。供应链的基础是消费，供应链得以存在的原因也在于消费。外部性存在于消费者的消费过程中：科学的消费方式的缺乏使得产生的废弃物缺乏有效处理，同时回收与处理成本的提高加大了处理难度。

（3）供应链中的关键环节之一是将资源转化为产品的制造过程。主要以二氧化碳形式的碳排放同时伴随这一过程中，而所产生的二氧化碳等碳排放物不能得到有效处理，进入环境后加速了全球气候环境的变化。低碳化之所以没有得到有效的贯彻落实，具体可以分为两种情况：一是当代人拥有足够的科技水平却没有去做出减排的努力；二是当代人的科技水平对于减排束手无策。对于第二种情况只能通过技术创新来实现改观；但实际情况是第一种情况存在于当今现实中。其结果是既恶化当代人的生存质量，也增加了后代人治理碳排放的成本、恶化了后代人的生存环境。从这点来看，低碳供应链中制造与消费活动过程所产生的碳排放导致了代内与代际的外部性。

（4）资源利用过程中出现的技术外部性。供应链内各行为主体的活动是建立在一定技术水平基础之上的。技术与知识作为无形资源可以为不同的主体同时使用，在其使用过程中不存在排他性：他人对技术与知识的利用并不影响原来拥有者对技术与知识的使用。从使用和行为本身来看：技术与知识就其本性而言是“非排他的”。但就其产权而言又是“部分排他的”。技术与知识的外部性在代际体现得十分明显：后代人的一切活动均是在前代人的技术与知识的存在基础之上的。当代人的知识与技术为后代进行经济活动提供了可能，而且后代人在接受前代人的技术与知识时并没有付费，从这一点来看，供应链中各行为主体的技术与知识的活动具有正的代际外部性。技术与知识活动在代内也存在外部性，技术与知识的创新者其私人的收益要低于其活动所创造的社会收益。技术与知识活动在代内的外部化主要是通过技术/知识溢出这一方式来实现的。Verspagen 把技术溢出划分为两种不同的类型。第一种是所谓的租金溢出，它与企业间的商品流动有关：由于竞争压力与需求弹性，新商品的价格并没有完全反映其产品创新的质量提高。如果创新商品被当成其他企业生产过程的投入，后者将从溢出中得到产品创新的一部分。第二种是纯知识溢出，它不直接与商品流动关联，而是通过大量的其他途径（如专利信息、反向工程、研究人员在企业间的流动等）实现。纯知识溢出通常被看成是对自身研究与开发（research and development，R&D）生产能力的强化。一个企业开发的知识可被其他企业以低于新知识开发时的最初成本的成本使用，一个企业开发的知识可以通过为其他企业的研究项目提供新的思想或数据，从而提高（后者）技术（知识）生产的生产力。知识与技术溢出的行为所导致的代内外部性在一定程度上约束了供应链内各行为主体活动与低碳要求的程度。因为对于涉及低碳技术与知识的创新，其创新的结果往往是对制造工艺、制造材料选择等的改进，而对于产品的功能在一定程度上来看并不能进行特别明显的改进即通过低碳制造技术所生产的产品与传统技术所生产的产品在功能上大体一致，这时在消费者对产品的使用效用相等的情况下，以低碳制造技术所生产的产品为了市场的竞争力并不能提高其价格，因而就出现了 Verspagen 所说的第一类的溢出情况；在该种低碳技术或者知识创新已经成功的条件下，一旦其成果能成功地市场化，则会出现 Verspagen 所说的第二类的溢出情况。

3.1.3　低碳信息不对称障碍机理

低碳供应链中伴随着物流的信息流模型如图 3-1 所示，低碳供应链在生产过程以及物流过程中产生的废品、废料、损坏件及顾客淘汰的产品均须回收处理。当报废产品或其零部件经回收处理后可以再使用，或可作为原材料重复利用时，低碳供应链没有终止点，是“从摇篮到再现”（cradle-to-reincarnation）；经处理后可继续使用的产品可重新销售；拆卸后可重新使用的零部件可回到制造厂；可重新回炉的报废零部件可作为原材料使用。伴随着低碳供应链的物流，低碳供应链信息流中大量流动的是有关低碳制造的“低碳”信息。

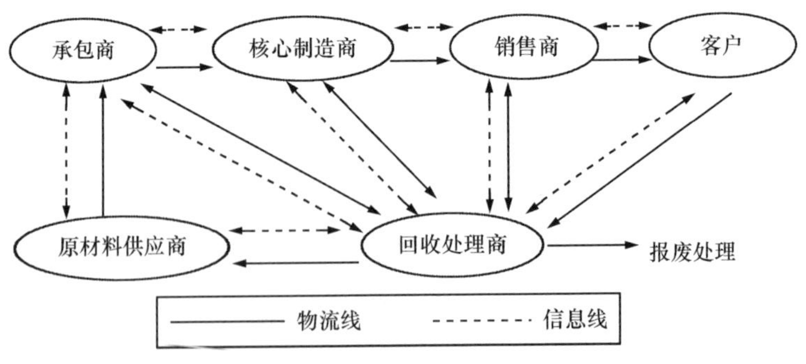

图 3-1　低碳供应链中伴随着物流的信息流模型

在低碳供应链的运作过程中涉及多次交易，而交易双方的信息拥有程度是不同的，因此在低碳供应链的运作中往往存在信息不对称现象，其在供应链的运作中体现得最为明显的是在制造商、销售商与消费者之间的信息拥有状态。消费者由于其信息搜寻存在成本，其信息拥有量很有限。信息不对称的存在使得低碳供应链这一系统中要实现其与低碳化标准相符合、增进社会福利与提高资源的配置效率的三个目标存在阻碍，具体来看其影响体现如下。

1. 信息不对称的内部性障碍机理

丹尼尔·F. 史普博首先提出并对内部性进行了深入研究。相比而言，外部性是指由经济交易的第三方所接受的成本和收益，内部性则是指由交易者所接受的但在交易条款中没有进行说明的交易成本和效益。与外部性相类似地，丹尼尔·F. 史普博将内部性分为正的内部性与负的外部性，前者如产品缺陷给消费者所带来的伤害，而后者则如某就业者非正式的上岗培训。丹尼尔·F. 史普博认为内部性发生的主要原因是有三个主要的交易成本存在：首先是签订意外性合约的成本；其次是合约方观察不完全时存在的观察或者监督成本；最后是广泛收集信息和公开自身信息时的成本。

这三点均与信息的不对称有关：对于第一种情况来说，由于交易双方对未来的状态不能理解，这样的情况下导致了内部性即信息不完全；而对于其他两种状态而言，是双方信息不对称而导致内部性。基于以上认识，我们在以下的讨论过程中主要就供应链的信息不对称所产生的内部性进行分析。

供应链中拥有信息优势的一方，可以在交易中利用其信息优势获取相对具有优势的交易行为，这一点在供应链的生产系统与消费系统之间的交易中有明显体现。其中制造商与销售商拥有更多关于价格、产品特征等方面的信息，而消费者对产品信息的了解来源于制造商或者销售商的宣传。在现实中消费者在购买其产品时不能完全识别产品的功能、产品的特征，也不能对制造商及销售商所提供的产品的低碳程度进行鉴别。信息不对称所导致的内部性阻碍了低碳供应链的运作：不管制造商与销售商向消费者提供了什么样的低碳产品，关键的问题是消费者要能清楚地了解低碳产品各方面的情况，一旦消费者购买了本质上并不低碳却被制造商和销售商宣传为低碳的产品导致自身的损失，消费者就会对低碳产品产生信用危机，低碳消费过程将发生严重阻碍。总而言之，其根本原因在于处于信息劣势的消费者要获取有关产品低碳信息的成本太高。

一般来说，消费者的信息搜寻成本是边际递增的。这是因为：一方面，消费者粗略的搜寻不会占用太多时间，这样时间的机会成本就不高；相反，比较仔细的搜寻则有可能占用较多重要的事件，搜寻的时间成本是递增的。另一方面，消费者搜寻范围是从自身地点逐渐向周围扩大，这会伴随着交通费用等增加，因此搜寻成本也是递增的。搜寻收益在开始的一段时间内递增然后开始保持不变：因为随着时间的推移，信息的获取对消费者效益的提高程度越来越有限，收益的递增程度增加得越来越慢，直到“收益加速度”减至零——这就基本达到了信息饱和的完全了解程度，此时的收益已经到了最大。我们可以借助于图 3-2 来分析上述过程。

图 3-2 中 U 为消费者从信息搜寻得到的效用，C 为信息搜寻成本，T 为信息搜寻时间。消费者信息搜寻行为的最优决策由以下函数来决定，见式（3-3）：

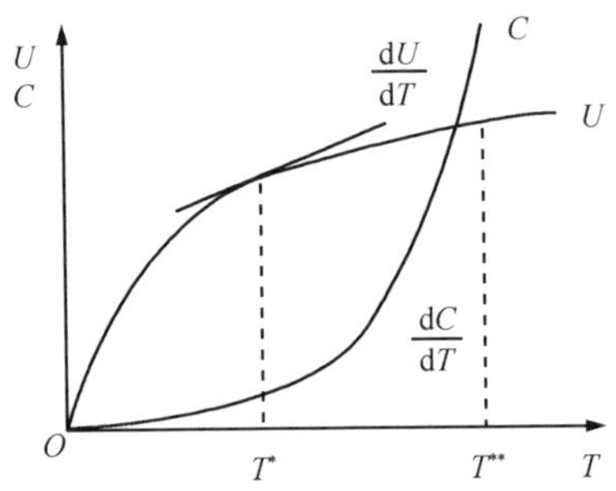

图 3-2 信息搜寻的收益与成本

$$\pi = U - C = U(T) - C(T) \tag{3-3}$$

其最优的条件为：$\frac{d\pi}{dT}=0$，即$\frac{dU}{dT}=\frac{dC}{dT}$。

图 3-2 中，消费者最优的信息搜寻时间为 T^*，此时再增加搜寻时间对信息的搜寻来说并不会增加其净效用：如果增加对信息的搜寻，则由于信息搜寻所增加的成本要高于其所增加的效用，$\frac{dC}{dT}>\frac{dU}{dT}$；反之，则结果相反，当两者相等时情况最优。从中可以得出的结论如下。

(1) 当信息不对称时，消费者因为信息搜寻存在成本不可能买到信息完全水平条件下的产品，即在 T^* 时消费者得到的产品价格，其中与低碳相关的功能性因素水平是低于在信息完全充分条件下水平的。当信息搜寻成本为零或者信息对称时，其最优决策点是 T^{**}，此刻由价格、低碳化程度等因素所产生的效用要高于在 T^* 时的效用。

(2) 消费者一般都有自身能够接受的情况限度，这个限度包括对于产品的价格接受限度和低碳程度限度。因此，消费者会在有限的时间内对信息进行自身能够接受的有限度的搜寻。这样，消费者可接受价格会限定在一个从最低水平到其期望水平之间的区间内。但这种情况不利于在产品低碳化方面做得比较出色的制造商和销售商。因为如果消费者不能又快又方便地认识到低碳产品的价格和相关低碳程度，可能会导致低碳产品的竞争力迅速被非低碳的传统商品所超越。

(3) 低碳产品相对于其他产品的异质性越明显，信息搜寻成本一定时消费者越有兴趣了解低碳产品各方面的信息，因而低碳产品越有可能被消费者青睐。但低碳产品有可能在功能上与传统非低碳产品相同，其之所以成为低碳产品是因为在制造和销售的过程中采用了低碳化技术。其异质性因素的不明显使得搜寻信息的成本高，导致了消费者的搜寻时间的最优点趋于一个很小的时间，因此在竞争中给非低碳产品提供了机会，内部性产生的可能性变高。

基于以上分析，可以认为信息不对称有可能使低碳供应链在运作过程中产生内部性：简单来说，即因为信息搜寻存在成本导致消费者不能很好地了解到低碳产品各方面的情况。这样，相关低碳产品的制造商和销售商可能会利用其与消费者之间的信息不对称虚假夸大产品的低碳程度。消费者在不知情的情况下购买了所谓低碳其实非低碳或者低碳程度很低的产品，因此自身的福利受到了损害，这样就产生了内部性。

2. 信息不对称产生“柠檬市场”的障碍机理

在前面已经指出信息不对称会产生内部性，内部性的存在会导致消费者的福利不能得到有效的保证。信息不对称进而信息的搜寻存在成本的另一个结果是会出现“逆向选择”。这一点有可能存在于低碳供应链中的各行为主体之间：如供应商和制造商之间存在的信息不对称，可能使得供应商在制造商不清楚自身对提供低碳材料能力的情况下做出虚假承诺。除了供应商与制造商之间，更为明显的是制造商与消费者之间的行为，制造商与消费者之间的逆向选择行为会导致低碳产品在与传统产品竞争中出现“柠檬市场”的现象：最终的结果是低碳产品不能有效地占领市场，即销售出现了问题，这进而将对低碳供应链的正常运营造成致命打击。其具体情况可以通过以下分析来进行说明。

Akerlof 首次对“柠檬市场”进行了分析。他在其 1970 年的经典论文《次品市场：质量、不确定性和市场机制》中以美国旧车市场为案例讨论了市场上信息不对称性如何造成劣质产品占领了本该良质产品作为主导地位的市场的现象。下面我们利用 Akerlof 的观点也针对市场上信息不对称会对低碳产品造成何种影响进行分析。具体如图 3-3 所示。

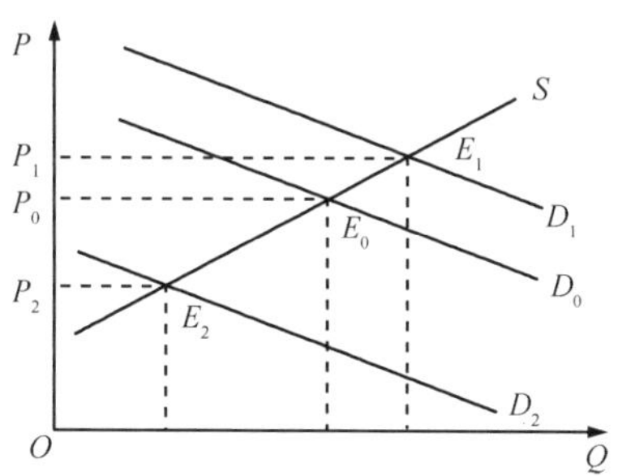

图 3-3　不同低碳度产品的市场竞争行为分析

假设市场中存在两个制造商，如图 3-3 所示，假设消费者对低碳化程度高的品的需求为 D_1，对低碳化程度低产品的需求为 D_2。由于信息不对称存在于低碳供应链中各行为主体，如对于制造商及其销售商而言十分清楚其在产品方面所占有的信息优势，其往往一再宣称其产品是低碳产品，因而在市场上产品供给曲线表现为低碳产品的供给曲线 S。如果在这个市场中信息传播是完全的，则低碳度高的产品和低碳度低的产品的价格分别为 P_1，P_2。而由于信息搜寻存在成本，消费者并不能够清楚地区分低碳程度较高和较低产品。为了确定对产品的需求，消费者一般会通过有限的理性的信息搜寻估计出购买低碳产品的可能性。

设顾客估计出购买低碳产品概率为 e，购买到非低碳产品的概率为 1-e，实际需求曲线则为 D_0，即

$$D_0 = eD_1 + (1-e)D_2 \tag{3-4}$$

实际价格为

$$P_0 = eP_1 + (1-e)P_2 \tag{3-5}$$

假设低碳产品的成本为 C_1，传统产品成本为 C_2，制造商所在行业的正常利润率为 r，由于需要更高的投入来进行技术创新、进行低碳化处理等，一般地我们可以认为低碳产品制造商的成本要高于传统制造商的成本，即 $C_1 > C_2$。在完全竞争的市场条件下存在式（3-6）：

$$P_1 = C_1(1+r), \quad P_2 = C_2(1+r) \tag{3-6}$$

所以市场上的实际价格是

$$P_0 = [eC_1 + (1-e)C_2](1+r) \tag{3-7}$$

因此，在实际价格为 P_0 时高质量产品供应商的利润率为

$$r_1 = \frac{P_0 - C_1}{C_1} = r - \frac{(1+r)(1-e)(C_1 - C_2)}{C_1} \tag{3-8}$$

而劣质产品供应商的利润率为

$$r_2 = \frac{P_0 - C_2}{C_2} = r + \frac{(1+r)e(C_1 - C_2)}{C_2} \tag{3-9}$$

因为 $C_1 > C_2$，所以式（3-10）成立：

$$r_1 < r < r_2 \tag{3-10}$$

这样非低碳产品的制造商而不是低碳产品的制造商获得了高于行业的正常利润率的利润。低碳产品的提供者因此会逐渐退出市场：而低碳产品的退出使得消费者的预估概率 e 降低，这样将产生一个新的均衡价格又会小于原先市场价格，这时 r_1 与 r 之间的差距越来越大，进而使得新的低碳产品的制造商退出。到最后当 e 趋于 0 时，市场上只存在非低碳产品。因此，低碳信息不对称障碍如果处理不当从而造成了低碳“柠檬市场”，将会对低碳产品产生致命影响。

3.2 低碳供应链管理过程中的障碍因素

结合上文低碳供应链管理的体系特点并通过对低碳供应链机理的分析，下面将对低碳供应链管理各过程的障碍进行具体阐述。

3.2.1 低碳采购过程中的障碍因素

低碳供应链在低碳采购过程中面临的最大的挑战来自于供应端的低碳化。其

中各障碍因素如下。

(1) 成本负担。成本毫无疑问的是供应商的主要挑战和首先必须考虑的因素，但实际情况是很多客户希望供应商减少碳排放但是却很少或者根本不承担任何成本。这就对供应商带来了很大的困扰。对于成本，客户和供应商应该共同承担；政府部门或者客户应该给实施减排的供应商一定的奖励以支持低碳化过程比较顺利地进行。

(2) 信息数据负担。客户大量而频繁地要求供应商提供有关低碳因素的详细信息审计和问卷调查，会给供应商们带来很大的影响和不便。同时客户缺少后续工作因而结果未知也导致了供应商们的反感。许多供应商希望改进数据管理，优化问卷调查形式。

(3) 响应时间不足。许多供应商希望客户能够尽量提前告诉碳排放的要求从来给予供应商们充分的准备时间。很多供应商经常抱怨没有足够的时间开展一些必要的减排改进工作，如新技术研发、培训以及其商务合作等。

(4) 低碳意识差异。有些时候当供应商发现客户对低碳的理解和要求程度不如自身的时候，经常不会对相关的产品进行自觉的低碳处理。为了避免这种趋势，政府部门应号召提高低碳意识，客户和供应链愿意学习相关的低碳理念并在与供应商合作的过程中将低碳的理念融入进去。

(5) 培训教育不够。相关知识缺乏，会导致不管是供应商还是客户对低碳与发展之间的关系感到困扰。双方对于低碳化的高度了解会互相刺激双方对于低碳产品的需求和青睐。

(6) 低碳材料开发技术障碍。针对客户对于低碳材料的要求，很多时候供应商在按照要求寻找替代材料时感到力不从心，因为有时候他们发现在技术上根本实现不了或者找到的新材料对于成本的压力过大。例如，服务行业缺少替代燃料基本设施以支持更低碳的货物运输系统。针对此问题，政府应该承担起相当的责任，主动为有意愿采用低碳材料的供应商提供必要且适当的技术支持。

(7) 设计规范落后。目前仍然存在一些浪费的或者生态不理想的设计规范，这也对低碳供应链的构建形成了技术障碍。如日本的一个轮胎供应商 2002 年发现他们的一个客户仍然要求在轮胎制造中加入某材料，而大部分轮胎制造商已停止使用该材料。

(8) 缺少创新保护。一些供应商担心其投入大量人力物力财力研发出来的技术最后却被一些没有参与研发的供应商所使用。政府必须在相关领域制定出合理的技术保护机制并对创新共享给予奖励，从而解决创新和知识共享带来的问题。

(9) 信息过度披露风险。一些供应商担心在低碳供应链的构建过程中因过度披露公司的减排影响信息而导致的风险。尽管在这些信息中，大部分减排措施都非常有效，但不排除这种可能：因为某些时候的疏忽使得客户误判供应商在低碳化方面的努力，从而拒绝以后再次接受该供应商的产品和相关服务。

3.2.2 低碳制造过程中的障碍因素

低碳制造过程包括：低碳设计、低碳生产、低碳包装等三个阶段，总的障碍因素如下。

(1) 在设计过程中对于材料的选择往往忽视了低碳的因素，即材料选择不适。

(2) 低碳生产较低的积极性导致低碳审计力度较小。低碳生产涉及企业的未来生存，更涉及未来社会的可持续发展。因此低碳生产不仅仅是企业的责任，更需要政府在财力和政策方面的综合支持。应该进一步加强政企之间的科学运行机制，把节能减排贯穿于从资源开发到送达最终消费者的整个低碳供应链过程中；同时结合企业试点示范计划，通过培训提高整体低碳意识。

(3) 缺乏资金。一方面，企业需要将低碳生产与自身财力相匹配；另一方面，政府需要制定相关优惠政策为企业低碳生产提供必要的财力支持。

(4) 在技术改造方面缺乏必要的力度。低碳技术改造是企业改变处于市场劣势状态的有效途径，同时也进一步促进了企业低碳生产。企业也应加大对低碳生产技术的研发和推广力度，并提供低碳技术方面信息的咨询服务，在自身技术专利得到有效保护的前提下广泛宣传低碳改造带来的成果并与全行业共享低碳技术，推动整个行业的良性发展。

3.2.3 低碳营销过程中的障碍因素

企业在开展低碳营销前要确定营销的低碳目标，且包括开发低碳产品、制定低碳价格、建立低碳渠道和开展低碳促销等四个过程。其中障碍因素如下。

(1) 营销体系中的低碳理念不够，不能够满足客户对于低碳的需求。

(2) 消费者的承受能力以及文化程度不同，所愿意付出购买低碳产品的代价也不一样。

(3) 低碳产品有被仿冒的可能性。

(4) 对于低碳产品的宣传不够，消费者对于低碳产品的购买热情有限。

(5) 政府部门对于企业在低碳营销过程中给予的支持和扶植力度不够。

3.2.4 低碳物流过程中的障碍因素

(1) 观念上的差距。以下两方面体现了观念上的差距：一方面，某些政府领导还没确立将低碳的概念融入物流的思想。他们往往仅有物流的思想而没有低碳化的概念，对物流的发展放任自流，对低碳物流发展缺乏前瞻性顶层设计。另一方面，经营者和消费者的低碳经营消费理念仍较淡薄，特别是对其中的低碳通道——物流环节缺乏足够的重视和关心，尚未形成低碳物流的思想理念。

（2）政策性的差距。低碳物流直接影响着人们的生活和社会经济的可持续发展。鉴于我国具体国情，低碳物流的实施绝对不仅仅是企业的事情，还必须从政府约束的角度配套低碳物流的政策法规来不断管理和完善现有物流体制和框架。我国虽然从 2000 年以来也一直在致力于节能减排相关政策法规的制定和颁布，但针对物流行业的还不是很多。另外，物流业涉及的部门过多，并不是很好的协调导致物流行业的无序发展严重浪费了资源配置，也为以后物流运作上的低碳化增加了压力和障碍。

（3）技术上的差距。低碳物流的实现离不开对低碳技术的掌握和应用。有效规划的缺乏导致了物流行业内部的无序发展和无序竞争状态，对减排造成很大难度；在机械化方面，物流机械化的程度和先进性与低碳物流的要求还有距离；在物流材料的使用上，与低碳物流倡导的可重用性、可降解性也存在巨大的差距；另外，在物流的自动化、信息化和网络化环节上，也还有大量工作有待推进。

3.2.5　低碳消费过程中的障碍因素

低碳消费过程障碍因素主要存在于消费者层面和消费环境层面。

（1）消费者对于低碳概念了解不够，导致购买意愿不强，不能够形成对于消费的有效促进。

（2）消费环境不规范，可能会出现部分销售商以低碳消费的名义出售实际上并不低碳的产品，从另一个方面又阻碍了低碳消费的顺利进行。

3.2.6　逆向物流过程中的障碍因素

逆向物流是低碳供应链的重要环节。逆向物流面临的主要障碍从企业内部分析有以下几个方面。

（1）对逆向物流的理念偏差。仍然有很多企业不重视逆向物流，这是逆向物流管理在企业中不能得到有效实施的最大障碍。另外，由于理念上的偏差，许多企业担心自己的优质产品会因所谓的“废品”而降低其价值，因此常常制定一些不利于召回处理的政策，这就限制了其获得召回产品的二次使用价值，从而也限制了逆向物流。

（2）不确定的逆向物流信息。不确定性和复杂的逆向物流使得在实施逆向物流管理时，产品回收和再处理的信息同样具有不确定性。信息的不确定制约了逆向物流管理的速度和效果。

（3）逆向物流、正向物流流程上的冲突。逆向物流流程也包括运输、库存、加工等过程，这样就有可能在某些时候与正向物流业务流程重叠，企业很多时候为了确保正常运作常规产品的物流业务，不得不放弃逆向物流业务。

(4) 缺乏有效的逆向物流管理监测体系。企业如何监控他们的召回处理过程、如何测度其逆向物流活动的效果，目前还是难点，同时监测体系是否有效也决定了管理的效率。所以，目前缺乏有效的逆向物流检测系统是影响逆向物流有效实施的另一个重要原因。

零售商与制造商之间的冲突是逆向物流管理面临的主要外部障碍。由于零售商与制造商在产品召回目的上的差异，两者可能会在召回产品的状态、产品的价格、响应的时间要求等方面产生冲突。

总的来说，逆向物流减少了或者帮助下游客户规避了风险，宽松的回收策略使得风险由下游往上游转移。

3.3 低碳供应链管理障碍模型分析

本节中，首先对低碳供应链管理障碍要素的发生概率用模糊概率理论进行了描述，然后根据故障树理论结合前面章节分析的各大机理要素和相关障碍因素构建低碳供应链管理障碍模型。

3.3.1 低碳供应链管理障碍要素发生概率

管理人员的经验往往在实际供应链管理障碍分析中决定着障碍要素的发生概率。但管理人员的经验、知识水平的参差不齐导致了这些要素的发生概率值具有很大的模糊性。

模糊理论是以模糊集合（fuzzy set）为基础，其基本精神是接受模糊性现象存在的事实，而以处理概念模糊不确定的事物为其研究目标，并积极地将其严密地量化成计算机可以处理的讯息，不主张用繁杂的数学分析即模型来解决模型。因此，低碳供应链管理障碍要素的发生概率可以采取模糊理论的方法计算。

1. 管理障碍要素的模糊概率

模糊统计需要大量的调研、统计分析工作作为其支撑。由于正态模糊数可以较合理地描述事件的模糊概率 $\tilde{p}$，因此本书用正态模糊数描述低碳供应链管理障碍要素的模糊概率，其隶属函数为

$$u_{\tilde{p}}(x) = e^{-[(x-p)/\sigma]^2} \tag{3-11}$$

其中，p 为模糊概率的均值；σ 为模糊概率的偏差度。

通过经验总结而得到的最小概率值 a、最可能概率值 b、最大概率值 c 被估算后均可以获得 p 和 σ 的值，公式为

$$p = \frac{a + 4b + c}{6} \tag{3-12}$$

$$\sigma = \frac{c - a}{6} \tag{3-13}$$

最可能的概率为模糊概率的均值 p，不是经验概率值 b，可以认为是对经验的校正。

2. 模糊数隶属度

假设有两个正态模糊数 $\tilde{p}_i$，$\tilde{p}_j$，通过模糊数的扩张运算法可以推出正态模糊数的和、差、积的可能性分布和隶属度函数。

正态模糊数之和仍为正态模糊数，其隶属度函数为

$$u_{\tilde{p}_i+\tilde{p}_j}(x)=\mathrm{e}^{-[(x-p_i-p_j)/(\sigma_i+\sigma_j)]^2} \tag{3-14}$$

正态模糊数之差仍为正态模糊数，其隶属度函数为

$$u_{\tilde{p}_i-\tilde{p}_j}(x)=\mathrm{e}^{-[(x-p_i+p_j)/(\sigma_i+\sigma_j)]^2} \tag{3-15}$$

根据模糊数的分解定理，模糊概率 $\tilde{p}_j$ 的 a 截集可以用$[L_a, R_a]$来表示，其中 L_a 和 R_a 分别为 a 截集的左、右边界。根据扩张运算法则，

$$\begin{cases}(\tilde{p}_i\times\tilde{p}_j)_a=[L_{ia}\times L_{ja}, R_{ia}\times R_{ja}]\\ L_{ia}\times L_{ja}=p_i\times p_j-(p_i\times\sigma_j+p_j\times\sigma_i)\sqrt{-\ln\sigma}+\sigma_i\times\sigma_j\times\sqrt{-\ln\alpha}\\ R_{ia}\times R_{ja}=p_i\times p_j+(p_i\times\sigma_j+p_j\times\sigma_i)\sqrt{-\ln\alpha}+\sigma_i\times\sigma_j\times\sqrt{-\ln\alpha}\end{cases} \tag{3-16}$$

省略左右边界的最后一项，则可得

$$\begin{aligned}(\tilde{p}_i\times\tilde{p}_j)_a\approx[&p_i\times p_j-(p_i\times\sigma_j+p_j\times\sigma_i)\sqrt{-\ln\alpha},\\ &p_i\times p_j+(p_i\times\sigma_j+p_j\times\sigma_i)\sqrt{-\ln\alpha}]\end{aligned} \tag{3-17}$$

根据上面的推导，正态模糊数之积可近似地认为等于正态模糊数，其隶属度函数为

$$u_{\tilde{p}_i\times\tilde{p}_j}(x)\approx\mathrm{e}^{-[(x-p_i\times p_j)/(\sigma_i\times p_j+\sigma_j\times p_i)]^2} \tag{3-18}$$

3.3.2　低碳供应链管理障碍模型构建

本书借鉴机器零部件故障诊断的原理，将供应链障碍分析这一抽象而复杂的问题具体化处理，建立起供应链管理的障碍模型，最后通过模糊统计的方法求解低碳供应链管理障碍指标。故障树分析法是一种从上至下的方法，首先以系统总体事故作为目标，然后从顶事件逐级向下分析造成事故的直接原因（基本事件），并用逻辑门符号连接上下事件和体现彼此间的逻辑关系。

（1）系统中总故障状态称为顶事件，所有导致其发生的直接原因称为中间事件，所有导致中间事件发生的直接原因又称为底事件。

（2）最小割集是指导致顶事件发生的底事件最小集合。在最小割集中，任何一个底事件的出现都将可能导致顶事件的发生。

（3）故障树用相应的符号和逻辑门将顶事件、中间事件、底事件连接成树型

逻辑图，则称此树型逻辑图为故障树。作为一种特殊的倒立树状逻辑因果关系图，故障树用事件符号、逻辑门符号和转移符号描述各事件之间的各种关系。

（4）或门的逻辑关系表示至少有一个输入事件发生就能使输出事件发生。

（5）与门的逻辑关系表示只有所有输入事件都发生才能使输出事件发生。

故障树的构建过程是成功运用故障树分析方法的基础，其完善程度直接决定准确精度。因此，构建清晰而完整的故障树模型具有十分重要的意义。

具体的故障树构建过程为：①写出系统顶事件，并在其下列出其中间事件；②将顶事件和中间事件用逻辑门将其连接；③进一步列出导致中间事件发生的直接原因，并用相应的逻辑门相连接。

重复步骤①至③，直到系统故障发生的原因全部弄清楚（称为底事件）。

使用故障树模型进行推理时，可以从故障树的顶端向下分析，找出系统的故障与哪些底事件有关，从而找出引起系统故障的各种原因。根据故障树理论的这个原理，通过对低碳供应链管理各流程中的障碍机理分析，可以把影响低碳供应链管理的障碍要素分为三大类：低碳化战略障碍要素、外部性障碍要素以及信息不对称障碍要素，各大类要素可以进一步细分。根据以上原理构建低碳供应链管理的障碍模型如图 3-4 所示。

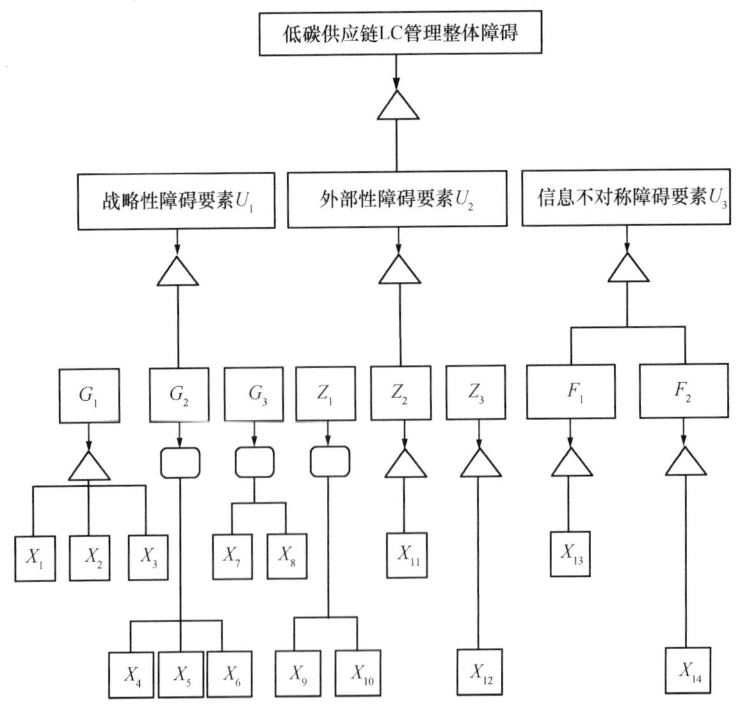

图 3-4　低碳供应链管理障碍模型

在该模型中，将低碳供应链的整体障碍定义为顶事件；将战略性障碍要素、外部性障碍要素和信息不对称障碍要素分别定义为中间事件；底事件分别由导致各中间事件发生的机理要件组成。其中，四方形符号指逻辑或关系，表示某一节点的任何一个输入节点失效，便会导致其失效；三角形符号指逻辑与关系，表示某一节点的所有输入节点发生故障，才会导致其本身故障。

低碳供应链管理障碍模型各指标说明如表 3-1 所示。

表 3-1　低碳供应链障碍要素指标

U_1 战略性障碍	G_1 观念障碍	X_1 政府观念障碍
		X_2 企业观念障碍
		X_3 消费者观念障碍
	G_2 模式障碍	X_4 知识创新障碍
		X_5 物流资金流单向流动导致障碍
		X_6 功能目标中低碳功能缺失导致障碍
	G_3 制度障碍	X_7 政策缺乏障碍
		X_8 法律约束障碍
U_2 外部性障碍	Z_1 资源外部性障碍	X_9 资源产权不完全障碍
		X_{10} 当代资源开发不作权衡的障碍
	Z_2 低碳消费制造过程障碍	X_{11} 废弃物处理不当导致障碍
	Z_3 资源利用过程技术外部性障碍	X_{12} 知识与技术溢出的代内外部性导致障碍
U_3 信息不对称障碍	F_1 内部性障碍	X_{13} 低碳信息搜索存在成本导致障碍
	F_2“柠檬市场”的障碍	X_{14} 制造商与消费者逆向行为的障碍

具体地说，对于此模型，只要战略性障碍要素、外部性障碍要素与信息不对称障碍要素三者中所有要素发生作用，低碳供应链管理必然出现整体障碍，所以低碳供应链管理整体障碍与这三者之间是逻辑关系。而战略性障碍要素由三个机理要件构成，即政府观念障碍、企业观念障碍以及消费者观念障碍，只有当它们全部发生作用时，才会形成战略性障碍要素，所以战略性障碍要素 U_1 与 G_1，G_2 和 G_3 之间是逻辑与关系。外部性障碍要素各底事件之间的逻辑关系分析类似。而对于信息不对称障碍要素，由于低碳信息搜索存在成本 X_{13} 以及消费者与制造商间的逆向行为 X_{14}，两者中的任何一个发生较明显的变化，都会直接造成消费者购买热情急剧降低，从而通过影响 F_1 和 F_2 导致信息不对称的发生，因此，F_1，F_2 与 U_3 之间是逻辑的关系。对于 G_2，由于低碳供应链本身作为一个新概念尚处在研究和发展过程中，知识的创新一旦发生障碍，将会导致整个模式出现大的问题，X_5 和 X_6 也是同样的状况。因此，G_2 和 X_4，X_5 以及 X_6 是逻辑或的关系。对于 G_3 即制度障碍而言，低碳供应链在企业的

顺利实施，必须要求政府同时具有成熟的低碳扶植政策和低碳保护法规，而这两者中的任何一个有较大的缺陷造成了障碍都会对整个低碳制度形成威胁。因此，G_3 和 X_6，X_7 也是逻辑或关系。

3.4 低碳供应链管理障碍模型的实证调查

本章通过调查结合相关模型，印证了前面章节对当前低碳供应链管理最主要障碍因素的假想，从而证明模型的合理性和可靠性。具体以云南省某化工企业为实例，阐述低碳供应链管理障碍模型的应用过程。

3.4.1 企业数据调查

本书以发放调查问卷的形式，从云南省某化工企业获得了相关的数据。问卷的调查人群主要以该企业的对于供应链管理以及低碳知识有较好了解的中层管理人员为主；同时问卷以模型得出的 14 项障碍（底事件）为基础，对应每一个障碍都设计了一个问题。鉴于某些问题的语言设置可能比较专业化，采用了逐个沟通的方式进行数据搜集。选项中以可能性概率范围作为选项内容，参考等风险法以及模糊概率将这些选项分为 5 项，同时预留了空白以便让被调查者填写尽可能具体的概率值。

3.4.2 模型计算结果

本次共发放了 100 份问卷调查，结合调查问卷数据可以得出低碳供应链管理障碍模型中各底事件的发生概率，通过对式（3-12）、式（3-13）的计算还可以进一步得到各底事件发生概率均值，结果如表 3-2 所示。

表 3-2 低碳供应链管理故障机理要素（底事件）概率

符号	机理要素	最小概率 a	最可能概率 b	最大概率 c	均值 p
X_1	政府观念障碍	0	0.14	0.24	0.13
X_2	企业观念障碍	0	0.13	0.22	0.12
X_3	消费者观念障碍	0	0.11	0.19	0.10
X_4	知识创新障碍	0	0.28	0.42	0.27
X_5	物流资金流单向流动导致障碍	0	0.16	0.27	0.13
X_6	功能目标中低碳功能缺失导致障碍	0	0.36	0.71	0.36
X_7	政策缺乏障碍	0	0.38	0.62	0.29
X_8	法律约束障碍	0	0.42	0.83	0.42
X_9	资源产权不完全障碍	0	0.28	0.46	0.26
X_{10}	当代资源开发不作权衡的障碍	0	0.32	0.49	0.30
X_{11}	废弃物处理不当导致障碍	0	0.06	0.16	0.07

续表

符号	机理要素	最小概率 a	最可能概率 b	最大概率 c	均值 p
X_{12}	知识与技术溢出的代内外部性导致障碍	0	0.04	0.07	0.04
X_{13}	低碳信息搜索存在成本导致障碍	0	0.07	0.13	0.07
X_{14}	制造商与消费者逆向行为的障碍	0	0.04	0.09	0.05

参考类比等风险法，可按概率大小将障碍分为五个等级，即低概率障碍、较低概率障碍、中等概率障碍、较高概率障碍、高概率障碍，其概率值域分别为：(0，0.2]，(0.2，0.4]，(0.4，0.6]，(0.6，0.8]，(0.8，1]。同时由表 3-1 可知，中间事件 U_1(战略性障碍)、U_2(外部性障碍)、U_3(信息不对称障碍)、G_1(观念障碍)、G_2(模式障碍)、G_3(制度障碍)、Z_1(资源外部性障碍)、Z_2(低碳消费制造过程障碍)、Z_3(资源利用过程技术外部性障碍)、F_1(内部性障碍)、F_2（“柠檬市场”的障碍）的真函数为式（3-19）：

$$\begin{cases} U_1 = \sum_{i=1}^{3} G_i \\ U_2 = \sum_{i=1}^{3} Z_i \\ U_3 = F_1 \times F_2 \\ G_1 = \sum_{i=1}^{3} X_i \\ G_2 = X_4 \times X_5 \times X_6 \\ G_3 = X_7 \times X_8 \\ Z_1 = X_9 \times X_{10} \\ Z_2 = X_{11} \\ Z_3 = X_{12} \\ F_1 = X_{13} \\ F_2 = X_{14} \end{cases} \tag{3-19}$$

顶事件 LC 的真值函数为

$$\mathrm{LC} = \sum_{i=1}^{3} U_i \tag{3-20}$$

相应的模糊形式为

$$P_{U_1} = P_{G_1} \oplus P_{G_2} \oplus P_{G_3}$$
$$P_{U_2} = P_{Z_1} \oplus P_{Z_2} \oplus P_{Z_3}$$
$$P_{U_3} = P_{F_1} \oplus P_{F_2}$$
$$P_{G_1} = P_{X_1} \oplus P_{X_2} \oplus P_{X_3}$$
$$P_{G_2} = P_{X_4} \oplus P_{X_5} \oplus P_{X_6}$$

$$
\begin{aligned}
P_{G_3} &= P_{X_7} \oplus P_{X_8} \\
P_{Z_1} &= P_{X_9} \oplus P_{X_{10}} \\
P_{Z_2} &= P_{X_{11}} \\
P_{Z_3} &= P_{X_{12}} \\
P_{F_1} &= P_{X_{13}} \\
P_{F_2} &= P_{X_{14}}
\end{aligned} \tag{3-21}
$$

根据式（3-14）、式（3-15）和式（3-18）定义的正态模糊算子可以得到各事件包括中间事件和顶事件的发生概率，结果如表3-3所示。

表3-3　障碍模型中间事件概率均值

符号	中间事件	均值 p
U_1	战略性障碍	0.484
U_2	外部性障碍	0.188
U_3	信息不对称障碍	0.120
G_1	观念障碍	0.350
G_2	模式障碍	0.013
G_3	制度障碍	0.121
Z_1	资源外部性障碍	0.078
Z_2	低碳消费制造过程障碍	0.070
Z_3	资源利用过程技术外部性障碍	0.040
F_1	内部性障碍	0.070
F_2	“柠檬市场”的障碍	0.050

结合表3-3中的数据，$U(\mathrm{LC}) = U_1 \oplus U_2 \oplus U_3 = 0.792$；同时，通过表3-3中的计算结果可以发现：在低碳供应链的三大类障碍要素中，战略性障碍要素是干扰低碳供应链顺利实施的主要原因；其中，观念障碍特别是政府的观念又是造成战略性障碍的主要源头。

3.5　低碳供应链管理障碍的对策措施

如前文所分析的，低碳供应链管理战略的实施在理论和实践层面上对于我国企业来讲皆是巨大挑战。但是鉴于全球市场上对于产品低碳化要求越来越严格和国内基于可持续发展的减排压力，把低碳思想融入供应链管理理念之中进而实施低碳供应链管理战略又是提高我国企业国际竞争力和实现可持续发展的必然选择。本书针对这个问题，结合对于云南某化工企业调查问卷统计情况，提出以下对策建议。

3.5.1　政府应采取的对策

（1）政府应结合企业实际情况从可持续发展观念出发制定导向性政策。在目前供应链管理已成为我国企业获得竞争优势的必然选择的情况之下，制定相应的低碳供应链管理政策和刺激性扶持措施，同时使行业的低碳化标准具体化、法律化，将会使得企业的生产和管理都发生质的变化，升华到一个新的高度。

（2）调整税制结构，完善税收体系。现有税收体系应该规定不同的税额，鼓励节能减排，减少消耗。借鉴国际经验，开征碳保护税，本着“谁排碳谁缴税”的原则，将现行的各类繁复的收费制度改为征收碳保护税，确定独立的碳保护税种。政府可制定相关的采购政策来促使市场鼓励再循环利用已达到节能减排的效果，通过税收杠杆，实施税收的激励机制，鼓励低碳经济产业，加快采取低碳供应链管理的企业发展。

（3）碳排放收费定价，提高碳排放成本。使碳排放的外部成本内部化，把利用低碳技术实现减排转变为企业降低碳使用成本的一个经济途径，激励企业发展低碳经济，以最低碳方式设计和生产产品，从源头降低碳排放。按照“排碳即付费”原则，推进碳的有偿使用制度。我国还应该大力推进低碳标志制度，鼓励低碳消费，实施低碳标志制度的基本目的是引导消费者在购买时更多考虑获得标志的产品，有利于提高消费者的低碳意识，也可促使制造商生产更多有益于环境的低碳产品。

（4）政府加大低碳概念的宣传，提高消费者对低碳产品的认识度，从而加强群众对于低碳产品的购买热情，从市场方面着手，促进低碳供应链管理的发展。

（5）加大认证力度。世界贸易组织（以下简称世贸组织）各成员国建立符合自己具体国情的环境标准，限制不符合各自国家标准的产品进入国内，是符合世贸组织规则的。哥本哈根大会后，对出台相应低碳化标准的呼声也与日俱增。目前我国企业在低碳化转型方面的进展不容乐观，如果不能及时扭转这个形势，我国企业将会在未来的竞争中愈加处于被动地位。因此，必要时参考国外发达国家的标准而加紧进行低碳管理制度建设并加大对符合我国国情的低碳体系等方面的认证力度对于当前政府来说显得尤为重要。

（6）建立网络信息化平台。由低碳供应链管理的特点不难发现其建立是一个复杂的系统工程，没有政府的参与企业很难靠自身的技术积累来运作。因此，政府应积极帮助企业完成对于低碳供应链管理信息平台以及低碳供应链管理资源电子数据库的构建，同时加强管理低碳供应链各节点企业间信息的交流。通过网络信息化平台可以高效高速地实现行业内信息资源的共享，为各节点企业提供各种行业相关的国际国内环保标准数据库，进而提高整个低碳供应链的效率和竞争力。

(7) 正确引导消费者。通过供应链管理的概念可以发现，消费是供应链实施的最直接也是最有力的拉动力量，消费者的需求直接决定着产品的改进和销售业绩。鉴于此，政府应在加强低碳消费宣传的同时努力倡导低碳消费，引导消费者自觉选择有利于节约资源、低碳排放的生活和消费方式，促进企业、消费者、生态环境三者协调发展。

3.5.2 企业应采取的对策

(1) 提升企业领导者的低碳意识和可持续发展观，并且通过构建低碳供应链的低碳企业文化的方式使得低碳的概念在企业的运营过程中得到贯彻实行。由于企业之间的竞争，或者供应链链间的竞争，越来越表现为文化的竞争，企业文化越来越成为企业竞争力的基石和决定企业兴衰的关键因素，低碳文化在如今更是成为了企业文化发展的高级阶段。因此，构建低碳企业文化，对新形势下低碳企业文化的研究、运用和实践在企业实施低碳供应链管理的过程中显得尤为重要。

(2) 重新改进传统供应链模式，构建适应当前发展趋势的新型低碳供应链模式，使得供应链中的物流、资金流、知识流和信息流由传统模式中的单向流动即从供应商到最后客户的流动模式改进为双向流动模式，使得技术和知识的创新能够在整条供应链中得到发展，从而为低碳供应链的顺利实施提供理论支持。

(3) 根据行业具体情况，构建完善的低碳供应链激励机制，同时加强低碳供应链企业间合作满意度。

(4) 建立适应形势的低碳企业文化。实施低碳供应链管理之初是否首先致力于转变供应链核心企业和其他节点企业的领导者的价值观是能否取得成功的必要条件，因此企业特别是核心企业高层主管的观念改变对低碳供应链管理的顺利实施至关重要。同时，低碳供应链各节点企业应该促使员工将企业目标深化为个人目标并建立以追求低碳排放量为崇高目标的低碳企业文化，然后通过树立低碳排放的榜样以及强化企业低碳形象促使企业员工自觉接受企业的相应行为规范。

(5) 构建低碳供应链节点企业间以及供应链和消费者间的网上信息共享平台。有效并迅速地分享重要的信息，避免因出现信息不对称而产生的“牛鞭效应”、内部性以及“柠檬市场”。

(6) 为了给企业提供实践参考，很有必要强化相应实际案例的研究。起源于国外的绿色供应链管理理论发展的历史并不长，在我国更是刚刚起步，而低碳供应链理论又是在绿色供应链理论的基础上发展形成的，因此在低碳供应链管理模型设计、实施低碳供应链管理节点企业之间的激励与约束机制、低碳供应链管理的碳排放绩效评估以及低碳供应链障碍等方面的理论研究十分缺乏。在以后的研究中，除加强以上相关领域研究外，更应注重一些国外大型企业成功实施低碳供应链管理并产生良好经济效益、社会效益和环境效益的低碳供应链管理案例。另外，理论研究应基于实际调查对症下药从而解决企业实施低碳供应链管理过程中面临的实际问题。这样，有助于提高企业对于低碳供应链的重视度，从而为低碳供应链管理顺利在企业实施打下基础。

第4章　低碳供应链成员间协同管理

传统供应链管理的方法包括：分布式、集成化和协同化管理。分布式管理的方法是指决策过程中并不考虑供应链的整体效益，将其决策权及过程仅分布在分散的企业中，低碳供应链上的每个企业都是一个不同的自主经济实体，都是为各自的利益而做出相对独立的决策，在低碳供应链下各节点企业若都独立地进行决策，虽然可能会使局部的利益得到相对的优化，但对于低碳供应链整体而言却不可能是最优的，因为低碳供应链系统的空间已经远远突破企业的界限；集成化管理思想强调的是对供应链中的节点企业进行集中的治理，克服了分布式管理方法的缺点，它可以看成是假设链上的主导企业能对其他的合作伙伴进行统一的管理和决策，以获得供应链的整体运作的优势，并提高企业的效率以及快速反应的能力。但在低碳环境下可能会使一些企业产生怠慢情绪，实际实施低碳管理时可能导致主导型企业不明显等问题。

协同化的管理思想是供应链中的伙伴企业通过沟通与协作实现信息的共享，从供应链整体效益出发来做出相应的决策。此方法相对比较适合低碳供应链管理的特点。因为通过虚拟的供应链、战略联盟以及网上供应链等新的运作模式产生不断向更大范围更大空间时间的拓展，低碳供应链系统的资源能利用的范围已经被无限扩大，另外由于低碳供应链节点企业之间的相互依托，环境因素影响的范围不断扩大，而且环境污染没有明显的界限规定，所以要求低碳供应链的运作战略必须在更大的活动范围内制定。要想实现整条供应链碳排放的减少，仅依靠单个企业是不可能实现的，只有链上各企业根据市场情况，不断进行沟通协调，并通过信息共享实时调整计划，对供应链实施协同管理，才能共同实现碳减排，使供应链整体绩效得到提高。目前市场需求、能源价格等不断地变化，供应链上企业能否持续发展与资源的利用效率有很大的关系，要使资源在链上各节点的流动过程中强调其对环境产生的影响，来提高低碳供应链成员企业在低碳运行中环境友好的属性和可持续性的发展。低碳供应链应该有总体的运作规划，以此来保证低碳供应链运作过程中各个流程运作的同步协调与协同运行。因为目前世界经济一体化的特征，现代企业传统的生产制造方式已经不再适合当前的市场环境，只利用单一企业来进行碳减排是不够的，需要供应链上节点企业通力协作，才能体现出低碳供应链协同生产的优越性，实现整条供应链碳减排，从而实现整个社会的碳减排。

低碳供应链协同是指从低碳供应链的总体出发，将链上不同环节的企业以及各自所拥有资源等进行相互整理协调，以实现自然环境与经济活动的协调发展为目标，要求供应链中各成员实施高效益、低能耗、低污染的技术和管理方法，从而实现局部利益最优化，并服从整条供应链收益最优化的目标。低碳供应链中的许多低碳项目活动，是靠各节点企业共同合作来实现完成，而各企业间的流程更应该是相互沟通，一环扣一环，所以要达到统一的协同管理，需要对链中的节点企业各个运作的环节及实施的过程进行同步的、集成化的协调管理。有了这种共识，才可以通过降低资源的消耗来加强供应链的整体的竞争力和达到共同发展经济的效果。

4.1　低碳供应链成员间协同的促成因素分析

在实践中，实现低碳供应链协同实施运作是有一定困难的。低碳供应链面临的最大挑战就是如何在结构复杂，环节众多，变动因素增加的情景中实现协同。一般能将这些因素归纳为两类，即外部因素和内部因素。

4.1.1　外部因素分析

(1) 市场全球化。新的市场不断地变化、资源不断地全球化、产品生命周期不断地减少、运输成本不断地增加、信息传递不断地增快等，促使经济全球化加快。经济全球化会导致市场竞争的全球化。尽管不同国家和不同地区的经济独立性以及差别仍然存在，但它们之间的商品、资源、资金、劳务、技术等方面的联系在不断增加，跨国企业的业务范围在不断地蔓延和数量持续上升，世界经济出现了相互交织、相互渗透的局面，加大了经济全球化的进程和发展，使得世界经济成为了一个有机的整体。

(2) 适应动态、复杂的环境。1990 年以来，动态、复杂性与不确定性的全球经济环境给企业造成巨大的影响。动态的环境主要是指，企业所处的宏观经济环境随着时间的变换而变化，主要包括社会、经济、政治环境、技术以及企业内外部和产业环境等的变化，还有市场竞争在形式、内容上所展示的不同差异。在这些经营环境不断地变得复杂和动态的情形下，通过实施低碳供应链协同运作的管理来减少环境变化带来的损失，使企业能更好地生存在这些不确定的形势环境下。

(3) 随着信息、网络技术的不断发展，计算机等各种信息系统的不断升级以及集成制造技术的不断改进和创新，企业资源计划、制造资源计划 、管理信息系统等系统的运用提高了企业在产品研发、生产 、制造、销售和企业管理等方面的效率，并为企业间的协同合作提供了技术支持。市场交换中的协作分工、信息搜寻交易费用被很大程度地降低了，使企业在日常活动中的信息传播、沟通更为及时，使企业能够跨越空间及时间界限，进行了广泛的协作。当企业面对新的市场机遇时，它可以借助信息网络，在全球范围内寻找开发、运用、制造、支持该产品的协作伙伴，利用现代的信息管理技术对企业实施管理，更容易形成协同的效应。

(4) 顾客需求多样化、个性化。在迅速发展的高科技背景下，市场竞争也越来越激烈，顾客及消费者的需求都趋于多样化和个性化。以制造业为例，对大批量产品的需求只占总需求的15%～25%，而中小批量的产品需求占总需求的75%～80%。在这种情况下，产品的售后服务、质量、价格等因素不再是决定企业竞争优势的关键，而是否具有足够的生产柔性以满足顾客的特殊需求能力成为了决定性的因素。这表示传统的大批量的、单一性的、功能性的生产方式，已经不能满足当前的市场经济的需求，面对快速变化、不确定的市场环境，企业不再把主要精力集中于整体产品，他们的战略目标和日常业务主要集中在专门的知识产品上，从“做所有的事”转移到“做顾客觉得重要的事”和“做自己最拿手的事”。通过借助外部资源的力量，将原本分散的人力、技术和管理等相关资源进行有效的整合，通过各节点企业的协同合作为顾客及消费者提供多样化、个性化的服务或产品，创造出最大的价值链。

4.1.2 内部因素分析

1. 追求中间组织效应

目前企业之间存在的关系，一般都可以概括为以下两种形式：一是对组织外的关系；二是对组织内的关系。其实现实中企业与企业之间有着另外的一种关系，称为“ 中间组织 ”，即在信息技术的支持下，企业之间基于核心能力，建立在信用基础之上，以合作为目的，依靠价格机制和权威机制配置资源，具有网络特征性的相对稳定且普遍存在的一种契约安排。它们在形式上保留着许多关于市场交易中的关系特征，同时又融入了一些组织内部的关系特征。中间组织这种形式，既包括内部组织优势的同时，又将组织内部和外部关系都进行了融合并进行协调。一方面，它克服了市场失灵，防止交易费用过大；另一方面，它克服了一体化组织失灵，防止组织费用过高，从而达到交易费用和组织费用的最小化和效率的最大化。

2. 降低供应链物流成本，减少碳排放

我国物流成本约占我国GDP总值的20%。2004年据中国物流信息中心的统计显示，我国的物流成本约占21.3%。与美国的8.5%相比，我国成本明显过高，这里有非常大的调整空间。根据世界著名的咨询管理公司埃森哲，通过实施供应链管理的研究表明，明显地可以将成本降低到原物流的运输成本的85%～95%，也可以降低到整个供应链运行费用的75%～90%。这样在减少物流成本的同时，也可以降低对企业环境的侵害、减少碳排放，提高了经济和环境效益的同时，也提高了企业的竞争力，这一举多得的做法是企业的首选。

3. 追求最优价值链

企业不仅要对自身的价值链进行加强管理和优化，同时也要对供应商以及供应商的经济价值链加强了解和认识，只有这样才能在市场的竞争中取得较好的战略优势并保持相对稳定的发展。尤其是针对低碳供应链来说，本来企业就对低碳供应链这种新的管理方式存有戒心，如若不能正确地处理其投入与产出的成本，就不会给节点企业带来更多更好的利益，企业肯定是不会自觉地加入到低碳供应链的协同管理中来。所以通过对低碳供应链节点企业协同管理的优化，有利于促进企业进行计划和决策，对价值链进行优化和整合。企业可以通过全面地分析内部和外部面临的现状，探索出提高企业不同环节利润水平的运作方式，和调整不同的战略环节，进而加大对某个环节资源的投入，提高低碳项目的成功率，进而提高企业的优势。

4. 构造优势战略群

如果企业想依靠自己的力量在巨大的竞争中能够很好地生存下来，无疑需要花费特别大的投入、特别多的时间以及承担更多的风险，而且还不一定能成功。所以企业需要在优化和强化自己主体优势的同时，也要在市场上不断地觅求拥有能够支撑其竞争优势的企业，并将其归结为企业战略上的合作伙伴，构建具有集体竞争优势的战略群体。只有实施低碳供应链协同，才能避免以上的风险与不足，低碳供应链能够促使各合作伙伴共同分担风险，共享资源，进而达到优势互补，实现企业共赢的目的。在这个群体协调运作的过程中不断地动态发展，要各成员不断地共同合作、不断地创新。

低碳供应链协同管理除了以上四个动因之外，还有其他的动因，如还有提高企业获得的利润率和保持企业原有的核心文化等动因。这些动因之间的关系是相互作用、相互联系的。其中，寻求中间组织的这一动因是其他动因产生的基础和条件，因为只有找到了供应链协同管理的相关中间组织，才能发挥协同作用。同时战略群体优势这一动因既保证了中间组织的有效实施，也为提高企业的核心竞争力和保证价值链的最优提供了保障。而追求最优价值链这一动因又可以进一步强化巩固战略群体的形成，并保证供应链协同运作的稳定性。总之这些协同动因之间是相互作用、相互激励的，缺一不可。这些动因也促使了供应链协同的产生和安全地运行。供应链协同管理将供应链上的企业紧密地连接在一起，使企业与企业间的边界淡化了，从而形成了完整的业务项目运作链。供应链协同加强了企业间的合作关系，共同追求利润的最大化，建立企业间的双赢或多赢的业务关系。

4.2 低碳供应链成员间的协同管理分析

通过以上的促成因素分析，研究低碳供应链的协同管理是有现实意义的，也是可能实现的。低碳供应链中的各个节点企业应结成相应的网络式联合体，低碳供应链协同的网络中，制造商、供应商等所有合作伙伴都可以变动性地共享其信息、不断地向着共同的目标努力发展。低碳供应链的协同要求各个合作伙伴都应为提高低碳供应链的整体竞争力，而进行相互协调和相互努力。要想实现真正的协同管理，就要求各个合作伙伴的信息、技术以及知识等进行共享，要求合作伙伴在承诺、信任以及制定相关协议基础上进行相关的运作。实现低碳供应链的协同管理是低碳供应链管理崭新的、最为切合现实状况的发展模式，目前低碳供应链已经受到经济等各界学者们的广泛关注与重视。低碳供应链协同管理，主要涉及以下七个方面。

1. 战略协同

低碳供应链的战略协同是指，用于指挥和调整整个供应链的高效率运作、以此来提高供应链的整体竞争力，并使整体利益能达到最好的规范和原则。因为低碳供应链的运行较传统供应链的实施更为困难，所以战略协同是实现整体碳减排的基础。战略协同的指导思想是在共同目标的整体规划下，已经成为了各个合作伙伴的行为基本规范。低碳供应链的战略协同，能够确定低碳供应链组建的意义及目的，明确合作伙伴在共同战略目标的领导下，能更好地互相协作、相互帮助。战略协同这个方面是实现低碳供应链协同管理的重要基础，战略协同主要是对低碳供应链的运行过程中遇到的事关全局的或者是重大的核心问题，做出总体的协调与改进。

2. 信息协同

信息协同是低碳供应链协同能否成功的主要因素之一。因为链上各环节之间紧密相扣，既是分工的又是合作的、既是独立的又是融合的，这是供应链运行中的实际状态，也是达到最好状态的情况。能达到这种独立与融合、分工与合作的良好状态主要是因为信息的协同，若无良好的信息共享，各个企业将会成为彼此孤立的个体。低碳供应链上的各节点企业，只有通过实现高质量的信息传递 、信息共享，才能使低碳供应链上的合作伙伴顺利地完成低碳的项目、低碳的任务，为完成整体碳排放的计划打好基础，在实现信息共享的同时，要能够保证信息在传递的过程中不能扭曲，这样不仅能够有效地预防供应链运行中产生的欺骗、委托和“ 牛鞭效应 ”等问题的出现，还能够促使合作伙伴建立长期的稳定的合作关系，从而提高低碳供应链整体效益。

3. 信任协同

各个节点企业之间所有合作关系的建立，都应该在信任协同的基础上实现，所以必须加强企业间的信任协同管理。在现实中虽然决策者都知道合作的重要性，但他们对合作方缺乏信任，所以不会轻易地加入低碳的合作。因为决策者怕自己在合作过程中“吃亏”或减值，所以在合作时企业决策者会尽量地将成本、责任、风险等不利因素转移到其他的组织中，但同时会将利益最大限度地收回企业。在实际中如果出现了这样的情况，各个企业间必将会无法进行合作，更不会建立起有效的合作。加强企业之间相互合作、相互信任的培养，进而提高生产与服务的柔性、改进企业，并在不可预测事件发生的时候，增强企业各方的共同责任感。在低碳项目实施活动时建立并完善相应的信任协同，可以减少不必要的矛盾与摩擦，并能减少由此引起的时间和成本的不必要耗费。低碳供应链要想改变这些现状，就必须在低碳供应链合作的基础上建立信任机制。只有建立了信任机制，低碳供应链的整体运作效率才能得到提高和保证，企业才能获得长远的优势和竞争能力。

4. 业务协同

所谓业务协同，就是在链中各合作企业之间实现点到点的业务流程的整合，使得在低碳供应链运行中各个合作环节的业务对接实施更加紧密、运作流程更加通畅、资源利用更加高效，以便快速响应不同客户的不同需求以及碳减排带来的市场机遇，及时应对外部的挑战。在低碳供应链管理的环境下，利用业务的协同，既可以帮助企业实现供应商与供应商、供应商与客户之间的协作，也可以帮助企业实现部门与部门组合间的业务协同合作和计划的相互协调。

5. 利益分配协同

低碳供应链通过合作伙伴的相互合作来实现碳排放，这会给企业带来相对较高的利润，但是各合作伙伴之间存在着很多客观的利益冲突，这既有风险分摊、投入分摊的问题，又有利益分配不均等问题的存在。合理的、公平的利益的分配方法是低碳供应链成功实施协同管理的必要基础，因此低碳供应链应该建立相关的合理的利益分配机制，真正实现供应链的风险共同分担、收益共同分享，以此来保证低碳计划高效地、顺利地实现。实现低碳供应链上合作伙伴的利益分配协同，就要坚持建立合理、公平、公正的分配原则，来保证低碳供应链稳定顺利地发展。整个低碳供应链的利益分配要保证各伙伴的收益与付出相匹配，要避免依据合作伙伴的规模的大小来分配利益，应该依据资源与贡献的不同程度来分配利益。

6. 标准、制度协同

有统一的制度和标准是低碳供应链能高效运作的重要保证。因为低碳合作伙伴所采用的绩效评价、技术、衡量标准等不会完全相同，所以为了做好低碳供应链的协同管理，合作伙伴之间必须建立标准和制度的协同，其日常主要用到的有绩效标准的协同、技术标准的协同等。

7. 文化协同

在低碳供应链的管理中，每个企业都拥有适合自己的、独一无二的企业文化。如何实现文化的协同管理是低碳供应链管理中困难的地方，对合作伙伴进行有效的文化整合，对所有的供应链来说都是很大的难点。因为合作伙伴只会注意自身的组织文化的不变，不会自主地顺应低碳供应链。但在低碳供应链的发展中聪明的企业会自主地发现其他企业文化好的地方，并将其运用到自己的管理实践中，这样就自主地实现企业间文化的协同与兼容，创造出更有利于企业和供应链共同发展的文化。

通过协调合作伙伴的资源共享与合作，建立良好的密切的合作关系，达到双赢的状态，达到减少低碳供应链的风险和降低运行成本的目的。基于协同管理的低碳供应链不再独立地看待企业及企业的各个部门，通过他们有效的沟通、有效的信息共享后得出相应的协同决策。企业要以提高整体的最优化为目标，而不是分散地进行个别的决策，提高了整体效率，同时抑制了由某个决策者来制定相关决定时带来的各种弊端。

以上所述的七个方面只是笼统的概括和介绍，因为要想实现这个供应链的协同管理面临着很多制约因素，如观念、行为、信息等障碍，所以要想把书中提到的七个方面进行全面的阐述是一件非常庞大而复杂的任务。因为整个低碳供应链在协同管理方面涉及的太多，整个机制也较为复杂，所以本书只选择了其中最基础的一部分进行研究，仅对第五个方面，也就是协同管理下的低碳供应链的利益分配进行具体分析，因为获得更多利益是低碳供应链及其合作伙伴的最终目的。

第 5 章 低碳供应链成员利益分配

低碳供应链上成员的利益的合理分配是激励链上的合作伙伴相互协调、相互合作的动力。在现实中当某个个体的需求得到比较大的满足时，这个个体一定就会比较努力地工作，如果这个个体的需求得不到较大的满足的话，那么它就会不积极地工作甚至是罢工。合理的利益分配，能够使现有的合作伙伴的关系加强，反之则会伤害到企业的合作关系，从而影响到低碳供应链的整体经济效率和环境的绩效，问题严重时会使整个低碳供应链破解。低碳供应链协同管理的重点就是稳固并建立企业间的合作关系，使链上成员企业运作能够保持相互的协调和一致，同时也要使各企业尽量地充分发挥自己的长处，在达到碳减排的同时，尽可能地降低相应运营的成本。低碳供应链利益的合理分配，能巩固和维持节点企业的合作的伙伴间的关系，并能激励合作伙伴更好地合作，从而提高整个低碳供应链的运作的效率，进而获得更加多的利润。当低碳供应链获得的利润增加的时候，各个合作伙伴的利益所得也应该相应增加，这会促进合作伙伴愿意贡献更多的相应资源和力量，从而形成一个良好的循环现象。总之，设计出一个相应的合理的、科学的利益分配方法，有利于低碳供应链健康顺利地发展，有利于稳固和保护合作伙伴的关系，减少低碳供应链的资源浪费和不必要的损失。

低碳供应链协同中的成员之所以愿意共享资源与信息、愿意相互协作，是因为能够获得更多的经济和环境效益。利益分配主要是指按照节点企业在供应链中所付出的贡献和地位，从低碳供应链的总收益中分得自己应得的那部分收益。供应链协同的成功运作必须以合理的、公平的、公正的利益分配方法的建立为基础。低碳供应链合作伙伴间的关系既是合作也是竞争。所以低碳供应链必须制定一个合理的利益分配机制，使其能够保证低碳供应链整体价值被最大限度地创造出来，这也成为指导低碳供应链合作伙伴利益分配的依据以及形成相应的约束。

5.1 低碳供应链利益分配的含义及构成

5.1.1 利益分配的含义

利益分配是指合作时所获得利益在各个合作伙伴之间进行分配。低碳供应链利益分配协同的实质是：合作伙伴间能够进行合理的利益分配。低碳供应链利益分配协同，不仅包括合作的利润和产品产生的直接经济价值的分配，还包括低碳合作过程中产生的无形资产的利益分配，如顾客忠诚度、专利、商标、企业商誉、营销渠道等。

供应链的协作结果与协作各方的利益相关，以确保各方长期的合作。当然协作各方也需要清楚地认识到自己及其他成员在协作过程中各自所承担的义务与责任。在真正的协作实施中，各个协作企业需要在共同的目标下共同承担风险和共享收益。低碳供应链稳定、协同发展和持久利益的获取，必须需满足以下几个条件：①低碳供应链的总体利益要是最大的；②低碳供应链的总体利润，要不小于合作伙伴自己经营或自己改善环境绩效所得的所有收益的总和；③节点企业从低碳供应链协同过程中所得的收益一定要不少于其自己经营时企业得到的最大收益。

以上三点是相辅相成的，条件③是表述个体的理性，条件①、条件②就是表述集体的理性，条件①是低碳供应链协同组建以及运行过程中的统一目标，条件②是低碳供应链协同效应的体现，也是满足条件③的基础和前提。若这些条件有一个得不到相应的满足，节点企业就可能会退出低碳供应链或停滞不前，以保证不破坏自己短期的经济利益，这种做法的结果肯定会使低碳供应链合作失败而解体。低碳供应链被看成是一个利益共同体，但低碳供应链是由各个不同利益主体组成，每个企业都是为了追求利益的最优才加入低碳供应链的，这比较符合集体理性和个体理性的要求。低碳供应链能获得相应的利益是利益进行分配协同的前提条件，而利益分配的协同是低碳供应链稳健运行并获得持续收益的重要保证，所以可知集体理性成功的获得必须建立在个体理性的满足基础之上，也就是说只有合作伙伴在低碳供应链实施过程中得到预期收益之后才能保证低碳供应链的正常运行和健康发展，同时保证低碳供应链的发展和整条低碳供应链碳排放的降低。

5.1.2 低碳供应链利益分配的构成

低碳供应链主要管理思想是指，通过集体的协调与合作以及集中的治理来实现碳减排，从而实现共赢的目的和方向。低碳供应链强调在实现低碳供应链整体利益最优的基础上，实现每个合作伙伴利益的最高点。低碳供应链的利益分配，主要包括以下三个方面相关内容。

1. 供应链的利益主体

低碳供应链运行的内部，可以根据产品的生产、制造及流通等各个不同的过程，将不同职能的企业分为制造型企业、原材料供应型企业、物流型企业（运输、仓储及配送）以及负责代理不同业务等的企业。这些企业在低碳供应链上负责不同业务的流程，成为低碳供应链不同利益分配的主体。

2. 供应链的利益客体

供应链的利益客体主要是指，供应链这个利益主体在进行利益分配时对应的对象。低碳供应链上直接或间接共生所对应的能量，最终都会转变为提高产品或服务产生的经济价值的增值，从而引起整个低碳供应链利益的增加。在进行利益分配的时候就是对低碳供应链实现的经济价值进行分配，这个价值也就是利益分配的客体。

3. 供应链的利益中介

低碳供应链的利益中介，也就是低碳供应链的协同管理的组织运行，通过低碳供应链的协同管理，使潜在的低碳利益得以实现，使利益分配的主体与客体能够有机地结合在一起，提高低碳供应链中各种复杂利益关系的相互协调，使低碳供应链整体利益得到提升。

5.2　低碳供应链利益分配的原则

各企业之间在低碳供应链中的合作关系，在本质上讲就是为了追求经济利益和环境效益的统一而形成的相应关系，获得应得的收益是合作的基础。但利益的增加并不是都带来好处，它既能够促成企业为了利益而相互合作，也能破坏合作企业的关系，而迫使合作链条解体。实际的生产运作中各伙伴都把获利作为首要目标，所以要求利益分配的指导思想一定要科学公正，参与分配的要素一定要合理，参与分配的比例一定要恰当，要尽力地使各成员企业在最后分得的利润与其预期想象的相接近。低碳供应链成员企业之间利益分配的原则，具体表现为以下几点。

1. 共赢原则

企业参与低碳供应链的主要目的是获取碳排放的效益及碳市场的利益。在这个过程中既要保证加入低碳供应链后企业从中获取的收益要不小于加入之前的收益，同时也要保证低碳供应链的整体的利益的产生大于之前各个利益的总和。利益的分配一定要遵循这个基本的原则，只有这样才不会降低合作伙伴之间的积极的态度，才能够制止合作的破裂及失败。

2. 风险补偿原则

收益和风险应该是呈现正比例的关系，低碳供应链是共享利益、互相合作、共同分担风险的复杂组织，但它在实际运作的过程中，都会伴随着很多潜在的、不确定的风险以及很多意料之外的因素。因此在进行低碳供应链利益分配的时候，要充分综合地考虑各合作伙伴在低碳减排中实际所分担的碳减排风险的程度。对分担大风险的合作伙伴要实施相应的风险补偿机制，从而提高企业间合作的积极态度。目前碳排放的项目运行并不是很稳定，所以低碳供应链在给企业带来这些额外利润的同时，也聚集着很大的不确定性风险。在低碳供应链对企业进行利益分配的时候，一定要充分考虑分担风险的大小。

3. 个体理性原则

参与低碳供应链的企业，在实施低碳供应链管理后所获得利益，应该不小于其独立运作的收益。低碳供应链虽然是一个合作整体的系统，但低碳供应链中的企业，毕竟是独立的利益主体。故节点企业参与低碳供应链后的收益小于其未参与的时候，这必然违背了个体理性的原则，企业就没有理由继续参加低碳供应链的合作活动。

4. 收益与贡献相对称原则

由于企业在低碳供应链下所付出的投入、地位、分工等的不同，对低碳供应链贡献的程度大小也会不同，企业获得的利润也应该体现出不同的水平。各成员企业在低碳供应链中的地位和担当的角色都会有所不同，企业直接付出的资金、投入的资源、成本等也存在很大的差异。而且在低碳供应链实施运作的过程中，低碳项目的改进运行要求某些合作，尤其是核心企业要做出额外更多的贡献，所以在进行利益分配的时候要将其考虑进去。低碳供应链利益分配的机制，必须要遵守企业从低碳供应链中获取的利益与企业对低碳供应链的贡献相匹配的原则。

5. 动态性原则

低碳供应链是具有一个动态性网链的结构，需要不断地适应企业的相应战略和不同的市场需求的变化，及时地对市场等外部的环境做出应对的反应，并进行动态的创新分析。此外，在低碳供应链协同运作过程中，周期一般都比较长，每一个成员企业运作流程都可能在合作的期间发生各种变化，因此在进行利益分配的时候也要呈现出相对应的动态性调整。

企业在利益分配问题上是互相冲突的和相互竞争的，所以如果低碳供应链没有建立良好的利益分配协同机制，低碳供应链将无法正常稳定地运行。应该制定合理的相关利益分配机制，在低碳供应链整体价值被最大限度地创造出来的前提下，引导各合作伙伴利益分配的协同问题。

5.3 低碳供应链利益分配的影响因素

在现实操作中影响低碳供应链利益分配的因素相当多。因为利益的不协同是影响低碳供应链稳定性发展的根本因素。利益的不协同直接的表现有：利益的分配不均、成员企业受到不好的影响造成积极性下降，从而对供应链的努力的水平下降，最终影响利益的分配，影响低碳供应链的协同管理。其影响利益分配协同的因素主要有以下几方面。

1. 市场环境的变化情况

在如今这个高速发展的信息时代，顾客的需求不断地表现出多样性，知识更新的频率也不断频繁，个性的易变特征使市场环境也随之出现较明显的不确定性和动态性，这无疑会给管理决策加大难度。市场环境的不确定性变化，是影响利益分配外在的主要影响因素。

2. 对自身利益最大化的追求

企业进行经营的最终目的就是获得利润，企业虽然加入低碳供应链，但企业的最终目标从始至终都没有改变过，改变的只是其经营的策略。

3. 成员企业整合程度及合作的态度

供应链成员企业间的整合程度，包括文化、价值观、信息管理系统以及信用风险管理等企业间的对接或者部门之间的耦合匹配认同程度。整合的结果越好，成员企业间的相互促进、相互学习、相互配合也就会越好，所以发生冲突的可能性就会低，冲突的复杂度就会降低，解决的方法也会减少难度，从而促使低碳供应链运行和利益的获取能够得到良好的保障。链上合作的态度问题主要涉及的是企业是否愿意积极地参与合作，是否愿意配合低碳供应链的管理，并且在面临冲突的时候能够进行主动协商，而不是无视供应链的管理，甚至以降低其他企业的利益为代价来扩大自己的利润，从而破坏合作伙伴的效率和降低低碳减排的稳定性。

4. 成员企业综合实力的强弱及其对供应链的影响

企业的综合实力的差距直接影响着该企业所在的供应链的效率。企业综合实力的衡量指标包括软件标准和硬件标准。前者是指企业所掌握的管理水平、技术、市场影响力、企业文化、企业外在形象等因素，而后者则是指企业生产和服务所依赖的基本物质基础，主要包括生产、建筑、通信等基础的设施。低碳供应链运行中综合实力较好的企业，肯定会对低碳项目的运行和操作产生比较强大的作用。

5. 是否存在全面合理的评价标准

供应链贡献的评价体系对成员企业来说是非常重要的。因为存在大量的贡献因子和因素，如企业在低碳运行中投入的人力资源、资金、原料实物、承担的风险、合作的效率、为终端客户或突发事件所付出的额外的贡献等。量化这些因子也是很不容易的，如上面所阐述的企业在供应链中的地位不同、对供应链不同的影响等因素都会影响评价标准的设定。另外还有一些因素可能根本就不能实现特别准确的量化，所以只能根据经验的估计而粗略地获得。

5.4　低碳供应链利益分配的保障机制

低碳供应链利益的获得有着风险性和长期性的特性，同时还会受到很多不同因素不确定性的影响，所以利益保障机制的设计需从促进合作、降低风险、加强稳定性、减少动态性等方面综合思考。将其特点进行总结概括，它主要包括以下几点。

1. 科学选择合作伙伴

低碳供应链的运行，需要合作企业投入大量的人力、财力、物力和时间等资源，在合作过程中万一有一个或多个合作伙伴发生危机，会给其他合作伙伴带来很大的经济和资源的损失及浪费，可能会使企业丧失较好的机遇。所以慎重地选择好的合作伙伴，是低碳供应链有效降低风险、保证低碳项目顺利运行的最基本的途径。科学合理地选择合作伙伴需要从信誉、合作态度、核心竞争力等方面建立相关指标体系来进行具体的考量。通过不断地沟通或者以以往的合作的经验，来判断企业双方能否顺利地进行更多的合作，能否实现碳减排、能否按时并保质保量地完成供应链中所承担的任务等来衡量选择合适的伙伴，此外还应对企业所拥有的资源、能力、人员素质等方面的因素进行评价，要选择资源和核心竞争能力能够互补的企业进行合作，这样能带来持续竞争的优势。

2. 合作伙伴动态评审

要想实现低碳供应链利益的持续获得，就需建立低碳供应链合作伙伴间的内在的动态的评审机制，以此来实现对低碳企业和低碳供应链整体发展的实时控制和监控。这样可以及时地发现合作中存在的冲突或存在的问题，并实时地、有针对性地给出相应的低碳调整方案，以解除隐藏的危险，让低碳减排顺利进行。随着客户的需求和市场环境的不断变化，低碳供应链成员企业合作的态度、信用、核心竞争能力等也是处在动态变化的发展之中。

3. 合作激励

低碳供应链竞争优势的巩固、维护、发展，主要依靠合作伙伴共同的创造性和积极性。企业可以通过向合作伙伴提供培训来进行相互学习的方法，或通过提供技术支持等来提高整体综合能力，以此来激励成员企业共同发展。如邀请合作企业来共同研发和投资研发相关低碳的产品、低碳的技术，这样既能促使资源相关集成和优化配置，也能促成低碳供应链整体的低碳创新优势。淘汰的激励机制是负激励机制，它主要是通过危机感来刺激合作伙伴，使合作企业保持相对的优势、避免被踢出局。但当协作过程中合作关系出现了问题，惩罚性的激励并不能给不好的事情带来转机。正确的处理方法应该是协作企业共同努力，结合供应链合作中所有的环节、所有问题部门进行行为态度的调整和作业活动的协调，来共同解决面临的问题。

4. 行为约束

除了上述分析以外，还需要在链上合作伙伴间设置不同的行为约束机制，这些约束机制要贯穿于整个低碳供应链的运行之中，如制定相关的合同、加入相关的评价机制、引入相关的监督机制等措施来约束企业行为，防止损害低碳利益、破坏低碳合作行为的发生，以此来维持低碳供应链良好的发展。在进行低碳合作之前一定要制定相关契约及合同，而且要尽量详尽周全。通过明确的规定来管制合作伙伴的投机行为，同时能提高企业行为的可信度，并对违反合约的企业的不良行为制定进行相应惩罚制度，加强完善各种不同监督制度的建立。当然对企业实施监督，也可以通过舆论、声誉等来达到目的。对企业而言，良好无形资产中的声誉，能够提高企业应变的能力。在这种状况下，大多数企业会为了自己良好的声誉着想，会自觉地做出避免损害他人利益的事情。另外，还可以建立检查和评估的相关指标体系，对不同情形进行不同的绩效考核，并对绩效考核不合格的企业实行相应惩罚或剔出供应链。

低碳供应链要综合运用合作伙伴的核心竞争优势，将所有企业的技术、信息、物质等资源转化为低碳供应链利润。供应链的利益分配协同是一个不断进行的长期过程，传统的利益分配研究都是将利益分配作为合作完成后的成果进行分享，而本书中所说的利益分配协同，则贯穿于合作的全部过程之中，并在该过程中不断地调整。低碳供应链利益分配协同的内容主要包括：第一，在合作中所产生的利润，如何在合作伙伴间进行相应的分享？第二，在合作过程中产生的风险和投入的成本，如何在合作伙伴间进行相应的分配？要平衡恰当地处理好这两个方面的问题，这是保证低碳供应链合作顺利完成的保证。

综上所述，要想低碳供应链顺利运行，关键问题是要设计出合理分配与分担的机制，其要遵循收益与成本及风险相匹配的原则。要想建立合理的利益分配，首先必须考虑影响利益分配的要素有哪些，再根据这些基本要素建立模型，寻找利益分配的方法，此问题将在下面章节中进行进一步的探讨。

第 6 章　低碳供应链成员的利益分配模型研究

6.1　低碳供应链利益分配的基本要素

低碳供应链合作伙伴的利益分配，都需要遵循相应的基本价值准则，即要遵守企业获得的相应收益与付出的努力和承担的风险相匹配。根据低碳供应链上的企业规模大小，以及在低碳实施中发挥作用的大小，应当实施公平的、公正的分配原则，并且应该依照企业投入的成本、努力水平及贡献的大小进行利益分配。低碳供应链利益分配的基本要素是根据低碳供应链利益分配要素总结出来的。各成员企业核心能力大小、努力程度及分配系数等的确定是低碳供应链管理中利益分配研究的主要内容，确定最合理的分配比例，才能促进各成员企业之间的合作，因此提高供应链成员合作积极性等就是利益分配协同过程中主要探讨的问题。

6.1.1　成本要素

投入成本的大小，是合作伙伴参与低碳供应链利益分配的最基本因素。投入成本主要包括：投入的资金成本，投入的场地、设施、工艺及人力资本等，这些都是低碳供应链运行过程中投入的实物有形资源，是可以量化的要素。除此之外，还有合作伙伴提供的专有技术、企业知名度、商誉等非实物化并且难以计量的无形资产的投入，这些都属于企业对低碳供应链的成本投入。无形资本的量化具有主观性，比较复杂，企业可根据以往的历史数据进行估算，当然也可采用专家评价的方法进行评估。有形资本的量化和计量相对比较容易得到，如资金的成本已经是被量化的，管理费用也可以用谈判成本或交易成本的产生来进行相应的计算，场地和设备等固定资产可进行折旧计算，人力资本主要包括员工的薪资福利、继续教育的成本等。

投入越大，对应的收益也应该越大，以上的投入成本是随着低碳供应链的运行过程的变化而变化的。例如，在市场规模一定的基础上，为了满足多样化的需求，会频繁进货，导致碳排放量增加，从而导致运输成本碳减排定额的上升；在运输与仓储、采购与库存以及生产与库存之间都存在着成本的相互冲突。另外，如果增加碳排放项目的投入成本，可能会使碳排放减少，但会使流动资金被占用以及成本费用增加，当合作伙伴追求各自成本最低时，在低碳项目的管理中就不会投入较多的成本，这样就会造成低碳供应链总体水平的下降。在低碳供应链运行中会有很多类似的矛盾存在，只有在供应链运行中不断调整利益分配机制才能使合作伙伴持续合作下去。因为企业活动的成本之间存在各种的交替损益关系，所以要求合作伙伴在活动时从整体角度出发，进行低碳协调管理，以实现在碳减排的基础上降低成本、增加收入的目标。

在理想的情况下，合作伙伴间进行较好的彻底协同合作下，低碳供应链合作伙伴就应该实现实时所有有用信息的分享：应同时分享业务的计划、预测的需求、库存及进货的情况等必要的信息。这样能使供应商等相关部门明确什么情况应加大或降低生产力度，也能使分销商等组织进行适时的销售调整等，使物流等相关部门知道什么情况下增加或减少车辆，使各环节的延误程度、没有必要的衔接工作、不确定性的事件发生都降到最低，使每个合作伙伴在低碳供应链的运行管理下达到一种最优的状态。合作伙伴为低碳供应链的最终低碳产品的生产制造等投入的成本越多，企业所承担的资金、业务等风险就越大，其实际所得的利益也就应该越高。例如，在以制造为核心的低碳供应链下，制造商的低碳生产成本较高，所承担的风险也就较大，所以制造商应得更多的利益；而以原料为核心的低碳供应链下，产品的采购成本较高，原材料供应商所承担的风险相对比较高，所以其应获得更多更好的收益。

企业对低碳供应链所投入的成本，必须是企业为低碳供应链的低碳产品生产时，所投入的必要的人工、原材料、机器设备等产生的成本，这些成本的确定由原材料的价格和劳动力的薪酬来决定。以上结论的成立都是假设成员企业的生产成本不高于当今社会生产的平均成本（也就是说生产水平不低于当今社会上的同类企业平均生产水平），本书将这一假设作为已知既有的条件考虑。

6.1.2　企业核心地位

由于企业规模、人力资源素质、竞争结构等各方面的因素，各企业间必然会存在不同的角色和地位差异，虽然在低碳供应链环境中节点企业之间是平等协作的关系，但是也会呈现出相对的核心企业以及相对的非核心企业。处于相对核心位置上的企业，由于本身利益在低碳供应链中的战略利益最大，会自觉运用各种手段和方法，投入一定的人力、物力以及财力，甚至会自己投资并建立相应的信息互动共享平台，促使链中的节点企业能顺利完成自己应完成的任务，密切地相互协作，向着共同的目标前进，并形成有利于企业自身的优势布局，保持低碳供应链系统运行的平衡性、稳定性及其竞争力。

要进行低碳供应链的统一协调的管理，就需要投入一定的资本、物力和资源等，包括供应链实施的管理费用、新信息系统构建及维护的费用、供应链系统业务重组及优化费用、管理企业成员费用，以及其他隐形的不确定性的成本费用等。这些都是作为供应链上核心企业应该需要投入的供应链运营过程中的管理成本，而其他非核心企业可以无偿或者以极小成本来分享供应链管理所带来的机会。总之，低碳供应链节点企业在链中位置的不同，会导致其在链中的重要性、分配利润的多少、承担的责任大小以及风险承担的大小会有所不同，所以位置因素也无疑是低碳供应链利益分配的主要参考因素。

6.1.3　贡献系数

在现实中并不是主观地认为哪个企业投入的生产成本高，则就认为相应地对低碳供应链运行所做出的贡献就是最大的。低碳企业对供应链的贡献，主要是低碳项目的生产及辅助生产的过程中，使低碳企业可以通过更加出色或更加廉价地实施低碳的增值活动，以此来提高低碳供应链的碳减排能力。一个企业的日常生产销售的活动可以说是这些各种增值活动的集合。可以看出，在这些不同的经济模式下，产品增值活动和增值的大小不同，对于日常消耗品如零食、饮料等产品，营销活动是最有效的增值作业，而对于服装产品来说，设计过程可能是增值最大的活动过程。

原材料的收集采购、产品的制造、产品的仓储以及产品的销售运输，经过的这些若干环节都是产品价值增值的过程，或者在这些环节中节约资源减少浪费，减少碳排放也是变相的增值贡献。它们是价值流的实体表现，当然还包括在转化过程中管理的相应活动，这是价值流的非实体层表现，也会产生价值的增值。在供应链上的合作伙伴之间的活动实际上就是进行物质流、资金流、信息流的交换。在低碳供应链运行的过程中，增值最多的环节，才应是对低碳供应链整体利益贡献最大的环节。总之，通过采用价值链这一理论的工具，能够在低碳供应链的环节中，发现最大的利润增加区域，从而作为判断低碳供应链成员对低碳贡献度的依据。

6.1.4　低碳供应链企业的努力水平

努力水平主要是指企业对供应链的积极性。低碳供应链的组成，就是为了应对多变的碳市场的环境变化，其运作过程中呈现出动态的特点，其低碳的合作伙伴也要具备适应市场变化、处理突发事件的能力，如市场需求的突增、库存量的增大的要求，消费者对产品的质量、技术和工艺的特殊要求，交货期的缩短要求等。要想满足这些额外的要求就必然要付出额外的成本，因此这些额外的贡献越多，收益也应该越大。而且低碳合作伙伴可能同时参加多个低碳供应链，或同时参与多项低碳的业务，可能导致低碳企业对每个业务所关注的程度或完成的效率不太一致，所以此指标可以量化为完成低碳供应链的目标工作量，及其所付出的有效时间。

本小节主要分析了利益分配协同的主要的参考因素等，利益协同的核心问题需参考企业对供应链投入的成本、企业所处的核心地位、贡献系数的大小及其对供应链的努力水平等因素，如图 6-1 所示。

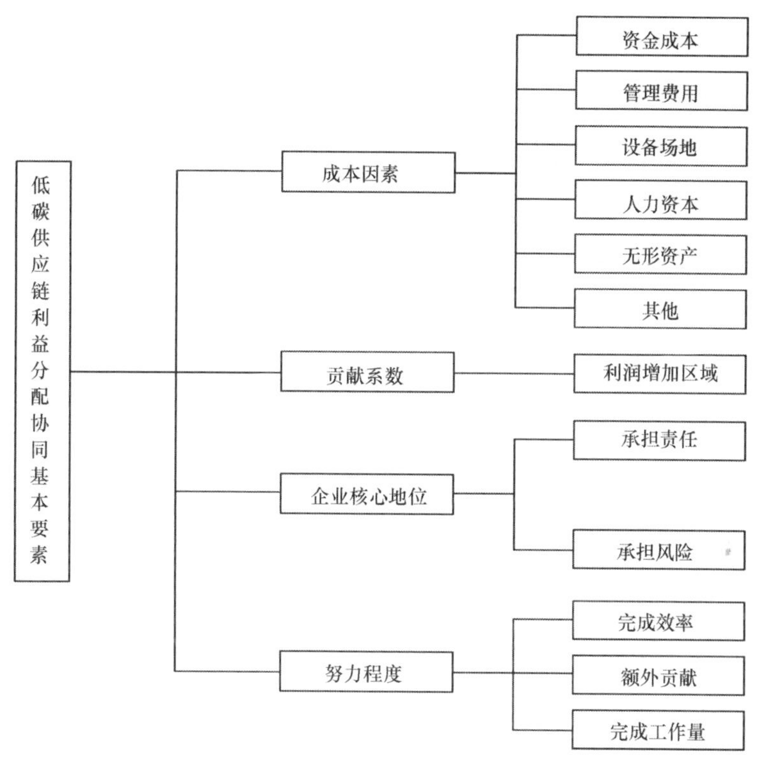

图 6-1　低碳供应链利益分配协同基本要素

如果合作伙伴得不到公正、科学、合理的利益分配，那么链上合作伙伴形成稳定的合作关系是很困难的，只有采用公平的合理的利益分配方案才能实现供应链对市场的快速反应和节点企业的合作的顺利完成。如何在供应链全局优化的同时，合理、科学地进行分配收益，积极提高合作伙伴积极性，尽量使低碳供应链整体收益与链上节点企业的局部利益均达到相应满意程度，这是确保供应链能够稳健运行的关键，也是成员企业发展的关键因素。基于以上因素的分析，下文在 Shapley 值法的基础上分析了利益分配的问题，并根据低碳供应链的特点，用改进的 Shapley 值法分析低碳供应链各个成员的利润分配，下面主要对此内容进行具体的阐述。

6.2　Shapley 值法

对于每个节点企业而言，给整个低碳供应链带来利益总体的增加，是该企业能够加入低碳供应链的前提；但加入低碳供应链后，成员企业所得的收益不少于加入联盟前所获得的收益，是巩固低碳供应链稳定运行的保证。所以低碳供应链企业间利益的分配，可以看成是多人合作对策的利益分配的问题，可以用 Shapley 值法求解。其具体定义如下。

设集合 $I=1, 2, \cdots, n$ 中，如果对于大集合 I 中的任何的一个子集(表示 n 个人组成的集合中的任意一个组合）都对应着一个实值的函数值 $V(S)$，那么这个函数值就应该满足下面的条件：

$$V(\Phi)=0 \tag{6-1}$$

$$V(S_1 \cup S_2) \geqslant V(S_1)+V(S_2), \quad S_1 \cap S_2=\Phi \quad (S_1 \subseteq I, S_2 \subseteq I) \tag{6-2}$$

则称 $[I, V]$ 为 n 个人的合作对策，其中 V 称为其对策函数中的特征函数。

以 X_i 表示总体的集合 I 中第 i 个成员，从合作中产生的最大的收益 $V(I)$ 中得到应得的那部分的利益数额。那么在合作的总集合 I 的基础下，每个集合的合作对策的分配数额应该用 $X=(X_1, X_2, \cdots, X_n)$ 来表示。但要想该合作能够顺利地运行下去，就必须满足以下条件：

$$\sum X_i=V(I), \quad i=1, 2, \cdots, n \tag{6-3}$$

且

$$X_1 \geqslant V(i), \quad i=1, 2, \cdots, n \tag{6-4}$$

用 $\Phi_i(V)$ 来表示在合作总集合 I 下的第 i 个成员所应分得的收益数额，则在合作的总集合 I 下，各个合作企业所应分得利益分配的 Shapley 的数值为

$$\Phi(V)=[\Phi_1(V), \Phi_2(V), \cdots, \Phi_n(V)]$$

$$\Phi_i(V)=\sum_{S\subseteq S_i} W(|S|)[V(S)-V(S \setminus i)] \tag{6-5}$$

$$W(|S|)=\frac{(n-|S|)!\ (|S|-1)!}{n!} \tag{6-6}$$

其中，S_i 为总集合 I 中所包含的每个成员 i 的所有的子集；$W(|S|)$ 为加权因子；$|S|$ 为子集 S 中的元素的所有个数；$V(S)$ 为子集 S 的收益的数额；$S \setminus i$ 为子集 S 中去掉企业 i 后的低碳供应链的其他企业合作的联盟所组成的集合；$V(S \setminus i)$ 为在子集 S 中，除去企业 i 后所取得的应收的收益，可以用 $V(S)$ 与 $V(S \setminus i)$ 之间的差值所占总收益的比例，来得出成员企业 i 对子集 S 的经济收益值的贡献的大小。

我们运用这种方法是假设低碳供应链的各个节点企业所发生的随机次序形成合作联盟的各种不同的次序事件所发生的概率是均等的，也就是可以认为都是 $1/n$。Shapley 值法被普遍地认为是一种出于概率的解释的方法。节点企业 i 在与其他的 $|S|-1$ 个人进行相互的合作，所以这个节点企业 i 对整个供应链的贡献就可以表示为 $V(S)-V(S \setminus i)$。而 $n-S$ 与 $S-i$ 的企业间的排列次序一共有 $(|n|-S)!\ (|S|-1)!$ 种排列，所以每种排列次序出现的概率都可以用

$(n-|S|)!(|S|-1)!/n!$ 来表示。因此，依据这些说明，这个节点企业 i 对低碳供应链所做出的贡献的期望值就是 Shapley 值，这个数值也就是企业应获得的收益分配数额。

6.3 低碳供应链成员利益分配模型构建

6.3.1 Shapley 值法的局限性

传统收益分配的方法是将整个供应链当成整个的利益分配的主体，而将其成员企业视为该主体下的不同的部门，然后将供应链协同所得的总收益在各成员企业间进行分配。Shapley 法只是计算了低碳供应链中的经济贡献（书中主要指的是成本要素及核心地位这两个要素），并没有体现低碳的环境绩效（书中主要指的是前面所表述的低碳供应链企业的努力水平和贡献系数这两个要素），这种方法显然是不符合现实中低碳运作的流程的，此方法对于低碳供应链来说具有不可操作性。而且在现实的操作中低碳供应链的利益分配并不是只在合作结束之后进行分配，而是体现在低碳供应链协同运作的整个过程中。传统的求解利益分配的方法是基于一定的前提条件的，这样的计算结果可能会导致企业的不满。

6.3.2 利益分配的思路

前文中主要是研究了低碳供应链利益分配机制的原始的方法，但上述论述只是为低碳供应链各成员在利益分配竞争过程中提供一个普遍存在的架构，并不真正适用于低碳供应链利益分配协同的管理，因此还需要寻找一些更加合适的利益分配方法，来对低碳供应链的利益进行分配研究。本小节运用 Shapley 值计算低碳供应链的利益分配，并同时考虑到成员成本投入、风险承担、贡献系数的不同，基于此对 Shapley 值进行修正，使分配更加合理。低碳供应链利益分配模型的构建思路如图 6-2 所示。

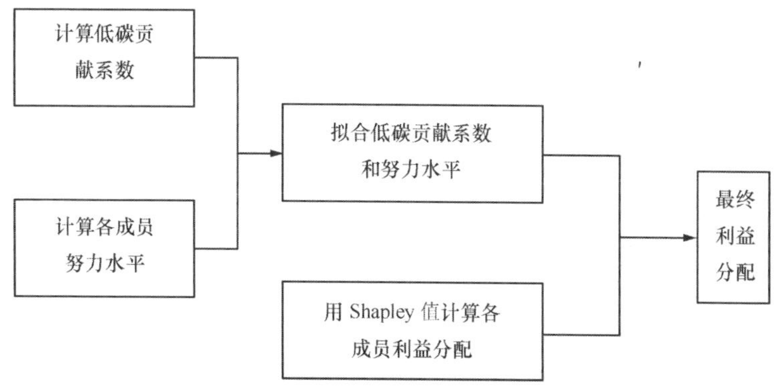

图 6-2　利益分配协同要素改进

6.3.3 低碳供应链利益分配修正因素讨论

低碳供应链的形成就是对相互独立的企业具有的低碳的竞争优势等进行整合及优化，追求社会、经济和环境利益的最优组合，因为低碳供应链合作可以被当成是多人合作的联盟问题，所以低碳供应链的利益分配问题，可以看成是多人合作的博弈问题，因此本书认为可以运用原始的 Shapley 值法来解决问题。但此方法产生的时间距现在已有一定的间断，所以不再完全适应如今低碳供应链的发展。此方法也存在不足之处，这种分配方法中缺少能够体现博弈主体对低碳贡献水平以及企业间努力水平的差异等参数。

上述模型中只计算了企业对供应链的经济贡献，假设了低碳供应链上各企业所付出的低碳贡献是均等的，这显然是不符合实际情况的。同时低碳供应链的环境特征要求供应链更加重视环境和低碳贡献的确认计量，而且每个成员的低碳贡献是存在差异的，因此不能一概而论。

低碳供应链的低碳合作伙伴是可以独立选择自己的努力水平的，但对低碳供应链整体收益的贡献，不只是依靠单个成员低碳的努力水平，还要受到其他节点企业低碳的努力水平影响。低碳改进过程中，低碳企业努力水平的高低直接影响着低碳供应链的稳定性，如某一节点企业努力水平下降或不努力，这样会导致低碳供应链的稳定性大大下滑，较严重的情况下会导致整条供应链断裂。

综上所述，本书在利益分配影响因素的分析基础上，引入两个系数来改进模型：一个是低碳贡献系数，通过下文中的指标计算可以得出；另一个是基于低碳改进技术成本或低碳项目建立等的努力水平系数，对改进的低碳项目的投入越高，其努力水平也就越高。这一系数可以通过下文中的指标计算得出。基于以上两方面的考虑，在 Shapley 值基本算法的基础上，加入了低碳贡献系数和改进的努力水平系数，来分析低碳供应链运行合作中对利益分配的影响，以提出新的利益分配的计算模型方案。

1. 低碳贡献系数

低碳的贡献水平是低碳供应链利润分配时，需要考虑的一个非常重要的因素，这一因素区别于传统的利益分配要素，只有在企业达到高效的低碳环境效益（或降低低碳效益）的同时，利益分配也随之得到相应的补偿（或不达标得到惩罚），只有这样才能加强低碳企业进行低碳技术的改进，和进行相应的低碳水平的努力。通过对低碳排放的计算来实现经济利益的转变。现实中影响供应链环境效益的因素有很多，但本书拟用碳足迹减少也就是碳消耗量降低比率来确定低碳贡献水平这一因素。因为低碳供应链的目的就是减少碳排放，来缓解环境的压力，实现经济效益，所以用碳排放量的减少来体现低碳供应链各企业的低碳贡献水平是最直接的，也是较有说服力的衡量指标。

（1）国际通行的温室气体排放量计算方法：国际上普遍地认为温室气体的排放主要是受农业生产、能源活动、工业生产、林业、废弃物处置、土地利用变化等经济活动的影响。对温室气体排放量进行测算计量的主要的基本的方法是：用活动水平（用 AD 表示）与排放因子（用 EF 表示）的积来表示排放量（用 Q 表示）。其中，活动水平是指在特定的时期内、界定的地区里，人类经济社会活动导致的排出或清除温室气体的排放量，单位可以是质量、体积或能量单位等，以上数据都可以从国家能源的相关的统计资料数据上得到。EF 是指量化的每单位活动产生的气体释放量或清除量的系数。EF 与燃料等资源的含碳量、氧化率、使用的设备技术状况等相关，不同的温室气体的 EF 是有所不同的，所以二氧化碳的 EF，主要是取决于燃料的含碳量，因此只要知道了用于生产的燃料的数量或质量以及燃料的含碳量，就能估算出相应的二氧化碳的排放的总量。总体来说温室气体排放量都可以用下面的式子来具体表示：

$$Q = \sum_{i,\ j,\ k} \mathrm{AD}_{i,\ j,\ k} \cdot \mathrm{EF}_{i,\ j,\ k} \tag{6-7}$$

$$\mathrm{EF}_{i,\ j,\ k} = C_k \cdot \eta_{i,\ j,\ k} \tag{6-8}$$

其中，Q 为二氧化碳的排放量；AD 为活动水平；EF 为排放因子；i 为低碳供应链中的合作企业；j 为设备的技术水平等；k 为燃料的类型，如煤矿、汽油等资源；C_k 为不同燃料的含碳量；$\eta_{i,\ j,\ k}$ 为燃料的氧化率。由于各行业存在不同的行业特征，活动水平和排放因子的选择是会有区别的，具体如何选择可以参照国家温室气体清单指南，要根据具体的情况而定。

（2）根据排放量的减少的程度来衡量企业的低碳贡献系数为

$$\alpha_i = \Delta Q_i / \sum_{i-1}^{n} \Delta Q_i \tag{6-9}$$

其中，ΔQ 为企业实施低碳项目前后碳排放量的差；$\sum \Delta Q_i$ 为链上所有企业实施低碳项目前后总的碳排放量差的总和。

2. 努力水平

努力水平主要表现为，低碳供应链的低碳合作伙伴对低碳项目运行的努力程度。低碳合作伙伴会自觉地通过努力来改善自身的环境性能，减少环境的污染，增进上下游企业减排的积极性。因此，各个节点企业成员在整个供应链运行的行为，可能会表现出不同的积极性和努力水平，本书将这类抽象的影响因素，概括为低碳供应链上低碳合作伙伴的努力水平。

假设企业 i 为了努力实现低碳供应链总体的目标，在 f 个项目上分别投入了 C_{i1}，C_{i2}，…，C_{if} 的成本，实际中根据其所投资的项目来确定对低碳供应链的贡献的大小，分别取 η_{i1}，η_{i2}，…，η_{if} 为相应的折扣系数，则企业 i 的努力价值为

$$H_i = [C_{i1} \quad C_{i2} \quad \cdots \quad C_{if}] \cdot [\eta_{i1} \quad \eta_{i2} \quad \cdots \quad \eta_{if}]^{\mathrm{T}} \tag{6-10}$$

则企业 i 在整个低碳供应链中所做出的努力水平 β_i 为

$$\beta_i = H_i / \sum_{i=1}^{n} H_i \tag{6-11}$$

6.3.4 Shapley 值法改进的模型

设 $V(I)$ 为低碳供应链所创造出的经济的总利润；α_i 为节点企业低碳贡献系数；p 为基于低碳贡献水平的利益分配系数；β_i 为企业的努力水平；q 为基于努力水平的利益分配系数，且 $p+q=1$。所以改进后的利益分配模型如下面的式子所示：

$$\Phi_i'(V) = \Phi_i(V) + p\sum_{i=1}^{n}(\alpha_i / \sum_{i=1}^{n}\alpha_i - 1/n) + qV(I)(\beta_i / \sum_{i=1}^{n}\beta_i - 1/n) \tag{6-12}$$

$$\Phi_i(V) = \sum_{S \subseteq N \setminus \{i\}} \frac{|S|!\ (n-|S|-1)}{n!}[V(S) - V(S \setminus i)] \tag{6-13}$$

其中，$\Phi_i'(V)$ 为模型进行调整后各企业的所得的利益；$\Phi_i(V)$ 为原 Shapley 值法计算出的应得的利益数额。

在低碳项目运行过程中，可以通过对低碳的贡献水平系数以及企业的努力水平系数赋予不同的数值来调整相关的利益分配。当低碳供应链的合作伙伴需要通过进行低碳合作来改进的时候，或是属于创新性方面的企业，可以通过增加 q 值来鼓励企业不断地积极地进行低碳的创新活动；当低碳供应链在企业合作的初期运行时，可以多赋予 p 值，主要基于企业的低碳贡献水平来进行利益的分配，增加低碳供应链的稳定性。合理的利益分配方案是保证低碳供应链长期稳定的发展关键，基于原始的 Shapley 值法模型，前人缺少对企业努力水平系数的考虑，只是考虑了合作伙伴的经济贡献水平，同时对低碳合作的贡献反映不够明显，这就会使在低碳供应链的实施过程中产生不必要的弊端。因此，本书通过建立这种改进利益分配的方法，除了对低碳改进的贡献及经济的贡献进行了相关的描述外，同时引入了努力水平系数，这样可以有效地改善原 Shapley 值法模型中可能导致的偷懒、投机等行为，具有更强的实际意义和较强的可操作性。

第 7 章　低碳供应链信用风险分析

7.1　低碳供应链信用风险的产生原因

本章的研究重点是通过分析低碳供应链上单个节点企业的信用风险状况来评判整条供应链的信用风险问题，造成这种信用风险的原因有很多种，有各企业自身原因（如经营不善导致破产），也有客观原因导致企业不能完成交易（如外界环境的变换），因此结合低碳供应链的相关概念以及信用风险的相关理论，主要从低碳供应链的外部原因和内部原因进行分析。

7.1.1　外部原因

1. 自然环境

目前，自然灾害频繁发生，自然环境遭受到前所未有的严峻考验，而且自然环境的各种变化是引发供应链信用风险的直接原因之一。2004 年的印度洋海啸、2005 年的“卡特里娜”飓风、2006 年的四川特大干旱、2007 年的四川大洪灾、2008 年的南方大雪灾和汶川大地震等各种自然灾害已经严重影响自然环境，导致各种自然资源出现短缺。任何一种自然灾害发生都一度致使交通运输中断，信息传递受阻，企业经济遭受重创，一方面导致很多产品不能按期到达目的地，另一方面导致各企业间的通信无法正常进行，很多企业业务无法开展。以上因素影响到供应链节点上的某个企业，进而使得整个供应链的稳定性受到影响，导致节点企业在资金运作方面受到影响甚至中断，生产过程无法顺利进行，最终使得已制定的财务目标、经营业绩等无法达到预期。

2. 经济政策

在供应链上各节点企业筹措资金、进行投资或者其他经营活动时，国家经济政策的变化会对其产生重大的影响，使供应链在运作过程中的信用风险增加。随着国家节能减排“十二五”规划的通过，各行各业也制定自己在“十二五”期间节能减排的目标。同时各相关政策也陆续出台，如交通运输部组织修订了《载货汽车运行燃料消耗量》《载客汽车运行燃料消耗量》等 20 余项公路水路节能减排相关的国家标准和行业标准。而且近年来我国实施了成品油价格和税费改革，实行烟气脱硫机组上网电价政策，对限制类、淘汰类的高耗能产品实施差别电价政策，对节能节水环保设备给予税收优惠，调整了不同排量乘用车消费税税率等相关政策。“低碳”的提出，使得大多数企业开始考虑将供应链向低碳供应链转型，当企业结构进行调整时，国家往往会出台相应的政策和措施来推行和促进产业结构调整，如对自行实施低碳的企业在税收方面实行减免政策或者予以相应补贴，这些措施都会对企业起到激励的作用，同时也有利于低碳供应链的发展；当然，有些政策对其他企业形成了一定的限制，使得这些企业不得不投巨资进行产业调整，这就对企业原有的供应链形成一定的威胁甚至造成损失。国家在政策制定以及实施过程中的不确定性会给部分企业在供应链的运营方面产生不利的影响。例如，为保证市场经济有序进行，国家相继颁布一系列政策法规，2008 年随着国家新的劳动合同法出台，加之先前的出口退税政策的调整、企业税率的调整、贷款利率的提高等因素，很多企业关门大吉。

3. 市场环境

市场环境的变革会引起企业市场份额的变化，导致企业的供应方向发生偏差。一方面，随着消费者环保意识的逐渐加强，很多消费者在选择商品时，除了关注产品的质量外，也开始侧重产品的低碳性能。企业在提供产品时就不得不对现有产品进行调整，转换为具有低碳性能的产品，在这个转换过程中会遭受同行企业的威胁，若是处理不当，其市场占有率会迅速下降，面临供应量的下降；同时消费者对低碳产品的接受程度直接影响企业低碳供应链的发展，若是消费者对该产品的认可度很低，产品受滞压，进一步影响整条供应链的运作效率。另一方面，供应商在市场环境变革的情况下，为了自身的发展会做出一些自利行为，其供货质量、供货时间、供货途径等会影响到上下游企业之间的合作，一旦合作出现问题，会增加低碳供应链的信用风险。另外，从宏观方面来考虑，市场经济的运作本身符合一定的发展规律，其运作轨迹具有明显的周期性，孕育期、发展期、繁荣期和衰退期的循环更替出现也使得低碳供应链的信用风险加大。

7.1.2 内部原因

以上从外部原因对低碳供应链的信用风险原因进行分析，可以看出这些原因都具有偶然性和不确定性，企业无法预知其发生，也就具有了不可控性，低碳供应链上各节点企业只有做好一定的防范措施，再次发生时才能够做到及时补救。下面从内部可控原因进行分析。

1. 财务状况

进行碳减排需要大量的资金投入。在供应链的生产环节，随着消费者环保意识的逐渐增强，消费者在购买产品时除了关注产品的质量外，也开始侧重产品的低碳性能，而低碳产品从设计到生产不同于一般产品，企业需要花费更多的投资在研发产品的低碳性能上；在采购环节，企业需采购低碳性的原材料，而这种原材料相对于一般原材料的采购价格要偏高；在运输环节，企业要考虑运输工具尾气的排放量，需要大量的资金购买或研究节能运输设备；在逆向物流方面，企业需加强对废弃物的回收和利用，而这需要消耗大量资金进行技术革新。然而在低碳供应链的运作中，供应链成员企业依靠互相提供的信用，在生产运营时占用上下游企业的资金，如果一个供应链成员企业的财务状况不够稳健，或者说一旦某家成员企业出现资金危机，上游产品不能正常输出，下游成员企业则会由于原材料供应不及时而影响生产，在这种情况下，就有可能使供应链发生断裂，从而产生“多米诺骨牌”效应，并迅速波及整条供应链。

同时我国企业普遍面临着应收账款的回收问题，而应收账款回收情况的好坏是导致信用风险的直接原因。应收账款控制有两个重要的控制指标：信用期和信用额度。信用期表现为时间上的不确定性，是指拖欠风险，即客户超过规定的信用期限付款的风险，这种情况下企业若没有切实有效的催收措施，可能会缺少足够的流动资金来进行再投资或偿还到期债务，如果同一时间发生多起损失，超出了企业对应收账款损失最大的承受能力，企业就可能陷入严重的财务危机。信用额度表现为金额上的不确定性，是指应收账款无法收回，形成坏账的风险。显而易见，如果应收账款无法收回而成为坏账，必然使企业的现金流量产生直接的损失，引起供应链上资金链的断裂，最终产生信用风险。

2. 信息管理

随着我国出口贸易的不断增长和经济地位在国际市场中的不断提高，国内企业与国外企业的合作也越来越频繁，供应链发展也已经向国际市场迈步。但是供应链中各成员企业作为独立的市场主体有着各自不同的利益取向，为了保证自己的利益最大化，在信息共享方面不能做到完全的透明化，延缓供应链上信息的传递速度，致使供应信息没有及时送达各节点企业，而且信息的传递质量也会因此大打折扣，很多有关产品质量、供应商供货能力、制造商经营情况以及消费者需求等信息无法准确得知，最终引起“牛鞭效应”。“牛鞭效应”最直接的表现就是企业库存积压，企业之所以库存积压是因为接收错误的消费者需求信息，加大货物的需求预测量，这又使得制造商生产量扩大，造成市场资源的浪费，扰乱市场秩序，进一步引起对消费者需求的错误估计。这种链式反应的循环结果最后造成批发、零售商的订单和生产商产量峰值远远高于实际客户需求量，进而造成产品积压，资金占用，使得整个供应链运作效率低下。

从节点企业之间的合作关系来看，信息共享程度低是低碳供应链产生信用风险的原因之一，而企业自身信息化的程度亦会对低碳供应链的信用问题产生影响。供应链管理在管理信息化方面有着较高的要求，特别是在新市场经济形势下，供应链开始向低碳方向转型，信息化管理要侧重对低碳信息的收集、分析、评估。在供应链的整个流程中任何一个环节都会排放一定量的二氧化碳，企业对二氧化碳的排放量不能准确掌握，之后就无法对其进行有效的监测。国内很多企业为了自身的环保形象和未来的可持续发展已经开始进行自愿减排计划，并采取了一定减排措施，如各企业之间约定，未达到减排目标的企业要支付一定的费用作为惩罚，这就如同目前国际碳交易市场上的碳税惩罚。但是，企业没有一个完整的信息系统对碳减排量进行有效监测，就无法获悉各企业在供应链环节中的碳排放情况，同时若企业在信息监管方面缺乏有效的机制，那么各企业会为了自身的利益，隐瞒排放量的真实情况，致使整个供应链的碳减排计划只是“纸上谈兵”。

3. 技术革新

先进能源技术为解决碳排放问题发挥着重要的作用，所以技术的革新和应用显得尤为重要。但是和发达国家相比，我国在这方面的技术水平和研发能力相对落后，节能减排存在很大的阻碍。低碳供应链首先要解决的问题就是如何采用先进的技术以减少在整个供应链环节中碳的排放量。一方面，就目前我国企业的碳减排能力，并不能建立对整个供应链环节产生的“碳足迹”进行追踪记录的一个全面的信息系统，供应链上下游企业不能有效掌握碳减排量情况，就无法针对具体情况采取相应的措施以控制碳足迹。另一方面，在具体的流程中，以下几方面由于技术的不成熟亦会产生低碳供应链信用风险。

一是在包装环节，目前很多企业为节省工序，采取的是一次性包装，未能对包装物进行循环利用，而且过度包装在造成大量资源浪费的同时也导致包装物重量增加，使得运输产品所需的运输频度和负重增加。显然，无论是运输频度的增加，还是车辆负重的增加都会增加车辆对燃料的消耗，加剧供应链环节的碳排放量。

二是在运输环节，运输行业产生的碳排放量最大，对环境的污染最为严重，由于缺少先进的清洁设备，无法提高运输质量、降低运输成本，做到真正的运输过程中的节能减排。加之欧盟宣布自 2012 年 1 月 1 日起，所有在欧盟境内机场起飞或降落的航班，其排放的二氧化碳都将纳入欧盟碳排放交易机制（European Union Emissions Trading Scheme，EUETS)。这将对中国出口企业的贸易行为造成严重影响，竞争力将不可避免地下降，进而缩小供应链在国际市场上的发展空间。

三是在废弃物回收方面，供应链环节中的废弃物主要包括包装废弃物、生产环节中的产品废弃物以及对“三废”的处理。对于包装废弃物和产品废弃物，我国大部分企业采取的处置方式仍以填埋为主，并未从根本上解决废弃物对环境造成的污染。而对于“三废”的处理，像化工企业、金属制造企业和电力企业等属于资源密集型企业，在供应链环节中对二氧化碳的排放量具有更大的要求，对“三废”的处理需要更先进的技术和设备。若是没能对这些废弃物进行很好的处置，将会对环境造成严重的污染，最终反而导致二氧化碳的排放量增加。

通过以上对低碳供应链行业的内外部分析，低碳供应链在当前的发展格局下，优势和劣势共生，机会和威胁并存，如表 7-1 所示。

表 7-1　信用风险产生原因的内外部分析

优势（strength）	劣势（weakness）
供应链是当今企业的核心竞争力 低碳供应链是顺应市场经济发展的必然产物	节能减排技术还不成熟，相关节能设备不完善 节能减排成本较高，企业在减排方面需要进行大量的支出 供应链节点企业之间缺乏完全的信任，以致低碳等相关信息不能完全共享
机会（opportunity）	**威胁（threat）**
我国对外贸易的迅猛增长促使供应链向国际延伸 全球低碳行动为供应链提供了很好的发展平台 我国“十二五”规划中提出的碳交易市场的建立将碳排量视为一种商业产品进行交易	近几年自然灾害频繁发生 我国经济的快速发展加大二氧化碳的排放量，与各行各业节能减排冲突 国际上一些规定的限制（如欧盟对航运碳排量的规定等），为低碳供应链国际发展带来压力 消费者环境意识逐渐加强，提高了供应链客户末端的需求质量

因此，低碳供应链的发展在面对机遇的同时，也存在很大的挑战和风险，而这种挑战和风险无形中为低碳供应链发展带来巨大的压力，进一步加大企业的信用风险，所以低碳供应链信用风险的研究与控制既必要又紧迫。

7.2　低碳供应链信用风险的特点

7.2.1　复杂性

供应链是市场经济中涉及面较广的一个领域，同时也处在市场转型的阶段，“低碳”的提出增加了市场环境的复杂性。就目前作为新兴市场的碳交易市场来说，它并不是一个简单的线性系统，其建立是与人类应对气候变化的行动密切相连的，特别是会受到碳配额分配制度的影响。另外，就低碳供应链自身的业务流程方面来说，计划、采购、制造、交付和回收五个基本流程中都要考虑碳的排放量，而每个环节又涉及多方面的经济利益主体，任何一个环节的节能减排任务没有完成，都会影响整条供应链的整体减排效果。

7.2.2　普遍性

低碳供应链的信用风险具有普遍性，只要是经济市场中的一员，任何企业或者个人之间的合作都会签署契约，就会产生信用风险。每一个供应链都是由不同的利益主体组成的循环网络关系，而每个节点供应链上的企业又有自己的经济关系网，供应链上的任何企业或者某个企业的自身合作关系网出现问题，企业自身无力承担，都会影响整个供应链运作的稳健性。如 2010 年发生的苹果供应商违规导致员工住院事件，就是供应商的道德责任感丧失而产生的信用问题，还有企业的自利行为往往造成货款的拖欠，不按时交货等现象会时常发生。

7.2.3　传递性

供应链是将制造商、供应商、分销商、零售商和消费者连成一套整体的闭环网络结构，从产品的最初生产到最终销售都是由供应链上各节点企业的相互合作完成。因此只要其中一个企业出现问题，如供应商的财务状况不稳定，导致企业资产不足，无法支付货款，紧接着影响下游企业不能按时收到货物，直接影响货物的销售情况等，如此一连串的反应，根据供应链上各节点企业单线或者多线的网络结构特征，造成整个供应链的信用风险因为单个节点企业的信用风险传递受阻。

7.3　低碳供应链信用风险评价指标

供应链是将具有相关利益关系的企业主体连接起来而组成的一个网络系统，节点企业的信用问题在一定程度上会对供应链产生巨大的影响，因此本书从单个企业来设定低碳供应链信用风险的评价指标，同时结合商业银行对企业信用等级的评价指标，主要从企业的财务状况、管理能力和外部状况三个方面来构建本书中的相关风险评价指标。

7.3.1　企业财务状况评价指标

节点企业财务状况主要从偿债能力、盈利能力、运营状况和发展能力四个方面来分析低碳供应链信用风险的评价指标。

(1) 偿债能力主要是衡量企业当前财务能力，主要包括以下指标。

速动比率＝［（流动资产－存货）/流动负债］×100％

该指标衡量供应链节点企业反映企业在某一时点运用随时可变现资产偿付到期债务的能力。国际上通常认为流动比率的下限为 100％，流动比率的适当值为 200％，它表明企业的财务状况稳定可靠，除了满足日常生产经营的流动资产资金需要外，还有足够的财力偿付到期的短期债务。但现实情况中，很多行业的流动比率都低于这个值，因此在评价风险时还应考虑整个行业的情况。

资产负债率＝（负债总额 / 资产总额）×100％

该指标表明供应链节点企业资产总额中债权人提供资金所占的比重，以及企业资产对债权人权益的保障程度，国际上通常认为该指标等于 60％比较适当。

因为对于企业的所有者来说，资产负债率不是越小越好，指标过低表明企业对财务杠杆的利用不够，而资产负债率较大则说明企业利用较少的自有资产投资形成了较多的生产经营用资产，不仅扩大了企业的经营规模，而且保障企业在处于良好的经营状态下获得较多的投资利润。

利息保障倍数＝［（净利润＋税金＋利息净支出）/利息支出］×100％

其中，息税前利润＝净利润＋利息费用＋所得税费用。

该指标不仅反映了供应链节点企业获利能力的大小，而且反映了获利能力对偿还到期债务的保障程度，它既是企业举债经营的前提依据，也是衡量企业长期偿债能力的重要标志。国际上通常认为该指标为 3 时较为适当，一般情况下，利息保障倍数越高，表明企业长期偿债能力越强，财务状况越稳定。

（2）盈利能力是指供应链节点企业获取利润的能力，也称为企业的资金或资本增值能力，通常表现为一定时期内企业收益数额的多少及其水平的高低。从长期来看，企业盈利能力不足可能会导致企业未来履行合同的能力较差，增加供应链信用风险。衡量盈利能力的指标主要包括营业利润率、成本费用利润率和净资产收益率，各指标表示方式如下。

营业利润率＝（营业利润/营业收入）×100％

该指标反映供应链节点企业的市场竞争力，指标值越高，表明供应链节点企业的市场竞争能力越强，盈利能力越强，财务状况越稳定。

成本费用利润率＝（利润总额/成本费用总额）×100％

该指标表明每付出一元成本费用可获得多少利润，体现了经营耗费所带来的经营成果。该项指标越高，反映企业的经济效益越好。

净资产收益率＝（净利润/平均净资产）×100％

该指标反映供应链节点企业资本运营的综合效益，在国际上企业综合评价中使用率非常高。净资产收益率反映了供应链上节点企业在行业中的盈利水平以及与同类企业的差距。一般认为该指标值越高，企业自有资本获取收益的能力越强，运营效益越好，企业的财务状况越稳定。

（3）营运状况反映供应链节点企业在资金利用方面的效率，体现企业的经营管理水平。衡量运营能力的指标主要包括下面两个。

总资产周转率＝营业收入净额/平均资产总额

该指标反映供应链节点企业总资产周转速度的快慢，一般用于分析企业全部资产的使用效率。一般情况下该指标值越高，说明企业资产的使用效率越高，企业财务状况越稳定。

应收账款周转率（周转次数）＝营业收入净额/应收账款平均余额

该指标反映了企业应收账款变现速度的快慢及管理效率的高低。一般来说，应收账款周转率高，表明企业应收账速度快，坏账损失少，企业财务状况稳定。

值得注意的是，应收账款周转率不是越高越好，应收账款是由赊销引起的，如果赊销有可能比现金销售更有利，应收账款周转率就不是越高越好。

（4）发展能力是供应链节点企业在生存的基础上，扩大规模、壮大实力的潜在能力，主要衡量企业未来的发展前景，判断企业所处的发展阶段，主要包括以下两个指标。

营业收入增长率＝本年营业收入增长额/上年营业收入总额×100％

其中，本年营业收入增长额＝本年营业收入总额－上年营业收入总额。

该指标是衡量供应链节点企业经营状况和市场占有能力、预测企业经营业务拓展的重要标志。不断增加的营业收入，是企业生存的基础和发展的条件。该指标若大于零，表示企业本年的营业收入有所增长，该指标值越高，表明增长速度越快，企业市场前景越好。

资本保值增值率＝（期初所有者权益＋本期利润）/期初所有者权益×100％

该指标表示企业当年资本在企业自身的努力下的实际增减变动情况，是评价企业财务效益状况的辅助指标，反映了投资者投入企业资本的保全性和增长性。该指标越高，表明企业的资本保全状况越好，所有者权益增长越快，债权人的债务越有保障，企业发展后劲越强。

7.3.2　企业管理能力评价指标

企业管理能力主要从企业的信息管理、技术管理和信誉状况三个方面来探讨。

（1）信息管理是衡量供应链节点企业在相互合作过程中对信息的共享、传递和信息处理的情况，包括以下指标。

信息传递的时间柔性，主要是由信息传递速度的快慢引起的，该指标反映了低碳供应链在面对突发情况时对信息传递的适应能力，表示企业对突发信息处理的及时性以及信息被掌握的实效性。

低碳信息共享程度，该指标属于定性指标，没有一个合适的值来表示其与供应链节点企业的低碳信息的融合情况，我们可以根据以往各企业之间的相互合作经验和信息的共享范围来判断该指标对信息管理的影响程度。

碳的排放情况，主要反映供应链上的节点企业在采购、生产、仓储、运输等环节所排放的碳量，对于各环节可以采取不同的方式来计量，如运输环节可以用吨/千米的碳排放量衡量运输效率，反映企业在运输过程中所排放的碳量。

（2）技术管理是维持企业正常运转的核心力量，若是技术管理出现问题，那么企业就有可能面临运营瘫痪甚至导致整个企业产业链的停滞，主要衡量企业的技术管理水平，包括以下指标。

IT 和软件系统安全性，主要反映企业的网络信息安全可靠性，可以用技术的先进性和网络系统故障率来衡量。

先进设备使用情况，在低碳的发展中，其中先进设备是必不可少的一个重要武器。一方面，先进的设备可以提高企业的生产效率，减少资源浪费；另一方面，使用具有清洁功能的设备可以直接降低碳排量，代替陈旧设备，但是值得注意的是以旧代新会增加企业的减排成本，很多时候只有当该替换边际效益大于继续使用旧设备带来的经济效益时，企业会选择以旧代新。

燃料能源利用效率，该指标反映能源消费过程中管理、技术、经济等因素的影响及其效果，具有高度的概括性和很强的对比性，是衡量企业技术装备水平和管理水平的一项重要指标。

低碳创新能力，该指标反映企业在低碳方面的技术能力，企业是否在日常的工作中自主创新，挖掘潜力，提高效益和效率，是否获得国家级或者所在行业的企业管理创新成果奖，是否采取节能减排的技术降低碳排量情况等。

(3) 信誉状况能够直接反映企业是否存在信用危机，包括以下两个衡量指标。

企业履约情况，一方面是通过企业历史供货情况及合同履行情况的考察，来考核企业的信用状况，另一方面是考察企业近三年来是否按时缴纳税款，以及是否有隐瞒或者谎报、拖延报告质量安全事故等现象。

企业贷款使用情况，该指标一方面考察企业的专款专用情况，如用于开发清洁节能技术和研发低碳产品的贷款是否研发出新技术和低碳产品，另一方面考察企业的还贷情况，在某种程度上，企业与银行的关系决定了企业的财务状况是否稳定。

7.3.3　企业外部状况评价指标

主要从市场状况和发展前景这两个方面来探讨。

(1) 市场状况主要衡量企业因市场环境变革做出的反应能力的大小，包括以下指标。

市场占有率，是指一个企业的销售量（或销售额）在市场同类产品中所占的比重，可以用销售金额或销售产品数量来定量衡量。市场占有率是判断企业竞争水平的重要因素。在市场大小不变的情况下，市场占有率越高的公司，其产品销售量越大。同时由于规模经济的作用，提高市场占有率也可能降低单位产品的成本、增加利润率。

顾客满意度，如合同履约率、客户满意率、是否发生较大的客户投诉、处理情况、企业的服务水平等，企业的最终服务对象是客户，客户的需求在一定程度上直接影响企业的运作绩效，该指标反映了客户对企业服务方面的肯定程度。

碳税，将成为中国推动低碳发展的政策工具，从已知的零星信息来看，虽然碳税针对的是温室气体排放进行征税，但是测量的问题存在使得普遍征收不存在可操作性，很多可能性预示碳税可能会通过对燃煤和石油下游的汽油、航空燃油、天然气等化石燃料产品，按其碳含量的比例征税来实现减少化石燃料消耗和二氧化碳排放。国家发改委有关专家在“中国绿色公司年会”上表示预计在“十二五”期间征收碳税，所以从未来市场发展角度出发碳税是在低碳供应链的发展中必须考虑的一个因素。

(2) 发展前景主要体现企业所处行业的未来发展状态，从一定程度上反映企业的持续发展空间和时间。衡量该因素的指标包括以下指标。

政策支持，主要是看国家对供应链在低碳方面的政策规定是否支持其发展，如政策规定，对实行低碳减排的企业可以给予一定的经济补贴，或者在银行贷款上放宽其贷款额度，又或者对其减免一定的税收等。

企业发展速度，根据企业近几年的发展状况来衡量企业的发展稳定性，如从企业的财务报表分析企业近几年的资产状况比较其增长速度等。

通过以上指标描述，构建衡量低碳供应链信用风险的评价指标如表 7-2 所示。

表 7-2　低碳供应链信用风险的评价指标

<table>
<tr><th colspan="2" rowspan="2">评价内容</th><th colspan="2">评价指标</th></tr>
<tr><th>一级评价指标</th><th>明细评价指标</th></tr>
<tr><td rowspan="22">低碳供应链信用风险的评价指标</td><td rowspan="10">企业财务状况</td><td rowspan="3">偿债能力</td><td>速动比率</td></tr>
<tr><td>资产负债率</td></tr>
<tr><td>利息保障倍数</td></tr>
<tr><td rowspan="3">盈利能力</td><td>营业利润率</td></tr>
<tr><td>成本费用利润率</td></tr>
<tr><td>净资产收益率</td></tr>
<tr><td rowspan="2">营运状况</td><td>总资产周转率</td></tr>
<tr><td>应收账款周转率</td></tr>
<tr><td rowspan="2">发展能力</td><td>营业收入增长率</td></tr>
<tr><td>资本保值增长率</td></tr>
<tr><td rowspan="9">企业管理能力</td><td rowspan="3">信息管理</td><td>信息传递的时间柔性</td></tr>
<tr><td>低碳信息共享程度</td></tr>
<tr><td>碳的排放情况</td></tr>
<tr><td rowspan="4">技术管理</td><td>IT 和软件系统安全性</td></tr>
<tr><td>先进设备使用情况</td></tr>
<tr><td>燃料能源利用效率</td></tr>
<tr><td>低碳创新能力</td></tr>
<tr><td rowspan="2">信誉状况</td><td>企业履约情况</td></tr>
<tr><td>企业贷款使用情况</td></tr>
</table>

续表

评价内容		评价指标	
		一级评价指标	明细评价指标
低碳供应链信用风险的评价指标	企业外部状况	市场状况	市场占有率
			顾客满意度
			碳税
		发展前景	政策支持
			企业发展速度

第8章　基于模糊综合评价法的低碳供应链信用风险评价

基于以上评价指标，本章选取电力行业中的文山电力股份有限公司（简称文山电力）结合上述评价指标运用模糊综合评价法进行低碳供应链信用风险评价。

8.1　电力低碳供应链

8.1.1　电力低碳供应链含义及特征

电力行业是国民经济基础性行业。电力供应链具有狭义和广义之分，狭义的电力供应链包含了发电、输电、配电和售电环节，具体是指电力行业把各种类型一次能源通过对应的各种发电设备转换成电能，并且经由输电及配电网络把电能由发电厂输送到最终用户处，向最终用户提供不同的电压等级和不同可靠性要求的电能以及其他电力辅助服务的基础性工业。广义电力供应链是由电能资源供应、电能生产、输送、配送、销售和使用等环节所构成的链条，该链条上主要包括煤炭、燃气、电力、钢铁、电解铝、水泥等企业，这些企业分别分布于煤炭开采和洗选业、电力生产和供应业、炼焦业、化学原料和化学制品制造业、黑色金属冶炼及压延加工业、有色金属冶炼及压延加工业和非金属矿物制品业等七个分类行业。后四个分类行业的企业在下游企业中具有重要的作用，他们与电力、煤炭企业形成上下游供应链关系。而广义的电力供应链是从燃料供应商、发电企业、输电、配电盒电能销售企业直至电力客户所形成的链条。以狭义的电力供应链为基准，广义电力供应链是由上游企业、狭义电能供应链和下游企业组成的链条。上游企业是生产电力产品所需的材料供应商，如煤炭企业、燃气企业等；下游企业是钢铁、水泥、电解铝、合成氨、烧碱等企业，本书主要从广义电力供应链的角度出发，探讨其低碳供应链信用风险问题。

综上所述，电力低碳供应链管理是综合考虑碳排放和电能效率的新型管理模式，它以低碳理念和供应链管理技术为基础，涉及原料供应商、发电企业、输配电及供电企业、电力客户，以期在发电、输电、配电、电能使用的整个过程中，碳排放最小，电能效率最高。也可以概括为，电力低碳供应链管理运用供应链管理理论，考虑和强化影响低碳的因素，通过供应链上下游企业间的合作以及各环节企业内各部门之间的沟通、协调，从原材料的供应到销售的全过程实现碳排放最低，同时提高企业的经济效益，从而实现企业与所在电力供应链的可持续发展。

目前电力行业的供应模式已由原来的垂直一体化垄断模式改革为现在的“厂网分开，竞价上网”的供应模式。具体供应模式如图 8-1 所示。

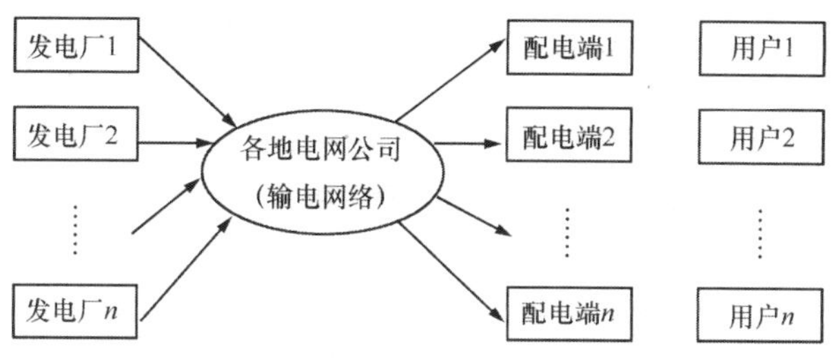

图 8-1　电力行业供电模式

在这种模式下，由原先的一家企业完成发电、输电、配电和售电的单一供应链网络转变为存在多个相对独立环节的供应链，不同程度的市场竞争机制的引入，使得各环节在展开竞争的同时也产生了合作。其中，电网企业与发电企业的关系由过去内部单位之间的协作关系转变为独立主体之间的电能商品买卖关系，每一个企业就是一个独立的经济利益主体，各个节点企业之间是一种需求与供应的关系，它具有动态性、反馈性和随机性等重要特征。

所谓动态性，是因为在电能供应链上上游企业不断供入材料生产电能产品，下游企业使用电能产品生产如钢铁、铝等制品的整个电能产品生产过程中，最终市场需求的不确定性导致电能供应链也具有动态性。

所谓反馈性，是因为电能供应链在生产过程中，其输出的最终产品如钢铁、铝产品的最终价格、市场需求状况等信息总是不断地反馈给煤炭企业、发电企业，而煤、电的价格与供求状况等信息也会反馈到钢铁等下游企业，从而对电力供应链上各节点企业的生产经营产生一定的影响。

所谓随机性，是因为电力供应链在生产过程中，存在着很大的不确定，如自然灾害造成的煤炭运输受阻、电煤供应不能保障、电网受到破坏、市场需求信息不确定等，使发电、输电受到影响，从而导致下游企业生产不连续或停产。

8.1.2　电力供应链的碳排放分析

电力是现代经济发展的动力，它为国民经济各个行业发展提供能源供给与动力支持，工业生产和人们日常生活均离不开电力，电力行业在我国国民经济中属于关乎国计民生的重要支柱产业。但同时也是全球二氧化碳排放量最大产业，全球现有电厂的二氧化碳的排放量占据全球二氧化碳排放量的 40%，特别是煤电发电，达到全国电力消费总量的 70%。而且近年来，国家陆续出台了新的环保收费标准，导致发电企业政策性成本增加巨大。例如，2011 年 1 月，有关部门开始公开征求社会各界对于新《火电厂大气污染物排放标准》的意见，新标准大幅度提升了污染物排放标准，其中二氧化硫、氮氧化物标准较欧洲现行标准均有大幅度提高，堪称为世界最严。按照新的排污收费标准管理办法，电厂排污收费大幅度提高，据估算，仅五大集团发电公司（中国国电集团公司、中国华能集团公司、中国大唐集团公司、中国华电集团公司、中国电力投资集团公司）2010年缴纳的排污费就高达7亿元左右，这说明一方面电力行业在新经济政策的发展现状下，减少其整个行业的碳排放量，实施节能减排，开展清洁生产是市场经济发展的必然要求，另一方面近年燃煤的价格持续上涨，对应的电价却涨幅较小，导致电力行业的经济增长率下降，因此电力行业高额的排污费增加了企业的财务压力。在这样的背景下，电力行业进行低碳发展对于全社会实行节能减排、降低消耗以减少碳排放具有重大的意义。

8.2 构建企业信用风险评价的层次结构

基于第7章的信用风险评价指标构建层次结构，如图8-2所示。

8.3 指标权重确定

选取云南文山电力股份有限公司对以上指标进行验证。1996年10月，文山州电力公司经云南省经济贸易委员会、云南省企业改革领导小组云经贸企〔1996〕548号批准列为1996年第一批省级现代企业试点单位，本着精干主体、剥离辅助的原则，经云南省人民政府办公厅云政办函〔1997〕157号文批准同意实施《文山州电力公司现代企业制度试点方案》，云南省人民政府云政复〔1997〕112号同意设立云南文山电力（集团）股份有限公司，1997年12月29日，文山州电力公司采取分立式改制，以经营性净资产与其他四家法人共同发起组建云南文山电力（集团）股份有限公司。公司属水利电力行业，主营水力发电、供电业务，并经营文山州地方电网，是集发、供、用电为一体的中型企业，担负着文山州工农业生产的供电任务，肩负着全州电网的运行维护管理工作，并为社会提供发送变电工程施工、电气试验、电测仪表修理、检定等服务。除此之外，文山电力还进行电网调度自动化技术开发利用推广和国内贸易（不含管理商品）等业务。文山电力所经营的业务范围囊括了发电厂、电网输配电等各企业的经营项目，并且是云南唯一一家上市的电力企业①。因此选取其作为电力行业低碳供应链信用风险评价具有一定的代表性。

在进行评价时，所聘请的是具有一定电力经验且熟悉电力行业经营运作的5位专家所组成的专家委员会对准则层和指标层分别打分，按照上述层次分析法确定各项指标的层次排序。

---

① 资料来源：http://baike.baidu.com/view/3345438.htm。

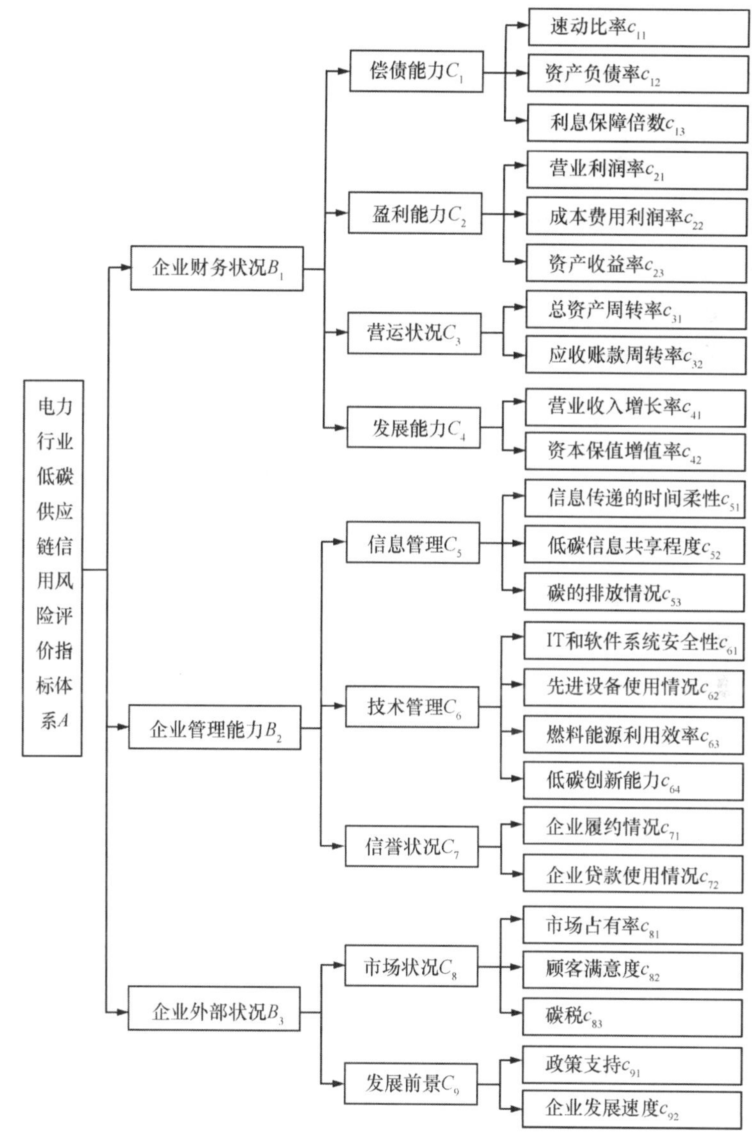

图 8-2　评价指标层次设定

为了反映内部细分指标之间的相互影响关系，需要横向比较不同指标之间的重要性。例如，根据二级指标偿债能力下的 3 个指标：流动比率、资产负债率和利息保障倍数之间的相互影响重要度，依次可以确定其他细分指标间的依存关系。根据专家委员会的打分结果，确定二级指标下各个细分指标之间的判断矩阵并进行计算。

(1) 计算 c_{ij} 之间的相对权重并进行一致性检验。这里我们以C_1 为例计算其权重并进行一致性检验。

$$C_1=\begin{bmatrix}1 & 4 & 3\\ 1/4 & 1 & 2\\ 1/3 & 1/2 & 1\end{bmatrix}$$

首先，将 C_1 归一化得到归一化矩阵为

$$C_1=\begin{bmatrix}0.632 & 0.727 & 0.5\\ 0.158 & 0.182 & 0.333\\ 0.21 & 0.091 & 0.167\end{bmatrix}$$

其次，计算该归一化矩阵每行的平均数，得到 C_1 的权重向量为

$$W_{C_1}=[0.62 \quad 0.244 \quad 0.156]^{\mathrm{T}}$$

再次，根据 $\lambda_{\max}=\sum_{i=1}^{n}\frac{(AW)_i}{nW_i}$ 计算得 $\lambda_{\max}=\frac{3.203+3.081+3.042}{3}=3.109$。

最后，进行一致性检验，根据 $\mathrm{CR}=\frac{\lambda_{\max}-n}{\mathrm{RI}(n-1)}=\frac{3.109-3}{0.58(3-1)}=0.094\leqslant 0.1$，符合一致性检验，所以 C_1 下的细分指标权重是合理的。其结果如表 8-1 所示。

表 8-1　基于盈利能力下的细分指标间的重要性比较矩阵

C_1	c_{11}	c_{12}	c_{13}	相对权重 W_{C_1}	一致性检验
c_{11}	1	4	3	0.62	$\lambda_{\max}=3.109$ $\mathrm{CR}=0.094<0.1$
c_{12}	1/4	1	2	0.244	
c_{13}	1/3	1/2	1	0.156	

按照以上的计算过程，同理得到 C_2 到 C_9 下的细分指标的相对权重，并通过一致性检验。需要注意的是这里的 C_1，C_2，…，C_9 指的是 C_j（$j=1$，2，…，9）下的细分指标 c_{ij} 相对于 C_j 的重要性比较矩阵，如表 8-2 ～ 表 8-9 所示。

表 8-2　基于盈利能力下的细分指标间的重要性比较矩阵

C_2	c_{21}	c_{22}	c_{23}	相对权重 W_{C_1}	一致性检验
c_{21}	1	4	5	0.677	$\lambda_{\max}=3.096$ $\mathrm{CR}=0.083<0.1$
c_{22}	1/4	1	1/2	0.131	
c_{23}	1/5	2	1	0.192	

表 8-3　基于营运状况下的细分指标间的重要性比较矩阵

C_3	c_{31}	c_{32}	相对权重 W_{C_1}	一致性检验
c_{31}	1	2	0.677	$\lambda_{\max}=2$ $\mathrm{CR}=0<0.1$
c_{32}	1/2	1	0.333	

表 8-4　基于发展能力下的细分指标间的重要性比较矩阵

C_4	c_{41}	c_{42}	相对权重 W_{C_1}	一致性检验
c_{41}	1	4	0.2	$\lambda_{max}=2$
c_{42}	1/4	1	0.8	$CR=0<0.1$

表 8-5　基于信息管理下的细分指标间的重要性比较矩阵

C_5	c_{51}	c_{52}	c_{53}	相对权重 W_{C_1}	一致性检验
c_{51}	1	1/6	1/4	0.089	$\lambda_{max}=3.01$ $CR=0.009<0.1$
c_{52}	6	1	2	0.587	
c_{53}	4	1/2	1	0.324	

表 8-6　基于技术管理下的细分指标间的重要性比较矩阵

C_6	c_{61}	c_{62}	c_{63}	c_{64}	相对权重 W_{C_1}	一致性检验
c_{61}	1	1/3	1/2	1/4	0.096	$\lambda_{max}=4.031$ $CR=0.011<0.1$
c_{62}	3	1	2	1/2	0.277	
c_{63}	2	1/2	1	1/3	0.161	
c_{64}	4	2	3	1	0.466	

表 8-7　基于技术管理下的细分指标间的重要性比较矩阵

C_7	c_{71}	c_{72}	相对权重 W_{C_1}	一致性检验
c_{71}	1	3	0.75	$\lambda_{max}=2$
c_{72}	1/3	1	0.25	$CR=0.0<0.1$

表 8-8　基于市场状况下的细分指标间的重要性比较矩阵

C_8	c_{81}	c_{82}	c_{83}	相对权重 W_{C_1}	一致性检验
c_{81}	1	1/2	5	0.334	$\lambda_{max}=3.015$ $CR=0.013<0.1$
c_{82}	2	1	7	0.591	
c_{83}	1/5	1/7	1	0.075	

表 8-9　基于发展前景下的细分指标间的重要性比较矩阵

C_9	c_{91}	c_{92}	相对权重 W_{C_1}	一致性检验
c_{91}	1	1/8	0.111	$\lambda_{max}=2$
c_{92}	8	1	0.889	$CR=0<0.1$

(2) 计算 C_j 之间的相对权重并进行一致性检验。该计算过程同上述 C_1，可得到 B_j 下的指标之间的相对权重。

$$B_1=\begin{bmatrix}1 & 3 & 2 & 5\\ 1/3 & 1 & 4 & 1/3\\ 1/2 & 1/4 & 1 & 2\\ 1/5 & 3 & 1/2 & 1\end{bmatrix},\ B_2=\begin{bmatrix}1 & 4 & 2\\ 1/4 & 1 & 1/3\\ 1/2 & 3 & 1\end{bmatrix},\ B_3=\begin{bmatrix}1 & 1/7\\ 7 & 1\end{bmatrix}$$

通过计算得到：$W_{B_1}=[0.443\quad 0.219\quad 0.163\quad 0.175]^T$，一致性检验CR=－1.236≤0.1满足条件；$W_{B_2}=[0.557\quad 0.123\quad 0.32]^T$，一致性检验CR=－2.585≤0.1满足条件；$W_{B_3}=[0.125\quad 0.875]^T$，一致性检验CR=0≤0.1满足条件。

(3) 计算 B_j 之间的相对权重并进行一致性检验，计算过程同上。

$$A=\begin{bmatrix}1 & 2 & 6\\ 1/2 & 1 & 2\\ 1/6 & 1/2 & 1\end{bmatrix}$$

通过计算得到：$W_A=[0.613\quad 0.269\quad 0.118]^T$，一致性检验CR=0.017＜0.1满足条件。

8.4 综合模糊评价

8.4.1 一级模糊综合评价

企业的财务状况属于定量因素，可以根据《巴塞尔协议》与我国商业银行资产负债率监督指标的规定，确定企业所在行业的客观指标标准值，由五档标准值和与之相适应的评语组成。文山电力属于工业企业，因此其五档标准值遵循工业企业的标准值，具体的财务指标五档标准值如表8-10所示。

表 8-10 工业企业财务指标五档标准值

指标	优秀值	良好值	平均值	较低值	较差值
速动比率	142.9	112.0	71.1	47.1	30.5
资产负债率	44.2	58.3	76.8	88.0	95.5
利息保障倍数	5.5	4.3	2.5	1.6	0.3
净资产收益率	10.7	7.8	5.0	－1.9	－10.9
营业利润率	28.3	21.3	10.3	3.8	－3.5
成本费用利润率	11.2	6.6	2.8	－2.3	－13.6
总资产周转率	2.5	1.1	0.8	0.5	0.2
应收账款周转率	19.4	11.7	5.3	3.0	1.4
营业收入增长率	19.8	14.1	4.6	－10.5	－19.9
资本保值增值率	110.3	106.9	102.6	96.1	91.5

根据以上标准，利用Zadeh提出的越小越优型指标隶属度计算方法求出财务指标的隶属度，即

$$\begin{cases} r_{ijgf}=\dfrac{x_{f+1}-u}{x_{f+1}-x_f}, & x_f \leqslant u \leqslant x_{f+1} \\ r_{ijg(f+1)}=\dfrac{u-x_f}{x_{f+1}-x_f}, & x_f \leqslant u \leqslant x_{f+1} \\ r_{ijg}=1, & u \leqslant x_1 \\ r_{ijg5}=1, & u \geqslant x_5 \\ r_{ijgf}\ \text{对应为指标}\ u\ \text{隶属于}\ V_f\ \text{的隶属度} \end{cases} \tag{8-1}$$

其中，假设指标因素的优秀值到较差值分别定义为 x_1，x_2，x_3，x_4，x_5，从而得出每个指标 u_{ijg} 对于每 个评语值的隶属度，即单因素评价。

通过分析文山电力 2011 年的财务报表，得出企业上述财务指标值，如表 8-11所示。

表 8-11　文山电力 2011 年主要财务指标值

财务指标	指标值	财务指标	指标值
资产负债率	47.99%	成本费用利润率	11.29%
速动比率	41%	总资产周转率	0.71
利息保障倍数	4.67	应收账款周转率	126.2
净资产收益率	12.19%	营业收入增长率	15%
营业利润率	8.51%	资本保值增值率	113.49%

资料来源：http://app.finance.china.com.cn/stock/data/finance_indicators.php?symbol=600995

由表 8-10 和表 8-11 的标准值可以知道，文山电力公司的资产负债率为 47.99%，处于优秀值和良好值之间，根据式（8-1）计算隶属度为

$$\text{“优秀”的隶属度}=\frac{58.3-47.99}{58.3-44.2}=0.731$$

$$\text{“良好”的隶属度}=\frac{47.99-44.2}{58.3-44.2}=0.269$$

以此类推，可以计算出其余财务指标的隶属度。

速动比率的隶属度为:“较低” 的隶属度为 0.367,“较差” 的隶属度为 0.633。

利息保障倍数的隶属度为:“优秀” 的隶属度为 0.692,“良好” 的隶属度为 0.308。

营业利润率的隶属度为:“平均” 的隶属度为 0.275,“较低” 的隶属度为 0.725。

总资产周转率的隶属度为：“平均”的隶属度为 0.3，“较低” 的隶属度为 0.7。

营业收入增长率的隶属度为：“优秀” 的隶属度为 0.842，“良好” 的隶属度为 0.158。

在上述指标值中，净资产收益率、成本费用利润率、应收账款周转率和资本

保值增值率的实际值都比标准值中优秀值高，因此这四类指标的隶属度均为“优秀”隶属度 1。

对于企业管理能力和企业外部状况下的细分指标，采用定量分析，运用专家打分法确定其隶属度。在本书中，聘请了 10 位具有电力经验的专家进行了打分。通过上述财务指标的计算和专家打分的结果，最终得出各因素权重和单因素评价表，如表 8-12 所示。

表 8-12　各因素权重和单因素评价

影响因素	一级指标（权重）	二级指标（权重）	评语集				
			优秀	良好	平均	较低	较差
企业财务状况	偿债能力（0.443）	速动比率（0.62）	0	0	0	0.367	0.633
		资产负债率（0.244）	0.731	0.269	0	0	0
		利息保障倍数（0.156）	0.692	0.308	0	0	0
	盈利能力（0.219）	营业利润率（0.677）	0	0	0.275	0.725	0
		成本费用利润率（0.131）	1	0	0	0	0
		净资产收益率（0.192）	1	0	0	0	0
	营运状况（0.163）	总资产收益率（0.677）	0	0	0.3	0.7	0
		应收账款周转率（0.333）	1	0	0	0	0
	发展能力（0.175）	营业收入增长率（0.2）	0.842	0.158	0	0	0
		资本保值增值率（0.8）	1	0	0	0	0
企业管理能力	信息管理（0.557）	信息传递的时间柔性（0.089）	0.3	0.4	0.2	0.1	0
		低碳信息共享程度（0.587）	0.3	0.2	0	0.5	0
		碳排放情况（0.324）	0.3	0.2	0	0.1	0.4
	技术管理（0.123）	IT 和软件系统安全性（0.096）	0.3	0.4	0.2	0.1	0
		先进设备使用情况（0.277）	0.3	0.3	0	0.4	0
		燃料能源利用效率（0.161）	0.5	0.1	0.1	0.2	0.1
		低碳创新能力（0.466）	0.3	0	0	0.1	0.6
	信用状况（0.32）	企业履约状况（0.75）	0.3	0.3	0.4	0	0
		企业贷款使用情况（0.25）	0.2	0.4	0.1	0.3	0
企业外部状况	市场状况（0.125）	市场占有率（0.344）	0.4	0.3	0.2	0.1	0
		顾客满意度（0.591）	0.2	0	0.3	0.3	0.2
		碳税（0.075）	0.2	0.1	0.3	0.4	0
	发展前景（0.875）	政策支持（0.111）	0.3	0.4	0.2	00.1	0
		企业发展能力（0.889）	0.5	0.1	0.3	0.1	0

从表 8-12 可以得到偿债能力指标下的二级指标一级模糊关系矩阵如下所示：

$$R_{C_1}=\begin{bmatrix}0 & 0 & 0 & 0.367 & 0.633\\ 0.731 & 0.269 & 0 & 0 & 0\\ 0.692 & 0.308 & 0 & 0 & 0\end{bmatrix}$$

它的一级模糊综合评价为

$$U_1=W_{C_1}R_{C_1}=[0.62\quad 0.244\quad 0.156]\begin{bmatrix}0 & 0 & 0 & 0.367 & 0.633\\ 0.731 & 0.269 & 0 & 0 & 0\\ 0.692 & 0.308 & 0 & 0 & 0\end{bmatrix}$$

同理计算出获利能力、营运状况和发展能力下的二级指标模糊关系矩阵分别为

$$U_2=W_{C_2}R_{C_2}=[0.323\quad 0\quad 0.186\quad 0.491\quad 0]$$
$$U_3=W_{C_3}R_{C_3}=[0.333\quad 0\quad 0.2\quad 0.467\quad 0]$$
$$U_4=W_{C_4}R_{C_4}=[0.968\quad 0.032\quad 0\quad 0\quad 0]$$
$$U_5=W_{C_5}R_{C_5}=[0.3\quad 0.218\quad 0.018\quad 0.335\quad 0.13]$$
$$U_6=W_{C_6}R_{C_6}=[0.332\quad 0.138\quad 0.035\quad 0.199\quad 0.296]$$
$$U_7=W_{C_7}R_{C_7}=[0.275\quad 0.325\quad 0.325\quad 0.075\quad 0]$$
$$U_8=W_{C_8}R_{C_8}=[0.267\quad 0.108\quad 0.267\quad 0.24\quad 0.118]$$
$$U_9=W_{C_9}R_{C_9}=[0.478\quad 0.133\quad 0.289\quad 0.1\quad 0]$$

8.4.2　二级模糊综合评价

由上述一级模糊综合评价得到二级模糊评价矩阵。

U_1，U_2，U_3，U_4 构成了企业财务状况下二级模糊评价矩阵：

$$R_1=\begin{bmatrix}U_1\\ U_2\\ U_3\\ U_4\end{bmatrix}=\begin{bmatrix}0.286 & 0.114 & 0 & 0.228 & 0.39\\ 0.323 & 0 & 0.186 & 0.491 & 0\\ 0.333 & 0 & 0.2 & 0.467 & 0\\ 0.968 & 0.032 & 0 & 0 & 0\end{bmatrix}$$

U_5，U_6，U_7 构成了企业一般特征下二级模糊评价矩阵：

$$R_2=\begin{bmatrix}U_5\\ U_6\\ U_7\end{bmatrix}=\begin{bmatrix}0.3 & 0.218 & 0.018 & 0.335 & 0.13\\ 0.332 & 0.138 & 0.035 & 0.199 & 0.296\\ 0.275 & 0.325 & 0.325 & 0.075 & 0\end{bmatrix}$$

U_8，U_9 构成了企业外部状况下二级模糊评价矩阵：

$$R_3=\begin{bmatrix}U_8\\ U_9\end{bmatrix}=\begin{bmatrix}0.267 & 0.108 & 0.267 & 0.24 & 0.118\\ 0.478 & 0.133 & 0.289 & 0.1 & 0\end{bmatrix}$$

影响因素企业财务状况的二级模糊综合评价值为

$$Z_1 = W_{B_1}R_1 = [0.443 \quad 0.219 \quad 0.163 \quad 0.175]$$

$$\times \begin{bmatrix} 0.286 & 0.114 & 0 & 0.228 & 0.39 \\ 0.323 & 0 & 0.186 & 0.491 & 0 \\ 0.333 & 0 & 0.2 & 0.467 & 0 \\ 0.968 & 0.032 & 0 & 0 & 0 \end{bmatrix}$$

$$= [0.421 \quad 0.056 \quad 0.073 \quad 0.285 \quad 0.173]$$

$$Z_2 = W_{B_2}R_2 = [0.557 \quad 0.123 \quad 0.32]$$

$$\times \begin{bmatrix} 0.3 & 0.218 & 0.018 & 0.335 & 0.13 \\ 0.332 & 0.138 & 0.035 & 0.199 & 0.296 \\ 0.275 & 0.325 & 0.325 & 0.075 & 0 \end{bmatrix}$$

$$= [0.3 \quad 0.242 \quad 0.118 \quad 0.235 \quad 0.11]$$

$$Z_3 = W_{B_3}R_3 = [0.125 \quad 0.875]$$

$$\times \begin{bmatrix} 0.267 & 0.108 & 0.267 & 0.24 & 0.118 \\ 0.478 & 0.133 & 0.289 & 0.1 & 0 \end{bmatrix}$$

$$= [0.452 \quad 0.13 \quad 0.286 \quad 0.118 \quad 0.015]$$

8.4.3 三级模糊综合评价

Z_1，Z_2，Z_3 构成三级模糊综合评价矩阵：

$$Z_A = W_AR_A = [0.613 \quad 0.269 \quad 0.118]$$

$$\times \begin{bmatrix} 0.421 & 0.056 & 0.073 & 0.285 & 0.173 \\ 0.3 & 0.242 & 0.118 & 0.235 & 0.11 \\ 0.452 & 0.13 & 0.286 & 0.118 & 0.015 \end{bmatrix}$$

$$= [0.401 \quad 0.136 \quad 0.133 \quad 0.284 \quad 0.16]$$

8.4.4 计算最后总评价结果

对评判集 V 进行赋值，将 V 赋值为 $V=\{100, 80, 60, 40, 20\}$，则最终评价结果为 $V'=Z_AV^{\mathrm{T}}=73.52$。

由以上计算分析，可以看出文山电力的财务状况比较稳定，其评价向量为 $[0.421 \quad 0.056 \quad 0.073 \quad 0.285 \quad 0.173]$，而且在整个评价中，财务状况所占权重比较大，为61%。这是因为财务状况的稳定与否直接影响一个企业的偿债能力，是对企业信用状况的直接反映，同时财务状况包含的指标因素都是客观因素，能有效避免评判人员的主观评价所产生的误差或错误。值得注意的是，在上述评价过程中发现该企业的速动比率较低，但其在偿债能力下所占的权重比较大，而偿债能力在财务状况的四个指标中所占权重比较大，所以文山电力在今后的发展中，得注重速动比率的增长，尽量避免固定资产闲置，提高企业现有资产的变现能力。

该企业的管理能力评价向量为［0.3　0.242　0.118　0.235　0.11］，情况也比较好。信息管理在整个模型中的权重比较大，而其中对其低碳信息的共享程度又占比较大，这也符合客观事实，因为在低碳供应链的运作过程中，信息的管理是非常重要的，信息流通受阻会直接影响整个供应链的运作效率。而低碳供应链更加强调的是一个碳的排放量控制，较准确地掌握供应链各节点企业的低碳信息，通过相互合作可以有效地减少碳排量，达到低碳的目的。

该企业的外部状况评价向量为［0.452　0.13　0.286　0.118　0.015］，状况总体良好，其中企业的发展前景及其企业发展潜力所占权重比较大。这是因为文山电力作为文山州全州经济生活的支柱型产业，肩负的任务比较重，企业具有很大的发展空间。同时在市场状况中，客户满意度所占权重比较大，因为电力行业也具有服务性质，客户处于整个供应链的末端，属于外部力量，其满意情况在很大程度上直接影响企业的发展方向和目标。在低碳供应链的发展中，随着客户低碳意识的提高，客户在对企业进行满意度选择时，会逐渐考虑企业的低碳效用。

总体上来看，该企业的信用水平良好。根据中国电力联合会印发的《关于开展电力行业信用建设与评价工作的指导意见》中的信用划分等级，电力企业信用等级分四类六级，即：A（AAA，AA，A），B，C，D。AAA，AA 和 A 级，分别对应一级、二级和三级守信企业；B 级对应提示企业；C 级对应失信企业；D 级对应严重失信企业。具体如表 8-13 所示。

表 8-13　等级对应分值

信用等级		积分标准	
		下限	上限
优	AAA	90 分以上	100
	AA	81	90
	A	71	80
中	B	61	70
较差	C	51	60
很差	D	50 分以下（含 50 分）	

各级别定义如下。

AAA：该类企业经营状况好，发展前景广阔，不确定性因素对其经营和发展的影响极小，具有优秀的信用记录。

AA：该类企业经营状况较好，发展前景较为广阔，不确定因素对其经营与发展的影响很小，具有优良的信用记录。

A：该类企业经营处于良性循环状态，但是可能存在一些影响其未来经营与发展的不确定因素，进而影响其履约能力，具有良好的信用记录。

B：该类企业经营状况一般，有轻微的违法违规行为。

C：该类企业经营状况较差，有较多的不良信用记录。

D：该类企业经营状况很差，有严重的违法违规行为。

该企业信用得分为 73.52，可以看出其信用等级优良，该企业属于上市公司，根据企业近三年的对外年报可以看出企业的信用状况也良好，计算结果基本符合实际情况。

建立模糊综合评价法，其中包含财务指标，能够一目了然地看出企业的历史发展状况；而其中的非财务指标则主要反映企业未来发展状况。在本书中运用此模型比较好地克服了单纯以财务指标分析来判定企业信用状况的局限性，定性指标，特别是考核低碳发展的指标在无法用具体的数值来衡量的情况下，该方法有效地使这些定性指标与财务指标互为补充，很好地反映了企业的信用状况，有效地预警各合作方彼此的风险，提高供应链整体运作效率。同时，从上文的计算过程中可以看出，通过设定层次指标，得到每个层次的得分向量，这种模糊层次分析法模型有利于全方位分析企业的经营状况，并且能够了解企业的强项和弱项及其合作方的信用状况。

第9章 低碳供应链信用风险控制措施

9.1 选择合作伙伴

在低碳供应链信用风险的产生原因中，其外部原因有一点是我们不容忽视的，那就是合作企业的履约情况。根据对低碳供应链特点的分析，可以看出供应链信用风险具有传递性，这种传递性在供应链上的反应就是企业之间的联动关系，上游企业发生违约会传递到下游企业，导致下游企业违约，因此供应链上各节点企业，也就是制造商在选择供应商、分销商在选择制造商等和零售商在选择分销商时是一个相互博弈的过程。

这里结合上述论证过程中采用的电力企业为例，假设有电能材料供应商（如煤炭企业）和电能产品的发电厂，即制造商，讨论发电厂在选择上游企业供应商时的博弈策略，从而得到如恶化选择合作伙伴来规避信用风险的产生。

（1）煤炭企业有两类，一类是按时供货的煤炭企业，即信用状况良好；另一类是拖欠或者违约不供货的煤炭企业，即信用状况差。煤炭企业为了促成和发电厂（发电厂）的合作关系，往往会对自身的外观进行包装，即做出虚假行为致使发电厂相信其信用状况良好。假定煤炭企业的包装成本为 C_s，而且煤炭企业不知道发电厂是否会对自己的包装行为进行调查，但知道发电厂调查的概率为 P_m，不调查的概率为 $1-P_m$。

（2）发电厂在与煤炭企业进行合作之前，事先并不知道煤炭企业的信用状况，但知道其信用情况是否良好的概率，即其信用良好的概率为 P_s，信用差的概率为 $1-P_s$。当发电厂对煤炭企业进行调查时，其发生的调查成本为 C_m，然而并不是调查就一定能识别煤炭企业的包装行为，因此，假定发电厂调查成功的概率为 P_v，则未调查出包装行为的概率为 $1-P_v$ 。

（3）当发电厂与煤炭企业达成合约时，若煤炭企业为信用良好的企业，发电厂不会发生损失，反之，发电厂 的损失为 L_m 。

（4）信用状况良好的煤炭企业必然和发电厂达成合作，而信用状况差的煤炭企业在发电厂调查失败或者不调查的情况下，亦可以与发电厂达成合作。

（5）煤炭企业在与发电厂达成合作时，若遵守合约，按时供货，则取得收益为 R_{s_1}，若不遵守合约不供货，则取得的收益为 R_{s_2}，这里假定 $R_{s_2}>R_{s_1}$，当煤炭企业未取得与发电厂的合作，则收益为 0。

根据以上假定，得到不完全信息条件下发电厂和煤炭企业在选择时的博弈矩阵如表 9-1 和表 9-2 所示。

表 9-1 信用良好的煤炭企业与发电厂之间的博弈矩阵

		发电厂		
		调查 P_m		不调查 $1-P_m$
信用良好的煤炭企业 P_s		调查出包装 P_v	未调查出包装 $1-P_v$	
	包装 P_p	$(R_{s_1}-C_s, -C_m)$	$(R_{s_1}-C_s, C_m)$	$R_{s_1}-C_s$, 0
	不包装 $1-P_p$	$(R_{s_1}, -C_m)$	$(R_{s_1}, -C_m)$	$(R_{s_1}, 0)$

表 9-2 信用差的煤炭企业与发电厂之间的博弈矩阵

		发电厂		
		调查 P_m		调查 $1-P_m$
信用差的煤炭企业 $1-P_s$		调查出包装 P_v	未调查出包装 $1-P_v$	
	包装 P_p	$(-C_s, -C_m)$	$(R_{s_2}-C_s, -L_m-C_m)$	$(R_{s_2}-C_s, -L_m)$
	不包装 $1-P_p$	$(0, -C_m)$	$(0, -C_m)$	(0, 0)

从以上矩阵可以得到如下煤炭企业和发电厂的策略分析。

1. 信用状况良好的煤炭企业的策略分析

煤炭企业对其进行包装时的效益期望值为

$$\begin{aligned}E_{s_1}&=P_m[(R_{s_1}-C_s)P_v+(R_{s_1}-C_s)(1-P_v)]+(1-P_m)(R_{s_1}-C_s)\\&=R_{s_1}-C_s\end{aligned} \tag{9-1}$$

煤炭企业对其不进行包装时的效益期望值为

$$E_{s_2}=P_m[R_{s_1}P_v+R_{s_1}(1-P_v)]+(1-P_m)R_{s_1} \tag{9-2}$$

显而易见，$E_{s_1}>E_{s_2}$，对于信用状况良好的煤炭企业来说，选择的策略是不包装。

2. 信用状况差的煤炭企业的策略分析

煤炭企业对其进行包装时的效益期望值为

$$\begin{aligned}E_{s_3}&=P_m[-C_sP_v+(R_{s_2}-C_s)(1-P_v)]+(1-P_m)(R_{s_2}-C_s)\\&=R_{s_2}-C_s-P_mR_{s_2}P_v\end{aligned} \tag{9-3}$$

诚然，信用差的煤炭企业不进行包装效益期望值为 $E_{s_4}=0$。

可以看出，信用差的煤炭企业要想取得效益，和发电厂达成合约，则 $E_{s_3}>E_{s_4}$ 即在 $R_{s_2}-C_s-P_mR_{s_2}P_v>0$，整理为

$$R_{s_2}>C_s/(1-P_mP_v) \tag{9-4}$$

在此情况下，信用差的煤炭企业会选择进行包装促成和发电厂的合作，否则不包装。

3. 发电厂的策略分析

发电厂对煤炭企业进行调查时的期望值为

$$E_{m_1}=P_s(-C_m)+(1-P_s)[P_p(-C_m)P_v+P_p(-L_m-C_m)(1-P_v)+(1-P_p)(-C_m)]$$
$$=-(1-P_s)(1-P_v)P_pL_m-C_m \tag{9-5}$$

发电厂对煤炭企业不进行调查时的期望值为

$$E_{m_2}=(1-P_s)P_p(-C_m) \tag{9-6}$$

若 $E_{m_1}>E_{m_2}$，即 $-(1-P_s)(1-P_v)P_pL_m-C_m>(1-P_s)P_p(-C_m)$，整理得

$$-(1-P_s)[(1-P_v)P_pL_m]/[1-(1-P_s)P_p]>C_m \tag{9-7}$$

在此情况下，发电厂会对信用状况差的煤炭企业进行调查，否则不进行调查。

综上分析，影响信用差的煤炭企业选择包装的因素主要包括 C_s，P_m 和 P_v，即煤炭企业包装的成本越小，发电厂调查的概率和其调查成功的概率越小，信用差的煤炭企业会选择包装。

而影响发电厂对煤炭企业的信用状况是否进行调查的因素主要包括 C_m，P_s，P_m，P_p，L_m，即当发电厂调查的成本越小、煤炭企业守信的概率越小、发电厂调查成功的概率越大、煤炭企业包装的概率越大以及煤炭企业违约给发电厂带来的损失越大，则发电厂会更倾向于进行调查。

由上面的博弈矩阵分析可知，信用状况的煤炭企业不会进行包装，而当式（9-4)成立时，信用状况差的煤炭企业会选择包装，否则选择不包装；当式（9-7)成立时，发电厂会选择对想要合作的煤炭企业进行调查，否则选择不调查。

对于发电厂而言，为了降低其采购风险，可以从以下两个方面入手：一方面，通过供应链的网络系统，加强其与煤炭企业的合作，采用科学的分析方法提升其对煤炭企业的调查能力；另一方面，可以减少其采购次数，进而降低煤炭企业的违约次数。

上述博弈矩阵的选择方法不仅适合电力行业的供应链，也适合各行各业，企业在进行选择时可以考虑运用上述方法。诚然，每次这样的博弈矩阵判别方法实行起来比较烦琐，不一定每次在进行选择时都要采用这样的做法，供应链各节点企业是建立在互相信任的基础上进行合作的，例如，对于电力行业来说，整个电力供应链的低碳化是电力供应链各节点企业共同的低碳目标，基于此目标，各节点企业建立互相信任的关系使电力供应链各企业有效长期合作。该关系要求各企业之间共担低碳结果，共享低碳效益，无论何种选择，只有企业之间相互信任，相互合作，电力低碳供应链，或者是各行各业的低碳供应链的运作效率才能得到保证和提高，链上各节点企业才能获得最佳低碳效果，因此，互相信任的合作关

系是选择合作企业的一个前提条件。

9.2　提高技术水平

简单来说，低碳供应链发展的核心宗旨就是在整个供应链的运作流程中，降低碳排放，实现低碳高效益，而实现低碳的一个重要支撑力量则是提高供应链网络的整体技术，进行技术创新。根据有关资料显示，上海市五大能源基地之一的外高桥发电厂，通过采用先进的燃煤发电技术大幅提升了燃煤效率，2009 年实现了 46％的净效率，年均为上海减少二氧化碳排放量近 190 万吨，相当于全上海 270 万辆汽车停驶 70 天所减少的二氧化碳排放量总和①。

供应链作为我国十大产业之一，目前处于快速稳定的发展状态，供应链的崛起给中国经济带来很大的推动，但是，由于我国供应链起步较晚，各项技术还不完善，供应链的迅速发展也造成了我国碳排放量增加，面对国内外环境压力，这无疑是增加了供应链领域发展所面临的各种风险。因此不管是任何行业的供应链网络发展，首要的任务就是进行企业的技术改革，提高其所在行业的技术水平。

众所周知，供应链涉及的领域很广，这里不容忽视的则是运输领域，供应链的每个环节基本上都存在运输，根据相关资料显示能源供应是碳排放的主要来源，运输业位居第五，占总量的 13.1％，每年产生的碳排放是 2800 兆吨，占人类所有活动产生的二氧化碳的 5.5％。作为供应链中的重要的一部分，物流和运输所产生的碳排放量占整个产品生命周期排放量的 5％～15％②。运输领域的碳排放情况如图 9-1 所示。

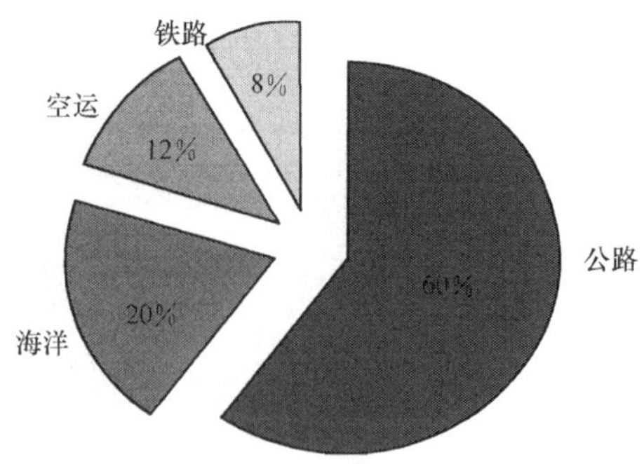

图 9-1　各运输工具排放二氧化化碳比例

从运输的方式来看，公路运输所产生的二氧化碳量最大，海运运输和空运次之，铁路运输最小。加之国际上的一些限制措施，如欧盟要求的航运碳税征收政策，尽管我国反对此项措施，中国航空运输协会希望，欧盟航空碳税最好能推迟

① 资料来源：中国国家地理，2010 年。

② 埃森哲，《世界经济论坛——供应链低碳化报告》，2009 年。

到 2020 年之后，但是不管欧盟的此项策略是否公平公正，这无疑是给我国航运行业敲响警钟。

因此，在运输领域，一是通过采用最新技术，如使用混合动力或清洁能源技术的汽车以及能源利用率较高的引擎技术，运输耗能将大大减少。二是采用碳排量较少的新能源，如不久前国际能源署在北京举行的《交通用生物燃料技术路线图》中文版发布会，报告预计到 2050 年，生物燃料可占到交通运输燃料总量的 27%，持续生产后每年可避免 21 亿吨二氧化碳排放，成为交通行业重要的减排源。除此之外，通过优化供应链上下节点企业的配送路线亦可以减少碳的排放量。而且在运输环节，基于消费者对配送速度的高要求，企业可以通过将运往同一目的地的货物放在一起的方式，借助企业间的共享运输渠道，扩张直达运输，进而有效地提高运输效率和服务质量，从而达到减少企业运输成本和降低碳排量的目的。与此同时，加强业务不密集地区投递网店的各行业间的合作，尽量减少投递网点的重复建设，有利于降低企业成本。同时，加强行业合作，特别是加强业务不密集地区的投递网点的共享，可以减少重复建设投递网点，有助于提高成本效率。

除了运输领域，在供应链的生产、包装等环节也是碳排放的重点控制目标。在生产环节，企业需要采用先进的生产技术，生产含碳量少的产品，这也符合目前消费者的环保概念。在包装方面使用可循环利用的包装物，或者减少产品的包装，这样不但可以减少能源的浪费，减少的包装物也可以减少运输的负载量，据估计，减少包装，物流和运输业每年可以减少 125 兆吨的二氧化碳的排放。零售业巨头——沃尔玛通过减小单个玩具的包装大小，于 2005 年节省了 240 万美元的物流开支。通过减小各种产品的包装，沃尔玛有望每年节约超过 30 亿美元的开支。沃尔玛通过减少包装，既减少了成本，又提高了效率，实现了可持续发展。在仓储建筑方面，可以采用最新的绿色建筑技术，如利用太阳能电池照明技术，来实现仓储建筑的减排目标。同时，利用最新的建筑材料，延长仓储建筑的使用年限也有助于减排。

9.3　建立健全的低碳供应链预警系统

风险控制重在风险的前期识别和预警，因此在建立健全的低碳供应链信用风险预警系统之前首要任务是进行信用风险的识别。对于风险管理组织来说，凭借其经验和一般知识便可识别供应链面临的常见风险，但对于庞综复杂的供应链来说，其风险识别具有一定的难度，需要运用相应的识别技术，在必要时还要借助外部的力量进行识别，这样才能达到预期的效果。本书建议采用以下的识别方法。

9.3.1 德尔菲法

德尔菲法又称专家调查法，它主要依靠专家的直观能力对风险进行识别，即通过调查意见逐步集中，直至在某种程度上达到一致。由于需要多次反复收集与反馈调查意见，采用德尔菲法识别供应链信用风险会持续一段时间，这种方法更适合供应链风险的综合识别。其基本步骤如图 9-2 所示。

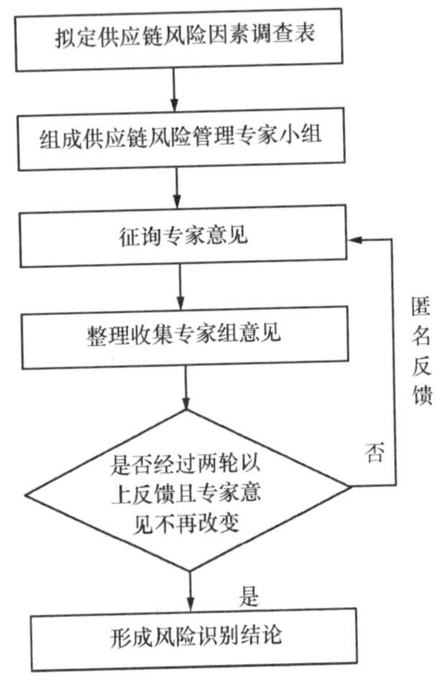

图 9-2 运用德尔菲法识别供应链信用风险的基本步骤

9.3.2 因果分析图法

因果分析图简称因果图或特性因素图，又因其形状而称树枝图或鱼刺图。它是企业管理中寻找影响某一事件结果原因的有效工具，这种方法在识别供应链风险时，用图示的方式将造成供应链风险的可能原因逐一列出并加以分类（许多潜在的原因可归纳成原因类别与子原因），最后形成类似于鱼刺的样子。画图的基本方法是，把“结果”写在右边，然后把主要的各类原因放在它的左边主枝旁，寻找所有下一层的原因并画在相应的主枝旁，并继续发展下去。一个完整的因果图至少应有两层，许多因果分析图有三层或四层，下面结合本书的低碳供应链节点企业信用风险指标为例，应用因果分析图法的结果如图 9-3 所示。

9.3.3 预警系统

低碳供应链风险预警系统是指供应链风险管理组织运用以敏感性指标为核心

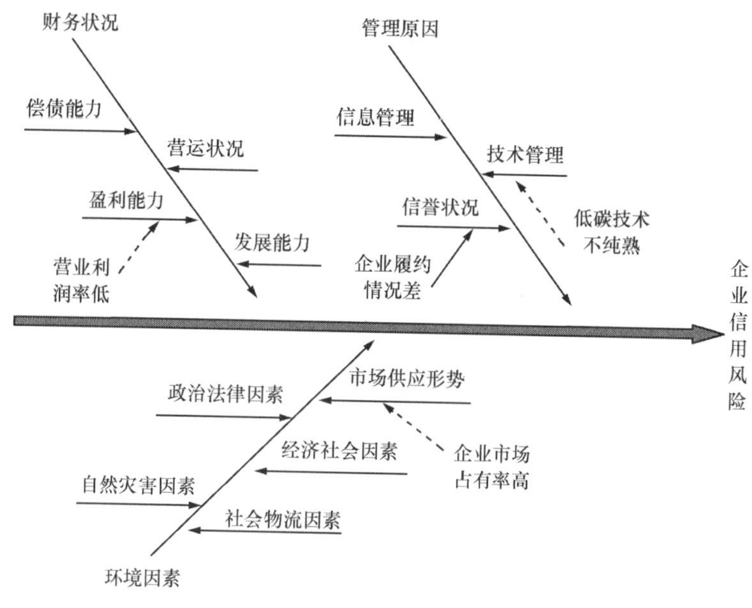

图 9-3　识别企业信用风险的因果图

的供应链风险信息反馈网络，以加强风险监督和控制，从而保证低碳供应链正常运行的运作体系。结合上述介绍的方法来确定企业的敏感性指标。

低碳供应链风险预警系统的主要功能包括四个方面，即监测功能、诊断功能、控制功能和防范功能。监测功能就是基于预先设定的低碳供应链的特征指标，根据收集到的内外部环境各环节的各种静态数据和动态信息，对运作过程进行实时跟踪监控，将监测的实际值与预警值进行对比分析，以发现低碳供应链运作过程中的异常情况；诊断功能就是根据监测环节中找到的异常情况，运用现代诊断技术，低碳供应链管理技术进行分析判断，确定低碳供应链运作过程中产生问题的根本原因；控制功能是针对诊断环节找出的弊病之源，对症下药，制定有效的措施，控制住低碳供应链运作过程中的偏差和过失；防范功能就是通过详细地记录上述三个环节中所发生的风险原因、处理过程、改进措施以及反馈处理等，再运用低碳供应链管理理念，将有共性的部分上升为低碳供应链管理活动的规范，从而不断增强低碳供应链的信用风险防范能力。

要构筑有效的低碳供应链信用风险预警系统必须具备以下五个前提条件。

1. 建立明确的低碳供应链信用风险预警目标

一般来说，低碳供应链的信用风险预警目标有两种：一是预警供应链系统原有的状态，如果发现扭曲或偏差，就要纠正偏差，进行复原；二是对其现有状态进行引导，使其变成一种新的状态。作为实现低碳供应链风险预警目标载体的供应链风险预警系统，其构筑必然要围绕这一目标的实现来进行，目标越明确，系统构筑就会越合理，低碳供应链风险预警的效果就会越好。

2. 建立灵敏的信用风险信息传递与反馈机制

低碳供应链风险预警系统中的预警活动是在供应链风险管理系统与其内外部客体之间密切联系之下进行的，这种联系归根到底是通过信息输入输出实现的。低碳供应链风险管理控制中心将风险控制指令或参数等信息传递给供应链风险预警系统，其按照这些指令或参数的要求对供应链系统运作过程进行预警，其输出的结果（信息）反馈给供应链风险管理控制中心，该中心对获得信息进行加工处理，修整调控指令或参数，然后再传递给出现风险的各个成员企业或企业内各部门，直至输出的结果与供应链目标趋于一致，如图 9-4 所示。

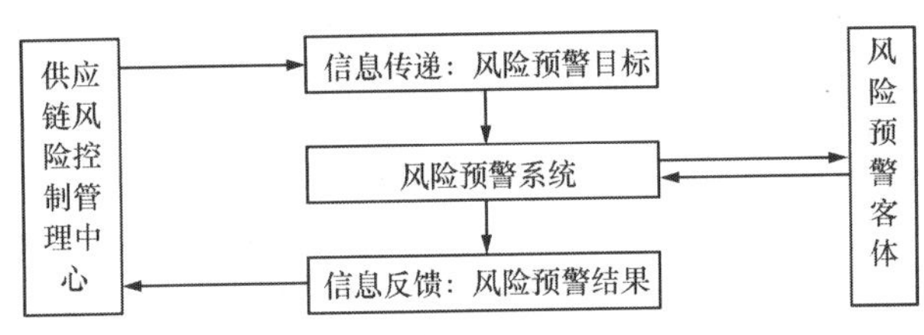

图 9-4　信用风险预警体系

供应链风险预警过程实际上就是对信息传递、反馈、加工处理的预警的过程，如果信息的传递和反馈不灵敏，要及时进行供应链风险预警是不可想象的。

3. 建立健全的组织保证体系

健全的组织机构是供应链风险预警系统得以运行的前提，风险预警管理系统指挥预警职能的执行，位于供应链节点上的核心企业以及其他企业中的高层管理者直接负责领导风险管理机构、研究预警方案、确定预警所要达到的目标，使供应链运作过程中出现的问题得以顺利解决。具体的风险预测预报工作由预警部门借助计算机设备，通过科学的风险预警方法来负责执行，并将风险状况及时反映到预警管理指挥中心，而风险预警决策所需要的信息则通过对获取的供应链系统内外部的相关数据和信息进行加工分析来获取。

4. 具备高素质的专业人员

专业人员除了要掌握供应链管理、低碳、财务、会计、金融、法律等方面的知识外，还要对计算机硬件、软件和计算机网络方面的技术熟练掌握，从而增强信息的获取渠道，保证信息的传递速度高效快捷。

5. 协调低碳供应链成员企业以及企业各部门之间的关系

供应链作为一个有机的整体，为了实现低碳数据共享，必须考虑风险预警机构与其他各部门保持和谐的合作关系。具体来说，就是要考虑不同企业、不同部门的数据传递和各成员企业、各企业部门对数据的不同要求。

第 10 章　低碳供应链碳排放评价体系研究

10.1　低碳供应链碳排放评价体系构建原则

低碳供应链碳排放评价体系的建立应从低碳供应链的整体战略出发，以产品的生命周期理论为突破口，通过对供应链整个体系的研究以确定有碳排放的环节，进而通过结合碳排放量、资源消耗、环境成本等指标因素来对供应链的碳排放进行综合评价研究，并满足低碳供应链上各节点企业、各行为主体以及政府环保部门了解供应链低碳化运作情况，同时可提出具体措施来进行改善。因此构建该评价体系应该具体遵循以下几个原则。

1. 系统性、全面性原则

供应链的环节众多，且碳排放贯穿了整个产品生命周期、整条供应链，同时还要考虑资源消耗种类以及资源消耗量等情况，使得整个研究过程比较复杂，范围相对较广泛，因此该套评价体系在对低碳供应链的碳排放进行评价的时候要讲求系统性、全面性的原则。

2. 简洁性、代表性原则

系统性、全面性的原则可以让我们从不同方面和不同侧面，如各个环节、各个节点企业等来了解低碳供应链的碳排放情况。但是过于全面的评价体系设计会使得评价结果难以突出重点（如对供应链的碳排放有着关键影响的环节），使得整个评价变得模糊不清，进而降低了整个评价的质量水平。因此在信息尽量充足的情况下，所设计的评价体系要尽可能简洁明了，指标之间要有比较强的独立性，同时对于评价体系中指标的选取要有较强的代表性，即对供应链碳排放水平有大的影响的指标，这样既能提高效率又能减少误差。

3. 可操作性原则

可操作性原则是指强调论文数据的可获取性，指标体系的设计应该尽可能地与现有资料相兼容，尽量采取定量的数据指标作分析研究，而对于有些定性化的指标则应该进行相应的处理或者选取模糊量化等手段来提高评估的可操作性以及准确性。

4. 通用性原则

对于所设计出的指标评价体系以及评价方法应该具有一定的通用性，并且能对低碳供应链的特征有个概括性的描绘，且比较适用于大部分行业低碳供应链的评价应用。

10.2 低碳供应链碳排放影响因子分析

10.2.1 供应链碳排放的内容界定

对碳排放内容的界定，其实是界定重点研究的排放气体类型，即并不是只针对二氧化碳的排放。目前，全球产生温室效应的气体主要包括以下几种：二氧化碳、甲烷、氧化亚氮（N_2O）、氢氟氯碳化物类（CFCs，HFCs，HCFCs）、六氟化硫（SF_6）以及全氟碳化物（PFCs）等，由于水蒸气及臭氧的时空分布变化较大，在进行减量措施研究与规划时，一般不将这两种气体纳入考虑。事实上氢氟碳化物、全氟碳化物及六氟化硫这三类气体造成温室效应的能力最强，但对全球升温的贡献百分比来说，二氧化碳由于含量较多，所占的比例也最大，约为55%，因此将污染物具体定为二氧化碳、甲烷和氧化亚氮这三种最主要的、最普遍的温室气体。这三种温室气体的特征如表10-1所示。

表 10-1 三类主要温室气体及其特征

气体	生存期/年	年增长/%	大气中浓度/ppm	温室效应贡献率/%	主要来源
CO_2	50～200	0.4	355	55	煤、石油、天然气、森林砍伐
CH_4	12～17	0.8	1.714	15	湿地、化石、燃料、牲畜
N_2O	120	0.25	0.31	6	化石燃料、化肥、森林砍伐

10.2.2 供应链碳排放环节具体分析

在研究供应链的碳排放问题中忽略了各行为主体即人的碳排放量，因为这部分的碳排放量相对于整条供应链上的碳排放总量而言可以忽略不计，故而在此不作探讨。事实上碳排放贯穿了整个产品的生命周期，从原材料的获取到加工，再到产品的生产制造、包装、运输、销售、消费使用以及到最终的废弃物回收与处理的整个过程中，无不产生碳排放（有些产品在消费使用过程中可能不会产生碳排放），而这些环节也正是供应链上碳排放的主要来源环节。

在原材料的开采、加工以及产品制造、包装的过程中的碳排放主要是由于耗用了大量的电能、化石燃料以及原材料自身在生产过程中的碳排放等；而在产品的运输阶段碳排放的主要来源就是化石燃料，如汽油、柴油等；消费者在产品使用阶段的碳排放依产品的情况和类型具体而定，有的产品在使用过程中产生碳排放，而有的产品不会产生碳排放；废弃物回收处理环节的碳排放主要是由于回收运输、废弃物处理时耗用的能源以及废弃物自身产生的碳排放。

需要强调的是本书在基于产生生命周期的低碳供应链碳排放的研究中忽略了销售环节中的碳排放，事实上在产品的销售过程销售人员可能运用到了很多辅助销售的材料或者是某些装置（如产品促销会上运用的音箱设施等），而这些材料或者装置可能会产生碳排放，但它与供应链上各行为主体的碳排放情况一样，即相对于整条供应链上的碳排放量而言可以忽略不计。

同时本书对于包装阶段的碳排放的研究也有一定的限制。事实上对于最终形成的商品而言，包装材料同属于原材料，因此对于该部分的碳排放理论上应该要进行计算，但是在现实情况下却难以进行，主要是因为包装材料碳排放随着材料生产工艺的不同而有很大差别，如果要对包装材料碳排放进行研究的话必定会使整个供应链的碳排放研究太过复杂化，因此本书认为包装这一环节的碳排放主要来源于包装辅助设施的能源消耗，而并不包括包装制品本身的碳排放。

因此，依据产品的生命周期理论，低碳供应链上碳排放的流程图如图 10-1 所示。

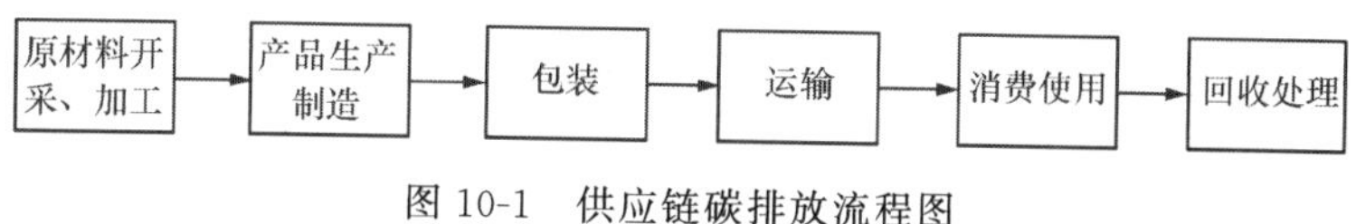

图 10-1　供应链碳排放流程图

10.2.3　供应链碳排放体系的确定

供应链碳排放体系是建立供应链碳排放评价体系的一个重要组成部分，只有先确定了碳排放体系才能在这个基础上建立相应的评价体系。根据 10.2.2 小节中依据产品的生命周期确定的碳排放流程，可以肯定整个供应链的碳排放绝大多数都集中在该流程路径上，因此本书相应地提出了如下碳排放体系指标：原材料生产碳排放、产品生产碳排放、运输碳排放、消费碳排放、回收碳排放。

本书构建了供应链碳排放体系模型如图 10-2 所示。

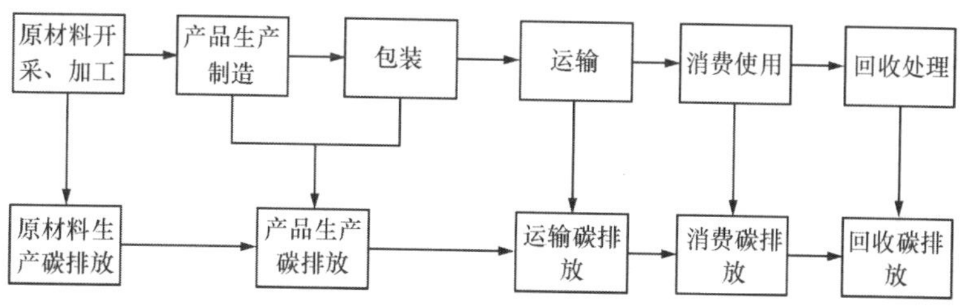

图 10-2　供应链碳排放体系模型

图 10-2 所示的依据产品生命周期而提出的供应链碳排放体系流程图体现了产品从原材料的开采到产品生产、运输、消费再到最后回收处理的各个环节碳排放量以及整个供应链上碳排放总量的情况，对此，供应链上的核心企业或者政府环境管理协调机构甚至各个节点企业应当对某一时期内链上合作伙伴的碳排放量进行评估和加总，清楚地掌握自身运作带来的碳排放及其变化，作为调整供应链

运行的量化指标数据。当评估结果为链上碳排放总量或某一环节排放量超标时，需要及时将信息反馈回供应链中，及时针对具体过程或环节做出相应调整以减少排碳量。

10.3 低碳供应链碳排放评价体系构建

10.3.1 评价因子分析

前面已经分析了低碳供应链碳排放体系的构成，主要包括原材料生产、产品生产、运输、消费、回收处理这五个模块，每个模块中都包含着与之相关的经济、社会、环境变量因素，各变量之间又存在着相互影响的关系。本书正是通过对供应链的分析以及对该系统碳排放相关问题的研究，从经济、社会、环境这些方面入手，选取了三个能客观评价供应链碳排放情况的指标，各指标内容如下。

1. 碳排放量

本书在对低碳供应链碳排放评价体系中首先要引入“碳排放量”这一评价因素，它是从环境的角度对碳排放水平进行评价的因子。依据 10.2.3 小节构建的供应链碳排放体系，通过对原材料生产、产品生产、运输、消费、回收各阶段碳排放具体客观的核算才能更清楚地反映供应链各碳排放环节以及整个供应链的碳排放情况，进而提出相应的碳排放评价意见以及改善措施。

碳排放量是供应链碳排放评价体系中最重要的一个评价因子，在当前的研究背景下它是可以直接计算的，因此以直观数据的形式反映供应链各环节以及整个的碳排放的水平对评价供应链低碳化水平有着极重大的作用与意义。首先通过对供应链内各环节碳排放量的比较，再以图表的形式直观地展现数据统计分析结果，再根据结果对供应链的碳排放进行评价并提出相应的改善措施。它突破了以往传统的主观评价低碳化水平的方式，使得评价结果更为客观、更加接近实际。

2. 资源消耗

本书在低碳供应链碳排放评价体系中引入了“资源消耗”这一评价因素，我们都知道在产品的整个生命周期中绝大部分的碳排放来源于各种资源的消耗，如电、汽油、柴油、煤等，正是因为资源消耗与碳排放有这样一种因果关系，本书将“资源消耗”作为碳排放评价体系指标之一，这对于评价碳排放并提供减排措施以及降低企业生产运营成本而言有很强的现实作用与意义。同时，还需要着重强调的是由于本书是对碳排放进行的研究，在对供应链碳排放体系中的各环节进行资源消耗核算以及评价时必须剔除无关碳排放的各种资源消耗，如水资源等。同时由于资源消耗的种类可能比较繁多，且供应链各个环节消耗的资源种类区别较大，为了能正常科学地进行比较评价，本书引用了资源消耗的当量系数（参照资源为铁）将各种资源消耗转化成当量铁资源的消耗。

资源消耗是从社会即社会资源消耗的角度对碳排放水平进行评价的因子，它是产生碳排放的主要因素，并且同样是以客观数据的形式反映供应链各环节的资源消耗情况（但注意：该部分的资源即能够产生碳排放的资源，无关碳排放的资源并不作考虑）。通过对各环节各种资源消耗情况的比较分析，并以图表的形式反映数据统计结果，从资源的角度评价碳排放情况，进而提出节约资源的减排措施。

3. 环境成本

本书在供应链碳排放评价体系中引入了从经济角度来考虑的“环境成本”作为评价因子，这对碳排放的评价有了一个新的突破。根据前文的理论陈述，环境成本是指在整个产品的生命周期中为了保护环境而支出的费用和由环境污染造成的损失，这是一个经济性的评价指标，即要从经济的角度考核供应链碳排放水平。

该部分的环境成本特指外部环境成本，因为它与碳排放直接相关。对于这个因素的评价可以反映供应链各环节碳排放的经济负荷情况，而这种经济负荷正是由各种气体排放所影响导致的。同样，先通过对各环节环境成本的分析，再以图表的形式直观地展现数据统计分析结果，最后根据结果对供应链的环境成本进行评价并提出相应的改善措施。

10.3.2　碳排放评价体系模型

根据前面几小节对供应链碳排放相关内容的研究分析，本书构建了低碳供应链碳排放评价体系模型如图 10-3 所示。

整个碳排放评价体系以低碳供应链作为出发点，依据产品的生命周期理论将供应链的碳排放体系确定为原材料生产、产品生产、运输、消费以及回收这几个环节，然后从社会、环境、经济这些因素出发相应地确定了资源消耗、碳排放量以及环境成本这三个评价因子。在评价阶段，首先是资源消耗、碳排放量以及环境成本这三者之间的单独评价，即通过以图表的形式直观地展现数据统计分析结果，进而依据结果对供应链上各环节的资源消耗、碳排放量、环境成本进行评价分析，然后结合三种评价因子对供应链的碳排放进行综合评价，再提出相应的减排措施。

10.3.3　碳排放评价步骤

这个部分主要介绍低碳供应链碳排放的具体评价过程，分成四个环节，依次是碳排放的计量、资源消耗的计量、环境成本的计量以及具体的评价过程。

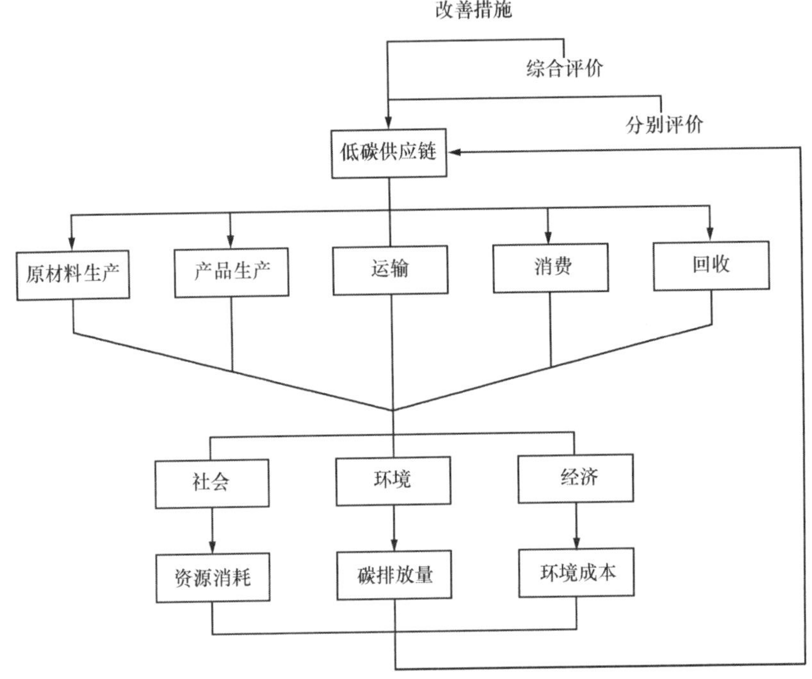

图 10-3　供应链碳排放评价体系模型

1. 碳排放的计量

在供应链碳排放评价的过程中，碳排放是重点也是难点。首先要确定温室气体的排放源，其次就是气体排放的计量，这是评价研究的前奏工作，接下来将对此进行具体详细的解析。

1）国际常见的温室气体排放量的核算方法

国际社会普遍认同影响全球温室气体排放总量的原因主要有以下五种：工业生产过程中的温室气体排放、能源生产与消耗等活动引起的温室气体排放、林业退减与土地利用变化等影响温室气体排放量、农业畜牧业生产过程中的温室气体排放、废弃物处处理产生的温室气体排放。具体排放源如图 10-4 所示。

当前国际上通用的测算温室气体排放量的方法是：排放量＝AD×EF，其中，AD 为特定时期内在特定地区里，人类活动导致的排放或清除的温室气体量，单位为质量、体积或能量单位等；而 EF 为量化每单位活动的气体排放量或清除量的系数。

本书的研究主要针对以制造、工业、能源企业为核心企业的供应链，因此，接下来将描述能源活动、工业生产、废弃物处置三类活动的温室气体排放源和排放量的计算方法。

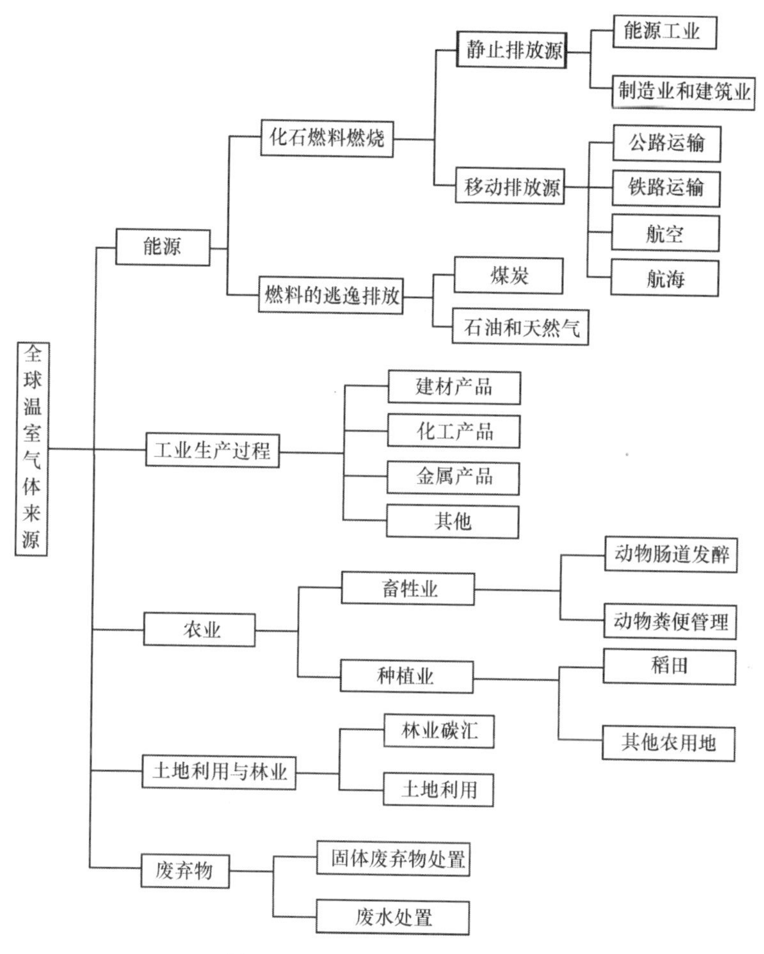

图 10-4　温室气体主要排放源

2）能源活动产生的温室气体排放计量方法

关于能源活动产生的温室气体排放的途径，主要包括以下两个方面：其一是化石燃料在燃烧的过程中会释放出大量的温室气体，并将自身所蕴含的化学能转换成热能，直接被使用，或者是由化学能转换为机械能，用于驱动生产设备和交通运输；其二则是化石燃料在开采、运输、加工等过程中会释放一些温室气体，被称为燃料的逃逸排放。能源活动的温室气体排放源具体如图 10-5 所示。

对于化石燃料燃烧所产生的温室气体排放量的基本测算方法是：排放量＝AD×EF，其中，AD 为能源耗用量（首先要明确能源是作为燃料使用还是作为原料使用），其相关数据可从国家能源统计资料上获得；EF 则与燃料本身的含碳量、设备工艺以及氧化率等相关。但是，温室气体类型的不同也造成了决定 EF 的因素还是存在略微差别的。例如，二氧化碳的 EF 就主要取决于燃料的含碳

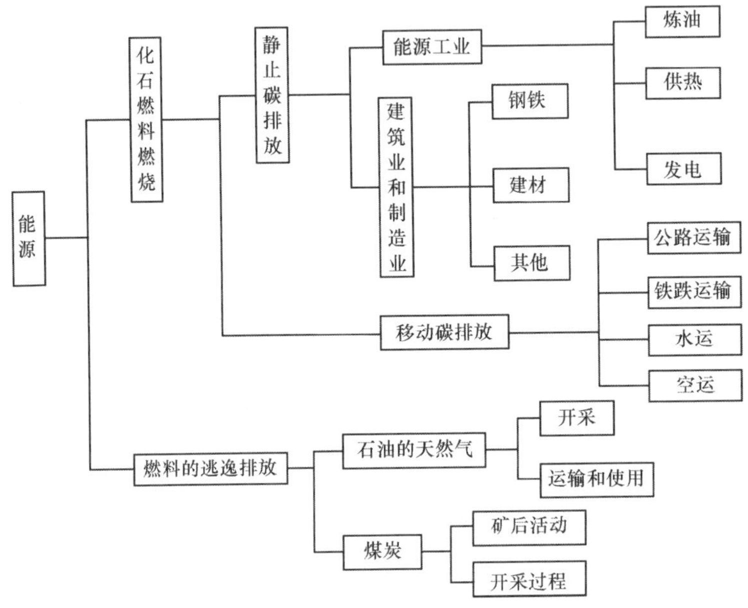

图 10-5　能源活动的温室气体排放源

量，所以，只要明确燃烧燃料的含碳量和燃料数量，就能比较精确地估测出二氧化碳的排放量。而氧化亚氮与甲烷的 EF 则主要取决于燃烧技术以及工作条件，所以在测算时具有一定的不确定性。但是从总体上而言，化石燃料燃烧产生的温室气体排放量都可以用式（10-1）来表示。

$$Q = \sum_{i,\ j,\ k} \mathrm{AD}_{i,\ j,\ k} \times \mathrm{EF}_{i,\ j,\ k} \qquad (10\text{-}1)$$

其中，i 为地区、行业；j 为技术、设备；k 为燃料类型；$\mathrm{EF}_{i,\ j,\ k}=C_k \cdot \gamma_{i,\ j,\ k} \cdot 44/12$，$C_k$ 为含碳量，$\gamma_{i,\ j,\ k}$ 为能源产品氧化率。

但面对估算化石燃料的逃逸排放时则不能采用式（10-1），因为这种逃逸排放与化石燃料的燃烧存在着本质上的差异，化石燃料直接向大气中扩散，因此很难进行直接监测。此外，依据排放源类型的差异，所采用的方法也不尽相同。例如，对于天然气和石油设备泄漏溢散排放量的测算一般与设备组件的类型、数量以及维修的类型有关，而对于煤矿开采时的逃逸排放测算则和煤层的地质特性相关联。所以说，关于计算标准并没有统一的说法，要视具体情况而定，在本书的研究中不对逃逸碳排放进行核算。

3）工业生产过程中温室气体排放计量方法

温室气体排放产生于各类的工业活动中，本部分的研究主要针对工业生产过程中非能源使用而产生的温室气体排放。这一类别的主要排放源是在生产加工过程中，如原材料发生物理或化学变化时释放温室气体（例如，在生产汽车轮胎的过程中，原材料由于受热软化变形，就会释放出大量的二氧化碳)。在这些过程中，可能会产生许多不同的温室气体，包括二氧化碳、甲烷、氧化亚氮等。此外，温室气体还经常产生于溶胶罐、泡沫以及冰箱等的生产和使用中。工业生产过程中的温室气体排放源具体如图 10-6 所示。

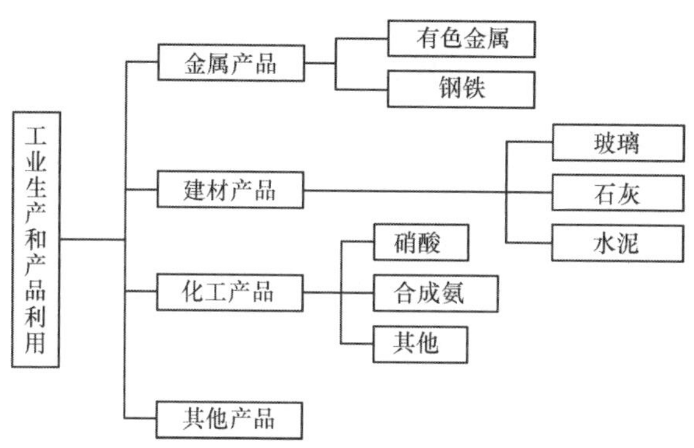

图 10-6 工业生产时温室气体排放源

以上各类活动的温室气体排放量的基本测算方法同样也是：排放量＝AD×EF。但由于各行业都存在着自身的特性，对于活动水平和排放因子的选择也存在着很大的差异性，具体如何选择可以参见《2006 年 IPCC 国家温室气体清单指南》。

4）废弃物处置温室气体排放量计算方法

温室气体的排放源在废弃物处理领域主要包含以下几种情况：废弃物焚烧二氧化碳排放的排放，废弃物填埋处理的甲烷排放以及生活污水、工业废水处理的二氧化碳、甲烷、氧化亚氮的排放。以下是针对不同情况下温室气体排放的计量方法。

(1) 废弃物燃烧处理二氧化碳排放计量。对于固体废弃物燃烧处理的二氧化碳排放的计量一般依据式 (10-2)：

$$CO_2\ 排放量 = SW_i \cdot dm_i \cdot CF_i \cdot FCF_i \cdot OF_i \cdot 44/12 \qquad (10\text{-}2)$$

其中，CO_2 排放量为计量当年固体废弃物 i 燃烧处理的 CO_2 排放量，如果计算总的固体废弃物燃烧排放量的话，则是各种废弃物燃烧排放的加总，单位为千克；SW_i 为燃烧的固体废弃物类型 i 的总重(湿重)，单位为千克；dm_i 为燃烧的固体废弃物中干物质含量(湿重)，单位为 %；CF_i 为干物质中的碳比例(总的碳含量)，单位为 %；FCF_i 为矿物碳在碳的总含量中的比例，单位为%；OF_i 为氧化因子；44/12 为从 C 到 CO_2 的转换因子。

(2) 固体废弃物填埋处理甲烷排放计量。单个年份固体废弃物处理产生的甲烷排放可用式 (10-3) 进行估算：

$$CH_4\ 排放量 = A \cdot k \cdot MSW_T \cdot MSW_F \cdot L_0 \qquad (10\text{-}3)$$

其中，$A=(1-e-k)/k$ 为修正问题的归一化因子；k 为甲烷产生率常数；MSW_T 为计量当年的固体废弃物产生量(单位为 Gg)；MSW_F 为计量当年城市固体废弃物填埋率，单位为 %；L_0 为甲烷生产潜力，具体如下。

$$L_0=[MCF\times DOC\times DOC_F\times F\times 16/12] \tag{10-4}$$

其中，MCF 为计量当年的甲烷修正因子；DOC 为计量当年的可降解有机碳 (dissolved organic carbon，DOC) 比例 (Gg C/ Gg 废弃物)；DOC_F 为可降解有机碳的分解比例；F 为甲烷与垃圾填埋气体的体积比（缺省值为 0.5)；16/12 为碳转化为甲烷的系数。

(3) 工业废水/生活污水处置氧化亚氮排放计量。

$$N_2O_{PLANTS}=P\cdot T_{PLANTS}\cdot F_{IND\text{-}COM}\cdot EF_{PLANTS} \tag{10-5}$$

其中，N_2O_{PLANTS}为计量当年工厂的 N_2O 年排放总量值，单位为千克 N_2O/年；P 为工厂人员总数；T_{PLANTS}为废水集中处理厂的废水处理率，单位为%；$F_{IND\text{-}COM}$ 为共同排放的工业和商业蛋白质的比例，缺省值为 1.25；EF_{PLANTS}为氧化亚氮排放因子，单位为克 N_2O/（人·年)，缺省值为 3.2 克 N_2O/（人·年)。

(4) 工业废水处理甲烷排放计量。工业废水处理时甲烷气体的排放量计算公式如下：

$$CH_4\ 排放量=(TOW_i-S_i)EF_i-R_i \tag{10-6}$$

其中，CH_4 排放量为计量当年的 CH_4 排放量，单位为千克 CH_4/年；TOW_i为计量当年来自工业部门 i 的废水中可降解的有机材料总量，单位是千克有机材料/年；i 为工业部门；S_i为计量当年以当做污泥而清除的有机成分，单位为千克有机成分/年；EF_i为工业部门 i 的排放因子，单位为千克 CH_4/千克化学需氧量 (chemical oxygen demand，COD)；R_i为计量当年回收的 CH_4 量，单位为千克 CH_4/年（刘思华，2002)。

在对碳排放进行评价的时候，由于涉及三种温室气体——二氧化碳、甲烷和氧化亚氮，为了便于统一分析研究，本书引入了全球增温潜势 (global warming potential，GWP) 这一概念，即某一给定物质在一定时间积分范围内与二氧化碳相比而得到的相对辐射影响值，如表 10-2 所示。

表 10-2 三种气体全球增温潜势

气体名称	化学分子式	GWP
二氧化碳	CO_2	1
甲烷	CH_4	21
氧化亚氮	N_2O	310

2. 资源消耗的计量

关于低碳供应链碳排放的评价研究是以产品的生命周期为研究路径，首先建立供应链碳排放体系，再结合其评价因素进行碳排放的评价，而资源消耗正是这几个评价因素中的其中之一。同时，本书在前面进行评价因子分析的时候，已经对资源消耗的种类有所界定，必须剔除无关碳排放的各种资源消耗，即专门针对在资源耗用过程中能够产生碳排放的各类资源。

依据前面建立的供应链碳排放体系，在原材料生产、产品生产、运输、消费、回收处理这条路径中，每个环节都有大量的资源消耗，如电能、化石能源等，因此供应链资源消耗的计量则直接核算各个环节耗用的资源数量就行，因此核算起来相对比较简单。需要强调的是，在回收处理环节上，回收再加工并不属于该产品生命周期的内容，也不属于该条供应链的研究范围；而废弃物处理时，一般常用的方法是进行填埋或者集体燃烧，或者采取某些设备进行处理，但总的来说在这一环节上资源的耗用量相对于其他环节而言完全可以忽略不计。在资源的消耗计量时本书引用了 1990 年全球资源消耗以铁为参照物的当量系数，如表 10-3 所示。

表 10-3 1990 年全球资源消耗以铁为参照物的当量系数

资源名称	当量系数：千克铁/千克物质（千瓦时电能）
油	1.35
煤	0.03
天然气	1.02
木柴	0.04
石灰石	0.82
钢材	3.82
铁	1.00
锌	2 949.26
铜	618.62
电	0.098

3. 环境成本的计量

对供应链碳排放气体引起的外部环境成本的计量，引用了当前比较常用的核算方法——影子价格法，即以各种类的温室气体排放量乘以相应的影子价格，便可以计算出各种温室气体排放所导致的环境成本。事实上，在当前情况下，国际上有很多学者对污染气体的影子价格做了研究，基于各种不同的条件影响，研究结果有较大的出入，但无论如何，各种研究结果肯定与实际情况在一定程度上相符，因此，影子价格的方法还是值得引用的。在本书的研究范围中，温室气体具体指二氧化碳、甲烷以及氧化亚氮三种气体。通过对各种相关文献的查找以及结合本书的研究需求，表 10-4 中所列即为三种气体的影子价格，在此我们选用了

2012 年美元对人民币的汇率为 6.2829，具体情况如表 10-4 所示。

表 10-4 三种温室气体的影子价格

温室气体	单价/（美元/吨）	单价/（元/吨）
CO_2	1.76	11.06
CH_4	45.00	282.73
N_2O	833.00	5 233.66

4. 评价内容

低碳供应链碳排放的评价阶段，首先要获得三组具体的数据，即资源消耗量、碳排放量以及气体排放成本，三者的计算方法在上文中已经给出。需要说明的是，目前，国内外尚未公布出一系列的各行业供应链的碳排放标准，因此，本书对低碳供应链碳排放的评价是基于对供应链内部碳排放各环节的比较分析研究，确定各环节以及供应链整体的碳排放情况，并为低碳供应链管理提供更多更好决策意见。所以，本书在评价部分首先是通过资源消耗量、碳排放量以及气体排放的环境成本来具体分析供应链的各个碳排放环节的情况，最后对基于三种不同视角情况下的评价结果进行综合分析，得出更全面、更具体的供应链碳排放的评价结果。

第 11 章　低碳供应链碳排放评价体系实证运用——以燃煤发电供应链为例

11.1　案例企业基本概况

本章将以云南省昆明 YZH 电厂以及其中一家煤炭供应单位云南省 XLT 煤矿的煤电生产作为案例探讨对象。依据第 10 章构建的供应链碳排放评价体系，对该燃煤发电供应链的碳排放情况进行评价，即分析整个供应链以及供应链各环节碳排放的情况并找出碳排放的严重环节和造成的原因，为低碳供应链的实施与管理提供更直接与明确的指导意见。

依据所选案例的实际情况，该案例中的企业并没有涉及煤炭的洗选环节，结合第 10 章建立的供应链碳排放评价体系，将燃煤发电供应链分为以下各环节：煤炭的开采、煤炭的运输、燃煤发电、废弃物处理。需要说明的是以上各环节中并没用电能的消费环节，这是因为煤电供应链不同于其他制造行业、能源行业供应链，其消费环节（即电能的消耗）的碳排放等值于生产碳排放，所以不需要重复考虑。

11.1.1　煤炭开采企业的基本情况

云南省 XLT 煤矿属国有大型露天煤矿，地处云南省红河州开远市北郊，与云南省会昆明直线距离约为 150 千米，1953 年建矿，其褐煤资源储量达 10.93 亿吨，是云南省最大的煤炭生产基地，在国内首家采用具有世界先进水平的斗轮挖掘机、胶带运输机、排土机连续开采工艺，即先通过斗轮挖掘机将覆盖在矿体表面的土石剥离，自上而下把矿体分为若干梯段，同时通过排土机将剥离出来的土石运到矿区外，挖掘出来的煤炭再通过胶带运输机输送到固定地点的破碎车间，之后通过该作业车间的破碎处理，将原来大小不一的煤块筛分成±50 毫米分级的颗粒，从而省去了煤炭的洗选环节。XLT 煤矿年产煤从 2002 年的 535.74 万吨发展到 2009 年的 1300.74 万吨，为云南省的工业、能源业的发展做出了巨大贡献。

11.1.2　煤炭运输的基本情况

煤炭从红河州开远市 XLT 煤矿开采出来后再运到昆明市宜良县 YZH 发电厂，采取的运输方式是铁路运输，主要使用的是昆河铁路路线，从小龙潭站到

YZH 电厂煤炭货运铁路专线，全程运输距离约 225 千米，运煤列车主要为内燃机车，以柴油作为燃料。

图 11-1 为煤炭的运输线路。

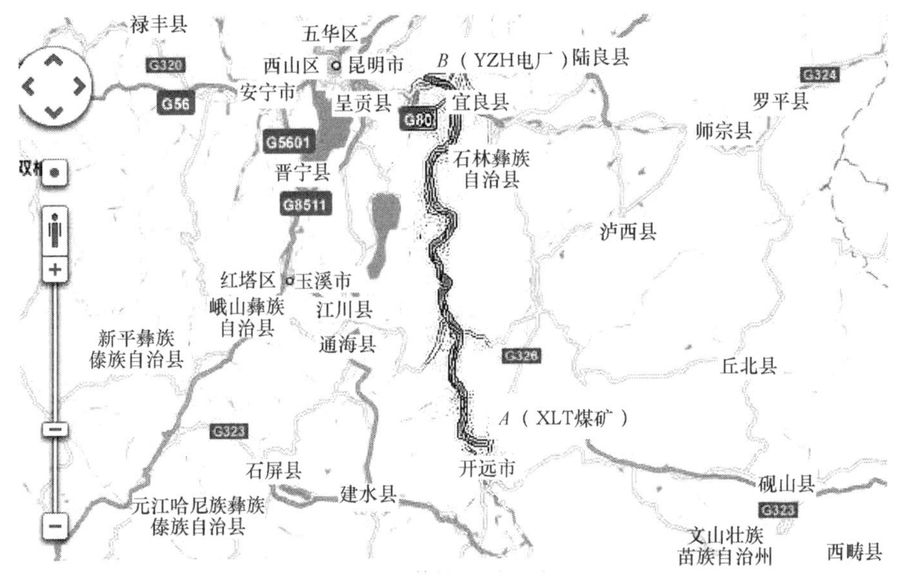

图 11-1 燃煤的运输路径

11.1.3 燃煤发电厂的基本情况

YZH 发电厂位于昆明东南 36 千米处的宜良县汤池镇，北有安石公路、南昆铁路通过，南临风景秀丽的高原湖泊阳宗海，附近有可保、凤鸣煤矿，属近水靠煤、交通便利、条件较好的坑口火电厂，目前总装机容量为 100 万千瓦（2×200 兆瓦机组和 2×300 兆瓦机组），在职员工 885 人，是云南省主力火力发电企业之一。该电厂所需原煤主要由附近的各大乡镇煤矿以及外省各大煤矿供应。截止到 2009 年年末，电厂年发电量首次突破 50 亿千瓦时大关，累计发电达 340 亿千瓦时。电厂采用亚临界发电机组，主要使用褐煤，2009 年发电耗煤量达到 423.73 万吨。公司采用直流冷却方式，补给水源来自于阳宗海。电厂最后产生的固体废弃物脱硫石膏、灰渣、粉煤灰等部分作填埋处理，部分先作储存，最终全部运至附近水泥厂，用于水泥生产。而工业废水和生活污水则是经过相关手段的处理，再排放。

电厂的生产工艺流程为：原煤通过铁路或者公路运到电厂贮煤场，再通过皮带输送机送到主厂房原煤煤斗，经过制粉系统制成煤粉，然后被热风送入锅炉燃烧，用锅炉把水加热成高温高压的蒸汽送入汽轮机进行做功，汽轮机带动发电机进行发电。电能经过升压站接入电网，供给用户使用。汽轮机乏汽被送入凝汽器凝结成水，再经过处理送回锅炉循环使用，升温后的循环冷却水通过冷却塔降温后循环使用。煤粉燃烧后产生的烟气经过脱销装置、静电除尘器、脱硫装置处理后由烟囱排入大气。除尘器收集的干灰被储入干灰库，可以直接向综合利用用户提供干灰，若暂不综合利用，多余的干灰可以用汽车输送方式运至灰场储存。锅炉排出的炉渣经过刮板捞渣机连续捞出，排至炉渣仓暂存。生产过程中产生的工业废水和生活污水，经过相关处理达到排放标准后再外排。

发电厂生产工艺流程图如图 11-2 所示。

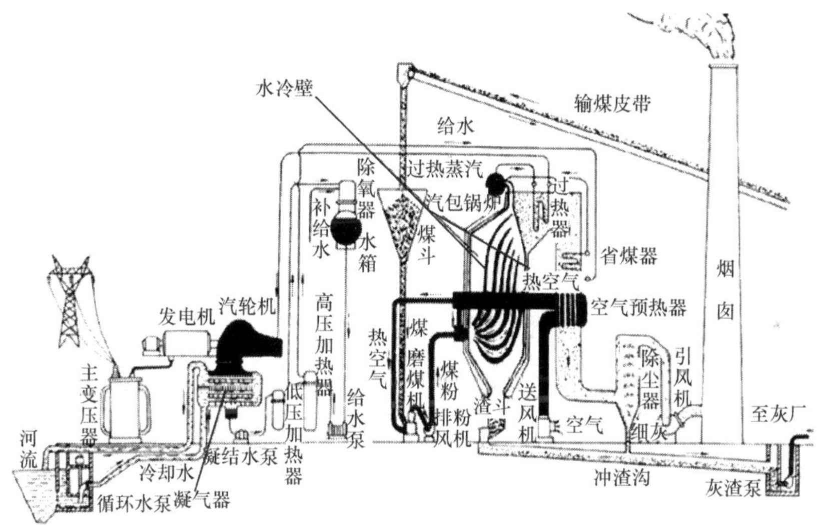

图 11-2　燃煤发电厂生产工艺流程图

11.2　数据的收集与计算

11.2.1　资料的收集

本书在案例的数据收集阶段选取了 2009 年 XLT 煤矿与 YZH 电厂相关的生产数据信息。依据燃煤发电生命周期的不同阶段，从煤炭的开采、煤炭的运输、燃煤发电到最后的废弃物处理主要收集以上各阶段的资源消耗数据，而对碳排放量以及碳排放环境成本的相关数据则是通过计算得出的。对于有些缺失的、不可测的或者在企业相关生产信息中没有涉及的数据，可以依据研究范围与研究目的参照其他的相关资料以及标准、年鉴或者同等规模的其他燃煤发电企业，从而获取或者估算出最合理、最接近实际的数值作为补充。

通过参考相关文献、专家咨询以及企业调研，本书对燃煤发电的生命周期内资源消耗的种类、气体排放等情况做了如下说明（与碳排放直接相关，不考虑无关碳排放的资源种类）。

1. 煤炭的开采

煤炭的开采是整个燃煤发电的重要组成部分也是最基础的部分，该阶段为后续的燃煤发电提供最重要的原材料——煤炭。有关数据显示，我国共有国有煤矿2284处，露天开采煤炭产量占不到5%，井工开采产量占95%以上。本书的案例煤矿便是采用露天开采模式。

这一阶段主要消耗了煤、电、柴油、汽油。因为是露天开采，相对于井工开采而言，没有瓦斯（主要成分为 CH_4），但在煤炭开采过程中消耗了煤、电、柴油、汽油等资源，同时爆破、煤炭自燃以及粉尘都会产生废气，含量最多的便是 CO_2、CH_4 和 N_2O 这三种气体。煤炭在开采过程中，会产生大量的废弃物，包括固体废物（煤矸石、锅炉灰渣、生活固体垃圾）、生活用水以及工业用水。

2. 煤炭的运输

本书中的煤炭运输途径是公路运输与铁路运输相结合的方式，都是采用燃油机车，消耗的能源为柴油，因此也带来了废气的排放。

3. 燃煤发电

燃煤发电的过程在整个供应链中对环境影响还是比较大的，除了消耗大量的煤炭和电能以外，脱硫阶段也要耗费很多石灰石。这一生产过程中产生的废弃物有工业用水、生活垃圾、煤渣、粉煤灰以及脱硫产生的石膏。

4. 废弃物处理

废弃物的处理阶段一般是消耗电能，通过相关的手段对固体、液体废弃物进行一些处理后再外排。

本书的研究内容如表 11-1 所示。

表 11-1 研究内容

研究内容	煤炭的开采	煤炭的运输	燃煤发电	废弃物处理
资源消耗	煤、电、柴油、汽油、硝酸铵	柴油	煤炭、电、石灰石	电
废弃物	煤矸石、锅炉灰渣、生活垃圾以及工业用水		工业废水、生活垃圾、煤渣、粉煤灰、石膏	
碳排放	CO_2、CH_4、N_2O			

11.2.2 数据的整理

调取煤矿与电厂等2009年的相关数据，由于部分较详细的数据难以获取，我们且认为YZH电厂的发电用煤全部由XLT煤矿供应，而不存在多方煤矿供应燃煤的情况。

1. 煤炭的开采环节

1）资源消耗

一般来讲，露天开采包括四个主要环节：穿、采、运、排。就是穿孔爆破、采掘、运输、排土，有时还得疏干排水，开采完以后还得考虑环境治理。整个阶段主要消耗了大量的电、煤炭、柴油、汽油、硝酸铵。

需要强调的是由于中国的露天煤矿数量极少，相关数据获取难度比较大，同时也缺乏一定的精确性，本书的这一部分数据是通过其他相关规模的露天煤矿部分数据再结合 XLT 煤矿开采的实际数据进行相应计算调整得出。硝酸铵的用量是依据 Sidney 在 1976 年对某年产 440 万吨的露天煤矿调查得出的每年每百万吨煤消耗 207 万千克的硝酸铵计算出来的。

表 11-2 是煤炭开采环节（针对供应给 YZH 电厂的部分耗煤量）的资源消耗情况。

表 11-2　煤炭开采环节的资源消耗

资源消耗种类	单位	供应链内资源消耗量	铁的当量消耗
电	千瓦·时	7.915×10^{7}	7.7567×10^{6}
煤炭	千克	3.114×10^{7}	9.342×10^{5}
柴油	千克	0.979×10^{6}	1.3216×10^{6}
汽油	千克	0.138×10^{7}	1.863×10^{6}
硝酸铵	千克	0.877×10^{7}	0

2）碳排放

在煤炭的开采环节，涉及大量的固体废弃物与液体废弃物，最主要的有煤矸石、锅炉灰渣、生活垃圾以及工业用水。工业用水这一部分废弃物主要是指生活污水、场地生产污水以及煤矸石洗淋液等，排放量为 870.5 立方米/天。由于露天采煤受天气的影响极大，每天的工作时间以及每年的工作日波动比较大，本书取每年有 310 天。煤炭开采环节的废弃物排放量如表 11-3 所示。

表 11-3　煤炭开采环节的废弃物

废弃物种类	单位	供应链内排放量
煤矸石	千克	12.4×10^{7}
锅炉灰渣	千克	27.9×10^{5}
工业用水	立方米	87.9×10^{3}
生活垃圾	千克	10.7×10^{4}

这些废弃物必须经过处理之后才能排放。开采过程中产生的大量煤矸石被运输到有需求的煤矸石电厂和水泥厂作为原材料，而锅炉灰渣则在采完煤后作为采煤坑的填埋物，其无机成分居多，含碳量则相对很少，因此不进行碳排放量的计算。

通过运用第 10 章提到的废弃物碳排放相关的计算公式以及企业的数据资料，并结合《2006 年 IPCC 国家温室气体清单指南》，以及相应文献提供的缺省值，得到计算结果如下所示。

工业废水处理氧化亚氮排放量：$N_2O_{PLANTS}=P\cdot T_{PLANTS}\cdot F_{IND\text{-}COM}\cdot EF_{PLANTS}=1300\times 85\%\times 1.25\times 3.2=4420$（克），约合 4.42 千克，则供应链内排放量为 1.44 千克。

工业废水处理甲烷排放量＝（$87.9\times 10^3\times 3-0$）$\times 0.6-0=158220$（千克）（此处默认了作污泥而清除的有机成分以及当年回收的 CH_4 量为 0）。

案例企业在日常运作中产生的生活固体垃圾主要是通过先集中收集后再作燃烧处理，由于考虑到是充分燃烧，主要产生的是 CO_2。需要强调的是目前国内外关于固体生活垃圾燃烧的氧化亚氮排放缺乏相应的计算方法与数据，本书在此不进行讨论。

在计算生活垃圾燃烧的温室气体排放时，由于生活垃圾类型繁多，其相应的数据值选取区别很大，表 11-4 中的数据值来源于《2006 年 IPCC 国家温室气体清单指南——第五卷·废弃物》。

表 11-4　不同废弃物成分缺省的干物质含量、DOC 含量和总碳含量的比例

固体废弃物成分	干物质含量占湿重的比例/%	DOC 含量占湿废弃物的比例/%		DOC 含量占干废弃物的比例/%		总碳含量占干重的比例/%		化石碳比例占总碳的比例/%	
	缺省	缺省	范围	缺省	范围	缺省	范围	缺省	范围
纸张/纸板	90	40	36～45	44	40～50	46	42～50	1	0～5
纺织品	80	24	20～40	30	25～50	50	25～50	20	0～50
食物垃圾	40	15	8～20	38	20～50	38	20～50	—	—
木材	85	43	39～46	50	46～54	50	46～54	—	—
橡胶和皮革	84	39	39	47	47	67	67	20	20
塑料	100	—	—	—	—	75	67～85	100	95～100

依据固体生活垃圾燃烧处理的二氧化碳排放的计量公式，需要知道废弃物种类，从而确定公式中各要素的数值，但该生活垃圾不是单种类的，因此依据常用的生活垃圾干物质含量占湿重的比例为 60%，总碳含量占干重的比例为 42%，而矿物碳在总碳含量中的比例为 32%。氧化因子的大小取决于废弃物的燃烧是否充分，比较常用值为 0.8。

CO_2 排放量＝ $SW_i\cdot dm_i\cdot CF_i\cdot FCF_i\cdot OF_i\cdot 44/12=10.7\times 10^4\times 60\%\times$

42％ ×32％ × 0.8 × 44/12 = 2.46 × 10^4（千克）

对于资源消耗产生的碳排放由于受到技术条件、燃料类型、氧化率等的影响，其排放结果差异比较大。依据《2006 年 IPCC 国家温室气体清单指南》提供的各燃料的排放因子等指标，综合废弃物的碳排放得到如表 11-5 所示的碳排放清单。

表 11-5　煤炭开采碳排放

种类	单位	CO_2	CH_4	N_2O
电	千克	11.33×10^7	1120	1683
煤炭	千克	5.26×10^7	520	782
柴油	千克	3.11×10^6	164	164
汽油	千克	4.2×10^6	176	351
硝酸铵	千克	0	0	4.39×10^5
工业用水	千克	0	158.22×10^3	1.44
生活垃圾	千克	2.46×10^4	0	0

注：依据《2006 年 IPCC 国家温室气体清单指南》公布的各燃料耗用的 CO_2、CH_4、N_2O 排放系数，运用公式：排放量=活动水平×排放因子

（1）煤炭（褐煤）：CO_2 排放因子为 1.69 千克 CO_2/千克；CH_4 排放因子为 1.67×10^{-5}千克 CH_4/千克；N_2O 的排放因子为 2.51×10^{-5}千克 N_2O/千克

（2）汽油密度（取 25 摄氏度为温度标准）：0.74 千克/升。CO_2 排放因子：2.26 千克 CO_2/升。CH_4 排放因子：9.42×10^{-5}千克 CH_4/升。N_2O 的排放因子：1.88×10^{-5}千克 N_2O/升（移动源因子）

（3）柴油密度（取 25 摄氏度为温度标准）：0.86 千克/升。CO_2 排放因子：2.73 千克 CO_2/升。CH_4 排放因子：1.44×10^{-4}千克 CH_4/升。N_2O 的排放因子：1.44×10^{-4}千克 N_2O/升（移动源因子）

（4）硝酸铵在温度 400 摄氏度以上时才产生爆炸反应，产生氮气、二氧化氮和水并产生大量的热，在 200 摄氏度左右时才产生氧化亚氮，因此在整个爆炸过程中会产生部分氧化亚氮（理论计算量应用的高温化学方程式：$NH_4NO_3 = N_2O + 2H_2O$），在此依据常见参考值取氧化亚氮在硝酸铵总量中的产生系数为 5％

（5）电能耗用间接产生的排放：据资料统计每千瓦时的电能消耗 0.364 千克标煤，转成褐煤消耗时为 0.847 千克褐煤/千瓦时；再依据褐煤的排放因子计算碳排放

3）环境成本

通过以上碳排放的计量，依据各气体的影子价格，得到如表 11-6 所示的煤炭开采环节的环境成本。

表 11-6　煤炭开采的环境成本

种类	环境成本/元			加总
	CO_2	CH_4	N_2O	
电	1.25×10^6	316.66	8 808.25	125.91×10^4

续表

种类	环境成本/元			加总
	CO_2	CH_4	N_2O	
煤炭	5.82×10^5	147.1	4092.72	58.62×10^4
柴油	3.44×10^4	46.37	858.32	3.53×10^4
汽油	4.65×10^4	49.76	183.70	4.67×10^4
硝酸铵	0	0	229.76×10^4	229.76×10^4
工业用水	0	4.47×10^4	1.44	4.47×10^4
生活垃圾	272	0	7.54	272
加总	191.32×10^4	4.49×10^4	231.15×10^4	426.96×10^4

2. 煤炭的运输环节

1）资源消耗

依据 2010 年中国交通年鉴，2009 年中国的内燃机铁路运输每万吨千米耗用柴油 28.95 升。由于铁路运输全程为 225 千米，且在煤炭运输过程中由于扬撒等原因约有 1%的煤炭逃逸，YZH 电厂全年的用煤量是 423.73 万吨，因此得到如表 11-7 所示的煤炭在运输阶段的资源消耗情况。

表 11-7 煤炭运输资源消耗情况

消耗种类	单位	供应链内实际消耗量	铁的当量消耗
柴油	千克	2.37×10^6	3.199×10^6
煤炭（逃逸量）	千克	4.28×10^7	1.284×10^6

2）碳排放

在本书中对逃逸的煤炭不进行碳排放的计量，因此得到运输过程中柴油的碳排放情况如表 11-8 所示。

表 11-8 煤炭运输碳排放

种类	单位	CO_2	CH_4	N_2O
柴油	千克	7.53×10^6	397	397

3）环境成本

依据各类气体的排放价格，运输环节环境成本如表 11-9 所示。

表 11-9 运输环境成本

种类	环境成本/元			加总
	CO_2	CH_4	N_2O	
柴油	83 281.8	112.24	2 077.76	85 471.8

3. 燃煤发电环节

1）资源消耗

YZH 电厂 2009 年全年消耗煤炭 423.73 万吨，用于脱硫的石灰石是 4.971 万吨，年发电量为 50 亿千瓦时，而实际输出量为 47.9 亿千瓦时，发电厂自用发电量是 2.1 亿千瓦时，表 11-10 为发电厂在发电阶段的资源消耗量。

表 11-10 燃煤发电资源消耗

资源消耗种类	单位	消耗量	铁的当量消耗
煤炭	千克	423.73×10^{7}	12.71×10^{7}
石灰石	千克	4.971×10^{7}	4.076×10^{7}
电	千瓦时	2.1×10^{8}	2.058×10^{7}

2）碳排放

关于煤炭与电的三种气体排放的算法前面已有介绍，而对于石灰石的脱硫碳排放的计量以及石膏的生成必须要弄清楚其工作原理以及脱硫过程。首先是将石灰石（$CaCO_3$）加适量的水溶解制备而成，根据 pH 值和 SO_2 负荷配定的吸收剂直接加入吸收塔。在吸收塔的喷淋区，含石灰石的吸收液自上而下喷洒，而含有二氧化硫的烟气则逆流而上，气液接触过程中，发生如下反应：

$$CaCO_3+SO_2+H_2O=CaSO_3\cdot 1/2H_2O+1/2H_2O+CO_2$$

通过烟气中的氧和亚硫酸氢根的中间过渡反应，部分的亚硫酸钙转化成石膏，化学上称为二水硫酸钙：

$$CaSO_3\cdot 1/2H_2O+SO_2+H_2O=Ca(HSO_3)_2+1/2H_2O$$

$$Ca(HSO_3)_2+1/2O_2+2H_2O=CaSO_4\cdot 2H_2O+SO_2+H_2O$$

因此，在吸收塔浆池的浆液中，既含有石灰石，又含有大量的石膏。一定量的石膏晶体被连续地从浆池中抽出，剩余浆液继续送入喷淋层，通过循环吸收使加入的吸收剂被充分利用，同时也确保石膏晶体的增长。

在此假设所有石灰石均已充分参与了该化学反应，因此由以上的化学方程式我们可以计算理论上的 CO_2 的排放量为 0.219 亿千克，并且不存在 CH_4 以及 N_2O 的排放。因此得到如表 11-11 所示燃煤发电阶段三种气体的排放量。

表 11-11 燃煤发电阶段三种气体的排放量

种类	单位	CO_2	CH_4	N_2O
煤炭	千克	7.16×10^{9}	7.08×10^{4}	10.63×10^{4}
石灰石	千克	2.19×10^{7}	0	0
电	千克	3.01×10^{8}	2 969	4 464

3）环境成本

依据以上计算结果，得到表 11-12 所示的燃煤发电环节的环境成本。

表 11-12 煤炭发电的环境成本

种类	环境成本/元			加总
	CO_2	CH_4	N_2O	
煤炭	13.86×10^7	35.03×10^3	97.35×10^4	13.96×10^7
石灰石	42.38×10^4	0	0	42.38×10^4
电	33.28×10^5	839.63	23 364.37	33.52×10^5
加总	14.24×10^7	35.87×10^3	9.97×10^5	14.34×10^7

4）废弃物回收环节

YZH 电厂发电过程中产生的废弃物主要有脱硫石膏、灰渣、粉煤灰以及工业废水和生活废水，脱硫石膏、灰渣和粉煤灰都是无机废弃物（褐煤无机杂质成分多，同时燃煤发电资源耗用充分，氧化率比较高），因此不进行碳排放的计量研究，这一环节的碳排放主要是由处理工业废水和生活垃圾所产生的。

工业废水是通过相关过滤、沉淀以及厌氧的处理降低水中的有机成分以及毒性，电能的消耗量相对较少。YZH 电厂 2009 年全年产生的工业废水为 425 万立方米，生活垃圾总量为 7.28 万千克，因此废弃物的排放量如表 11-13 所示。

表 11-13 废弃物排放量

种类	单位	数量
工业废水	立方米	4.25×10^6
生活垃圾	千克	7.28×10^4

工业废水 CH_4 排放量为：$(98.5\times10^3\times3-0)\times0.6-0=177300$（千克）。

工业废水处理氧化亚氮排放量：$N_2O_{PLANTS}=P\cdot T_{PLANTS}\cdot F_{IND\text{-}COM}\cdot EF_{PLANTS}=885\times100\%\times1.25\times3.2=3540$（克），约合 3.54 千克。

焚烧生活垃圾得到的 CO_2 排放量为：CO_2 排放量 $=SW_i\cdot dm_i\cdot CF_i\cdot FCF_i\cdot OF_i\cdot44/12=7.28\times10^4\times60\%\times42\%\times32\%\times0.8\times44/12=1.72\times10^4$（千克）；废弃物处理碳排放如表 11-14 所示。

表 11-14 废弃物处理碳排放量

种类	单位	CO_2	CH_4	N_2O
工业废水	千克	0	17.73×10^4	3.54
生活垃圾	千克	1.72×10^4	0	0

以上计算得到废弃处理产生的环境成本如表 11-15 所示。

表 11-15　废弃物处理环境成本

种类	环境成本/元			加总
	CO_2	CH_4	N_2O	
工业废水	0	5.01×10^4	18 527	6.86×10^4
生活垃圾	190.23	0	0	190.23
加总	190.23	5.01×10^4	18 527	6.88×10^4

11.3　XLT-YZH 燃煤发电供应链碳排放评价

11.3.1　综合分析

1. 资源消耗分析

在前面已经整理出了 XLT-YZH 燃煤发电供应链内的资源实际消耗量，为了使各种不用的资源在整个燃煤发电生命周期内具有可比性，把资源消耗转化成等量的铁的消耗，具体情况如图 11-3～图 11-5 所示。

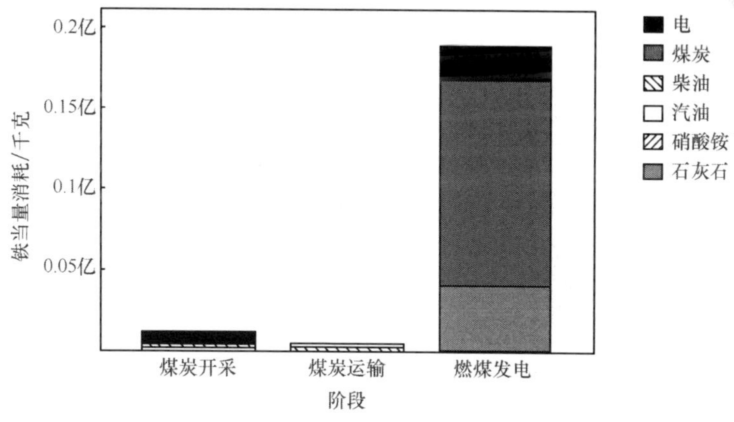

图 11-3　燃煤发电供应链各阶段资源消耗

由图 11-3～图 11-5 可以观察到，在 XLT-YZH 燃煤发电的整个生命周期内，资源消耗最多的阶段是燃煤发电阶段，占总资源的 92.01%，消耗量从多到少依次是煤炭、石灰石和电能；其次是煤炭开采阶段，占总资源的 5.799%，消耗量从多到少依次是电、汽油、柴油与煤炭；柴油消耗占总消耗中的比例也不小，这主要是煤炭的运输距离比较长引起的，而在供应链的资源消耗总量中资源消耗最多的是煤炭、石灰石与电能，各消耗比率占总资源消耗的比率依次为 63.1%，19.9%与 13.8%。

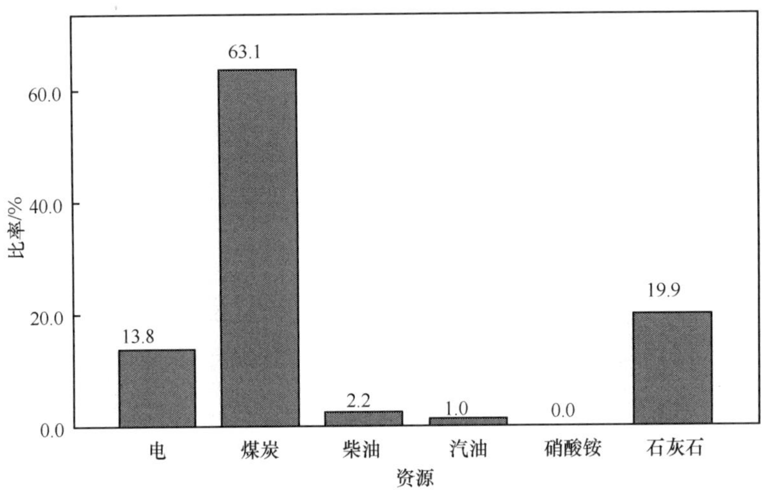

图 11-4　燃煤发电供应链各资源消耗比率

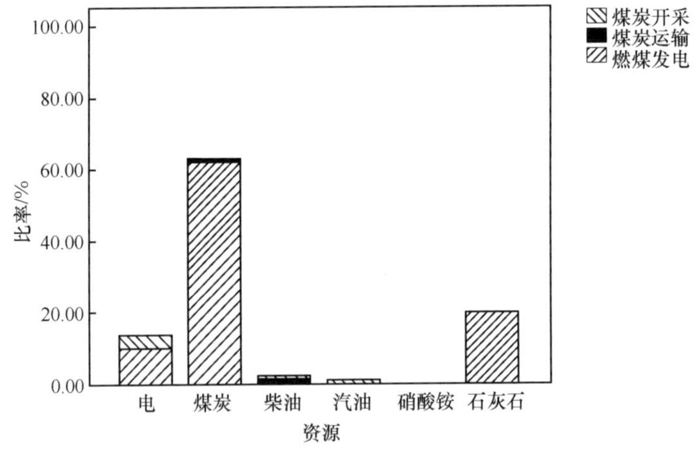

图 11-5　燃煤发电供应链各资源的阶段消耗比率

2. 碳排放分析

同资源消耗的分析相比，在碳排放分析时加入了处于供应链末端的废弃物处理阶段，同时引用了增温潜势这一概念，将非二氧化碳气体转化成等量的二氧化碳的排放，具体情况如图 11-6～图 11-8 所示。

由图 11-6～图 11-8 可以观察到，在 XLT-YZH 燃煤发电的整个生命周期内，CO_2 对环境影响程度最大，是影响全球变暖的主要原因，占整个供应链内所有温室气体排放总量的 97.704%，在燃煤发电阶段排放最多，其次在煤炭开采阶段，结合资源消耗量来分析，主要是因为该阶段燃烧了大量的煤炭，其次是消耗了大

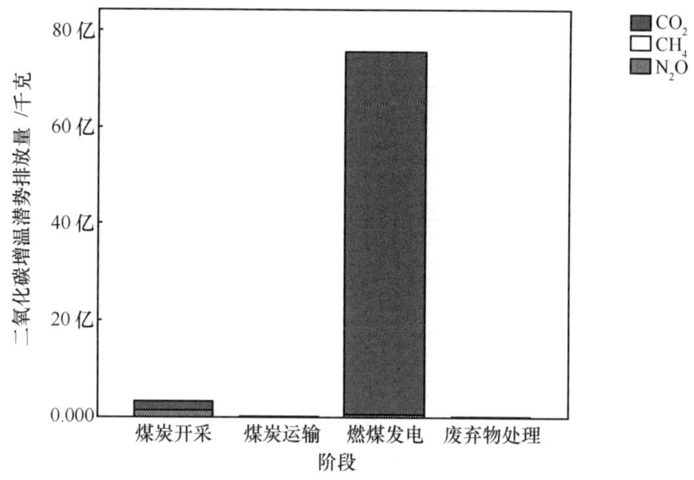

图 11-6　燃煤发电供应链各阶段的二氧化碳增温潜势排放量

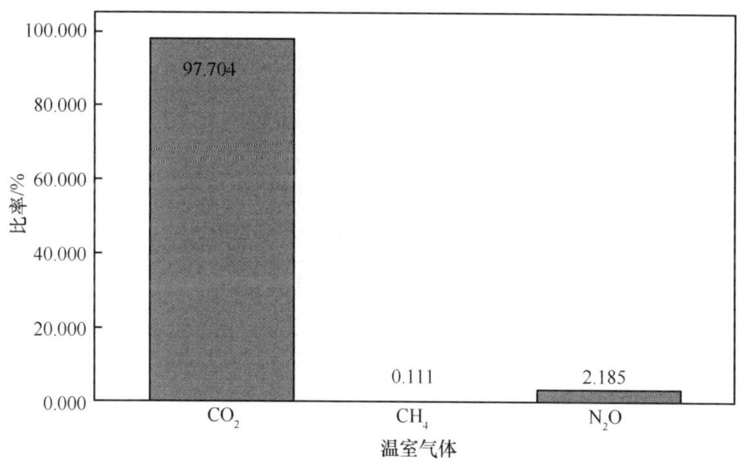

图 11-7　燃煤发电供应链温室气体排放比率

量的电能；同时不容忽视的是 N_2O 的排放，它占总排放量的 2.185%，这主要是在煤炭开采阶段，由于是露天开采，消耗了大量的硝酸铵炸药所产生的。

3. 环境成本分析

碳排放的量直接影响环境成本，但由于各温室气体之间影子价格相差较大，并不能以碳排放量的多少直接判定环境成本的多少，具体情况如图 11-9 和图 11-10 所示。

由图 11-9、图 11-10 可以观察到，在 XLT-YZH 燃煤发电的整个生命周期内，CO_2 引起的环境成本最高，占了总成本的 97.623%，主要产生于燃煤发电

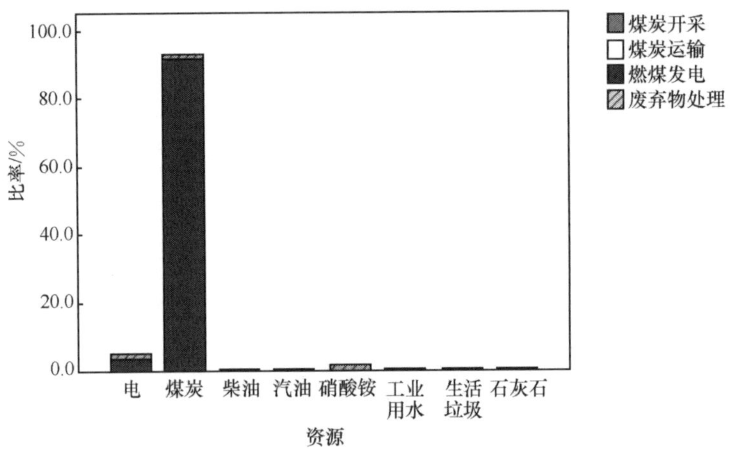

图 11-8　燃煤发电供应链资源各阶段温室气体排放比率

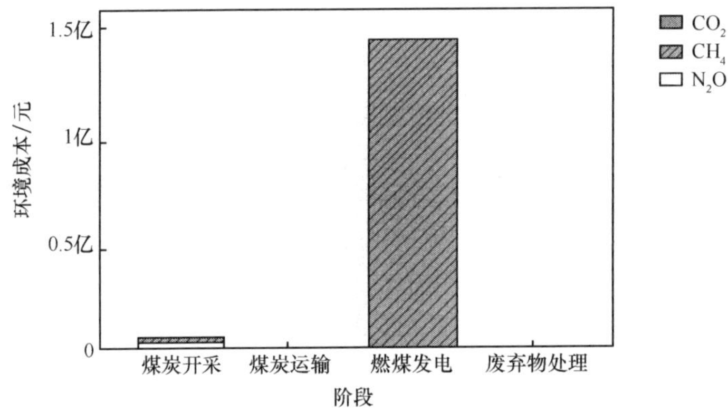

图 11-9　燃煤发电供应链各阶段环境成本

阶段；其次是 N_2O 引起的环境成本，占了总成本的 2.88%，主要发生于煤炭开采环节。

11.3.2　阶段分析

1. 煤炭开采阶段

由以上的柱形图可以观察到（有些具体的数据图形上没有直接显示）在煤炭的开采阶段，资源的消耗占总资源的 5.799%，引起的碳排放占总碳排放的 3.837%，而直接产生的环境成本占总成本的 5.891%；在煤炭开采阶段，资源消耗量从多到少依次是电、汽油、柴油与煤炭，对于硝酸铵这类容易再生的化学资源的消耗不用转化成铁当量的消耗，因此引起的碳排放量依次占该阶段总排放量的 36.312%，1.344%，1.01%与 16.763%，而硝酸铵引起的碳排放则占了煤

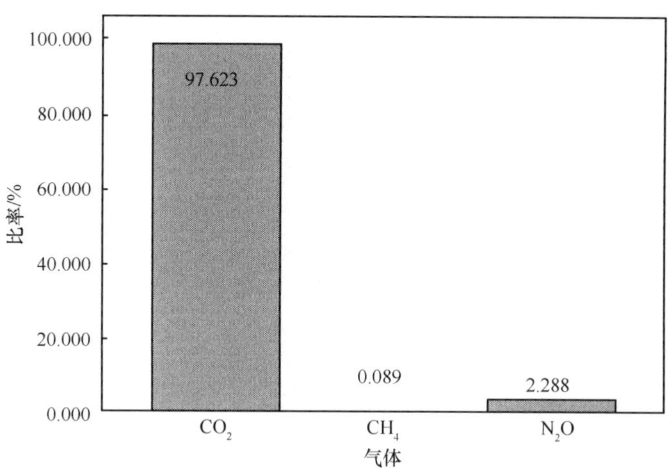

图 11-10　燃煤发电供应链温室气体环境成本比率

炭开采总碳排放的 44.571%；不难得出结论，煤炭开采阶段，电能、煤炭与露天开采用的硝酸铵炸药的耗用量的多少直接影响碳排放量，而由于 N_2O 影子价格远高于其他两种温室气体，硝酸铵的用量或者使用充分程度对环境成本产生的影响最大。

2. 煤炭运输阶段

煤炭的运输阶段消耗了总资源的 2.189%，产生的碳排放占总量的 0.094%，产生的环境成本占总量的 0.058%，主要耗用了柴油与煤炭，煤炭是逃逸排放，目前尚没有相关研究，因此本书也没有进行讨论，但值得注意的是逃逸的部分煤炭作为煤炭开采阶段的产出部分并没有投入到燃煤供应链的产电阶段，它从产出一直到逃逸不仅耗用了大量的资源，还对空气产生了很大的危害。

3. 燃煤发电阶段

燃煤发电阶段的资源消耗占了总量的 92.01%，产生的碳排放占总量的 96.024%，直接产生的环境成本占总成本的 94.004%；在燃煤发电阶段资源消耗量从多到少依次是煤炭、石灰石和电能，其在该阶段的碳排放比例依次为 95.867%，0.279%和 3.854%。因此可以得出结论，燃煤发电阶段消耗了 92.01%的总资源，但却产生了 96.024%的碳排放与 94.004%的环境成本，这是因为该阶段几乎消耗了煤矿开采出的全部煤炭，有大量的三种温室气体排放，同时 N_2O 的影子价格极高，更容易影响环境成本的总比例；该阶段石灰石的消耗占阶段资源消耗总量的 21.631%，引起的碳排放却只占阶段总碳排放的 0.279%，产生的环境成本只占阶段总成本的 0.296%，因此可以得出结论，燃煤发电阶段所需的石灰石用量的多少对碳排放以及环境成本的影响极小。

4. 废弃物处理阶段

废弃物处理阶段消耗的资源相对而言完全可以忽略不计，该阶段的碳排放占了总排放量的0.045%，其造成的环境成本占总成本的0.047%，主要是由生活垃圾以及工业废水处理所引起的；但工业废水处理时产生的甲烷占该阶段总CO_2排放当量的99.54%，因此可以看出在废弃物处理阶段，工业废水的处理对环境的影响最大。

11.4 改进措施

11.4.1 XLT煤矿煤炭开采阶段

从11.3节的分析结果来看，本书认为在煤炭的开采阶段，要从以下几个方面来实施低碳化的管理。

1. 节约资源

1）节约电资源

电能是XLT煤炭开采阶段消耗的主要资源，同时也造成了大量的碳排放以及环境成本。它的使用主要是因为煤矿区的机械设备长时间的运行、矿区人员的日常生活以及正常办公。实际上，在电的使用过程中，只要不影响矿区的正常作业与安全情况，可以选择一些低能耗的设备与工艺，保证煤炭的高效生产；同时，矿区管理人员应该鼓励所有工作人员节约用电、使用节能照明，建立良好的矿区用电制度，尽量降低非生产性电耗。

2）节约物料资源

XLT煤炭开采阶段消耗最多的物料是硝酸铵，因此造成了大量的N_2O的排放，进而从很大程度上影响了该阶段的环境成本。露天开采需要消耗大量的硝酸铵炸药，目前替代性低污染性的炸药尚缺乏，因此只能通过节约来达到降低物耗的效果，即在使用炸药时应该先通过科学精确的计算，避免区域重复性爆破。其次煤炭的消耗也不少，在耗煤过程中应该采取一系列技术措施使得煤炭充分燃烧，达到尽量节约的目的。

2. 降低气体污染

由于煤炭在开采环节产生了大量的温室气体，对周围环境影响比较大，工作人员可以选择在矿区周围大量种植林木，这对降低周围CO_2浓度有着很好的实际作用与意义。同时在这过程中产生了大量的煤矸石，如果不及时进行处理则会排放大量的污染气体及粉尘，同样对周边环境产生很大负面影响。

11.4.2　运输阶段

从开远 XLT 煤矿到宜良 YZH 电厂的这段 225 千米的煤炭运输路线上，造成的碳排放主要是由于铁路运输内燃机消耗的柴油。该阶段消耗的柴油占据了燃煤发电供应链内总柴油用量的绝大部分，因此选用高效率的内燃机车是降低油耗的关键。

同时在煤炭运输过程中有大量的煤炭飘洒逃逸，这种情况不仅浪费了大量的煤炭资源，同时飘浮的粉尘对环境影响也极大，尽量采取有效措施防止或者减少煤炭的逃逸排放。

11.4.3　YZH 发电生产阶段

YZH 电厂燃煤发电阶段是整个供应链内的关键环节，资源消耗最多，碳排放最多，环境成本最大，因此从实施供应链的低碳化管理的角度来讲，从该阶段来采取相应的措施才能更大程度上影响整个供应链的碳排放，因此该阶段是低碳化管理的重点，应采取必要有效的措施进行优化与防治。

1. 节约资源

1） 节约物料资源

在燃煤发电阶段煤炭是最为主要的产电资源，因此急需大量进行投放，在这种情况下就应该增加产出，减少投入。主要是通过改良设备，提高煤炭的燃烧效率；提高发电机组的产电效率。

2） 节约电能

燃煤发电阶段也耗用了大量自身产出的电能，它带来的碳排放以及环境成本同样不容忽视，因此只有从节约电资源的角度出发才能减少碳排放。正如煤炭开采环节节电措施一样，可以选择一些低能耗的设备与工艺，保证煤炭的高效生产；同时，发电厂应该鼓励所有工作人员节约用电、使用节能照明，建立良好的电厂用电制度，尽量降低非生产性电耗，杜绝一切的人为浪费。

2. 减少废弃物的产生

燃煤发电环节产生了大量的工业废水，这阶段的废水排放量直接影响废弃物处理阶段的碳排放量，因此在本阶段要同样做好相应的预防与减排措施。

对于循环水泵的润滑用水，以及各类辅机器的冷却用水等，首先应该定时定期回收后排入蓄水池，再循环补充继续发挥以上的用途；通过化学方法处理产生的废水又可以排到循环用水池被重新利用；脱硫阶段会产生大量的废水，通过简单处理后可以作为加湿燃煤灰渣。

11.4.4 废弃处理阶段

处于煤电产品生命周期末端的废弃物处理阶段，主要的废弃物是生活垃圾以及工业用水，但工业用水处理所产生的碳排放占绝大比例（主要排放 CH_4 气体），因此可以看出工业废水中生化需氧量（Biochemical oxygen demand，BOD）的含量在很大程度上取决于燃煤发电过程中煤炭燃烧的充分程度，因此提高产电设备的耗能效率对工业废水中的碳排放有直接的影响。

第 12 章　低碳供应链背景下的供应商选择评价

12.1　供应商选择评价指标体系研究

12.1.1　国外关于供应商选择评价指标体系的研究

对供应商选择评价指标体系研究最早、影响最大的是迪克森（Dickson，1966），他通过分析 170 份针对采购代理人和采购经理的调查结果得到了表 12-1 所示的 23 项供应商评价指标。迪克森认为影响供应商选择的一个“极端重要”因素是质量；“相当重要”的是交货、历史效益等 7 个因素；“一般重要”的是遵循报价程序、沟通系统等 14 个因素；“稍微重要”的因素是往来安排。

表 12-1　迪克森的供应商选择标准

排序	准则	均值	评价
1	质量	3.53	极端重要
2	交货	3.42	相当重要
3	历史效益	3.00	相当重要
4	保证	2.84	相当重要
5	生产设施/能力	2.78	相当重要
6	价格	2.67	相当重要
7	技术能力	2.55	相当重要
8	财务状况	2.51	相当重要
9	遵循报价程序	2.49	一般重要
10	沟通系统	2.43	一般重要
11	美誉度	2.41	一般重要
12	业务预期	2.26	一般重要
13	管理与组织	2.22	一般重要
14	操作控制	2.21	一般重要
15	维修服务	2.19	一般重要
16	态度	2.12	一般重要
17	形象	2.05	一般重要
18	包装能力	2.01	一般重要

续表

排序	准则	均值	评价
19	劳动关系记录	2.00	一般重要
20	地理位置	1.78	一般重要
21	以往业务量	1.00	一般重要
22	培训	1.54	一般重要
23	往来安排	0.62	稍微重要

自迪克森之后，许多学者也对供应商选择评价体系进行了广泛深入的研究。Weber 等（1991）综述了 74 篇有关供应商选择的文献，指出价格是讨论最多的一项指标，其次为交货、质量、生产设施/能力、地理位置、技术能力、管理与组织等。Willis 等（1993）根据评价 JIT 生产模式下企业业绩的需要，提出了与其要求相适应的供应商评价属性因素。具体包括质量、价格、对特殊订货的反应速度、交货业绩、对顾客问题的处理速度、存货计划、财务状况、订货的方便性等。Min（1994）对跨国供应商的选择进行了研究，并根据其特点提出了七项评价指标，即财务条件、质量保证、感知的风险、服务业绩、供求关系、文化交流障碍、贸易限制等。Patton（1996）提出了供应商选择评价的七项准则，分别是价格、品质、交货期、销售支援、设备与技术、订购情形以及财务状况。Hatherall（1998）对制药业的调查研究显示，经常用于供应商选择评价的指标有八项，按重要性顺序依次为质量、价格、维修服务、技术能力、财务状况、地理位置、美誉度和往来安排。Yahya 等（1999）通过对 16 位富有经验的经理和主管的调查，得出了与 Dickson 类似的结论，发现了供应商评估中存在很多相似的指标。

在早期的供应商选择评价指标体系的研究中，几乎没有涉及环境因素，随着环保法律法规日益增多，以及消费者环保意识不断增强，越来越多的企业把环境因素整合到企业的发展战略和日常的生产运营中。这样对供应商在环保方面的要求也就相应提高了，许多学者也把环保因素加入到对供应商选择评价体系中。Nagel（1996）较早地提出在供应商的评选中加入环境质量因素，在供应商资格审查阶段加入环境监控及改善的绩效评估，从环境角度出发探讨绿色采购。Gabriel 等学者认为环境化设计及环境意识产品是公司对环境管理的重要方案，因此在描述 IBM 的远景时提倡“供应商环境教育方案”，使供应商在合作时能对环境负责，且进行环境绩效评估。Steve（1998）对供应商的绿色环境绩效进行了评估，将产品生产过程中对环境的影响分为投入和产出两部分，投入部分指标包括能源使用、包装材料使用、原料使用及附属化合物使用等；产出部分指标包括气体排放及弃物产生等。Zhu 等（2001）认为绿色采购及绿色供应商选取会对大中型企业造成较大影响，因此对 28 个公司访查结果用多变量分析得到主要绿色供应商评选标准。

12.1.2　国内关于供应商选择评价指标体系的研究

从国内研究的状况来看，早期对于供应商选择评价的问题研究较少，且多集中于评价准则的研究。进入 20 世纪 90 年代以后，逐渐出现了一些先进制造技术和管理思想，如敏捷制造、动态联盟、集成化供应链等，这都充分体现了一种观念的转变，即主体企业、供应企业、客户或最终用户三者之间由传统的交易关系，转变成利益相关的伙伴关系。因此，供应商评价与选择问题就变得越发重要了，并得到了学术界和企业界越来越多的关注。国内学者研究的主流是评价指标体系的建立和评价方法的研究，同时也包括一些实证方面的研究。

比较有代表性的是马士华等（2000）设计的包括业务评价、业务结构/生产能力评价、质量系统评估和企业环境评价等四个方面的供应商综合评价指标体系。朱道立等（2002）对集成化管理软件 ERP 的供应商选择做了深入的讨论，指出 ERP 供应商选择由技术特征、费用、用户服务、供应商特征等四组指标组成。朱建军等（2003）对供应商的选择及定购计划分析做了研究，建立了由五项指标所组成的评价体系。即价格、准时供货、服务水平、质量以及供货能力等。盛晋晰（2004）构建了适用于大规模定制下的供应商评估的指标体系，包括生产能力、产品竞争能力、资信、其他因素。

在涉及环境因素方面，刘彬等（2005）为绿色采购模式下的供应商选择决策设计了包含产品的环保设计、清洁技术的有效性、ISO 14001 认证以及当前的环境效率等四项指标构成的评价体系。郭雪松等（2007）从绿色信息、产品信息、服务以及历史合作四个方面进行绿色供应商评价研究，着重突出环保资金使用、绿色认同度、资源回收利用率以及环境影响度和能源消耗度等指标。

12.1.3　供应链环境下的供应商关系管理研究

1. 供应商关系的兴起与变化

管理学界对供应商关系的关注起源于 Forirster（1961）所指出的“牛鞭效应”现象。牛鞭效应是指当市场需求发生波动时，在供应链的每个节点上，市场需求的波动幅度会被逐级放大，而这种放大效应将对整个供应链上的企业产生影响，甚至导致整个供应链的崩溃。20 世纪 80 年代以后，由于市场需求变化频率越来越快，学术界对牛鞭效应问题给予了越来越多的关注。早期供应链理论对于牛鞭效应所引发的企业问题，立足于减少需求的不确定性，改善供应链结构，加强供应链的协调以建立有效的战略联盟，从而弱化牛鞭效应。企业与供应商之间的关系也逐步从大规模范式下的基于市场交易的竞争关系演变为基于长期利益的合作关系。

基于供应链管理理论的逐步发展，供应链环境下的供应商关系与传统的供应商关系也产生了许多不同，主要表现在以下几个方面。

（1）对供应商选择不只是以价格为标准，而是从总体成本出发，更强调总体价值，包括产品、技术、交货、服务等。

（2）从自由竞争、无限制发展供应商数量到有选择地控制供应商数量，从而获得规模优势带来的成本降低。

（3）供应商与客户的产品开发和自己的产品应用进行更充分的信息共享和合作。并充分利用现代信息技术进行及时的信息沟通与交流，建立快速反应的运转机制。

（4）客户的产品质量越来越依赖供应商的质量表现。

（5）客户与供应商建立较长期的合作关系，共同分担风险，并通过长期、稳定的交易来共同分享利益。

传统供应商关系与基于供应链的供应商关系要点进行对比，如表 12-2 所示。

表 12-2　供应商关系的变化

供应商类型	传统的供应商关系	供应链环境下的供应商关系
供应主体	产品	产品、服务、技术等
供应商选择标准	价格	强调总体价值
稳定性	变更频繁	动态稳定
合同性质	短期或一次交易	长期或有合作协议
供应批量	小	大
供应商数量	大量	少而精
供货风险	大	小
信息沟通	少	信息共享
信任	低	高
客户的早期开发	基本不参与	协同开发
质量控制	每次交易均进行	买方认证，供应商负责

2. 供应商关系管理的概念与作用

供应商关系管理（supplier relationship management，SRM）是在供应链管理理论的基础上发展起来的一种处理客户与供应商关系的新理论。它以“双赢”的理念为指导思想，客户与供应商结成长期稳定的互惠互利的合作伙伴关系，共同追求降低供应链的总成本，提高最终客户的产品价值。

供应商关系管理可以定义为：管理评估已经选择的供应商绩效，寻找新的供应商，积累供应商管理经验并确保从供应商伙伴中获利的过程。当企业认识到供应商关系作为参与市场竞争的武器时，供应商关系管理就成为提高供应链竞争力的最重要投资。

根据著名咨询公司 Gartner 的观点，企业采用供应商关系管理能带来以下好处①。

（1）优化供应商关系，企业可以根据供应商的性质，以及其对企业的战略价值，对不同供应商采用不同的策略。

（2）建立竞争优势，并通过合作来快速引入更新、更好、以顾客为中心的解决方案，增加营业能力。

（3）扩展、加强与重要供应商的关系，把供应商集中到企业流程中。

（4）在维持产品质量的前提下，通过降低供应链与运营成本来促进利润提升。

3. 供应商选择的理论基础——供应链战略合作伙伴关系

供应商选择是供应商关系管理的重要组成部分。陈志祥等（2001）认为，战略合作伙伴关系是迄今为止企业间合作关系的最高层次，供应商关系应该是长期的战略伙伴，是更高层次、更广范围和更持久的合作。供应商选择首先必须具有一定水平的信息技术和全球化供应商基础；其次要根据企业的发展战略，在供应商全面质量管理策略、质量体系认证、先进生产技术的使用状况、设计水平、交货及服务水平、成本结构生产柔性以及合作意愿等诸多因素用供应商选择标准进行比较，择优进行；最后，确立合作与否，确定信任度与合作时间长短等。本书以下部分将首先对供应链战略合作伙伴关系的相关理论进行梳理，然后就低碳供应商选择评价的指标体系及选择方法等研究进行总体归纳。

1）价值链理论

价值链理论认为，产品或服务的价值创造过程是在一系列价值链环节中完成的，不同企业在各自的价值链环节上拥有不同的核心专长，相互合作可以在整个价值链上创造更大的价值。

价值链由基本增值活动和辅助性增值活动组成。基本增值活动是指一般意义上的生产经营环节，包括物料储运、生产加工、成品储运、市场营销和售后服务等；辅助性增值活动包括基础工作管理、人力资源管理、科技管理和采购管理等。

在供应链的整个链条中，任何企业都只能在某些环节上拥有优势而不能拥有全部优势。如在产品开发环节就要求有受过高等教育和专业技术的科技人员，而产品装配环节则需要的是大批遵守劳动规则的熟练技术工人。为了达到双赢的协同效应，企业之间要在价值链的优势环节上展开合作，可以使得整体收益最大

① 高德纳咨询公司（Gartner），http：//www. gartner. com。

化，这是建立供应链合作伙伴关系的原动力。

2）委托-代理理论

委托-代理关系是泛指任何一种涉及不对称信息的交易，交易中具有信息优势的一方称为代理人，不具有信息优势的一方称为委托人。委托人想使代理人按其自身的利益选择行动，但委托人不能直接观测到代理人选择了什么行动，能观测的只是一些变量，这些变量由代理人的行动和其他外生的随机因素共同决定，因而最多只是关于代理人行动的不完全信息。

供应链上包括供应商、制造商、分销商、最终消费者。其中提供产品的企业是供方，即代理方；消费产品的企业或个人是需方，即委托方。供应链企业间的需方与供方是一种委托-代理关系，二者因占有的信息不对称而存在委托-代理问题。

供应链上的企业虽然都是以最终消费者的满意为目标，但就自身来说都是独立法人，都追求自身利益的最大化。在与其他企业进行商务往来时，通常会保留某些私有信息以在谈判中获得优势，如产品成本、质量或生产能力等。这样做可能产生两种恶劣的结果：一是供应商本身不具备提供某种产品或服务的能力，却做出错误的质量承诺，而消费者无法正确辨别；二是供应商在签约后采取欺骗行为。基于这种情况，供应链合作伙伴的选择显得尤为重要。

3）伙伴合作评价的必要性博弈分析

根据委托-代理理论，由于存在信息不对称的现象，核心企业如果不对候选合作伙伴进行选择评估就无从知道候选合作伙伴的实际情况，在有多个候选合作伙伴时，候选合作伙伴知道自己的情况，核心企业不知道，但知道其分布函数，博弈矩阵模型如表 12-3 所示。

表 12-3　不进行候选伙伴评价的博弈矩阵模型

企业策略		企业选择	
		选择 Y	不选择 N
企业素质	优 p	$(w_h - c_h,\ f_h - w_h)$	$(-c_h,\ 0)$
	劣 $1-p$	$(w_l - c_l,\ f_l - w_l)$	$(-c_l,\ 0)$

资料来源：孙宝文．2004．供应链伙伴关系研究[D]．北京：中央财经大学

上述模型说明：

(1) 候选企业存在质优者和质劣者两种类型，而核心企业对其不了解，知道质优者的概率为 p，质劣者的概率为 $1-p$。

(2) 质优者对供应链的贡献为 f_h，质劣者对供应链的贡献为 f_l，$f_h > f_l$。候选企业和核心企业都知道 f_h 和 f_l。

(3) 质优者所花费的成本为 c_h，质劣者花费的成本为 c_l，显然 $c_h > c_l$。

(4) 核心企业有两种选择，即选择(Y)和不选择(N)。

(5) 参与供应链给质优者的收益为 w_h，质劣者的收益为 w_l。

当核心企业选择合作伙伴时，因为不了解候选合作伙伴素质的高低，无法预测它们对供应链贡献的大小。这样核心企业只能给它们相同的收益 w，因为企业是追求利润的，w 的大小即为：$w = pw_h + (1-p)w_l$，容易得出 $w_l < w < w_h$。这样只有低素质的企业会接受核心企业的选择，高素质的企业因收益低无法达到其要求而放弃合作。

以上假设只存在高低两种素质的企业，实际上各种素质的企业都存在。核心企业依据其平均素质决定合作伙伴收益的大小，这样素质高于平均水平的企业就不可能接受合作条件。继而核心企业便会根据剩余企业的素质决定其收益水平，从而进一步导致素质高于剩余企业的平均水平的企业也不会接受合作条件。如此反复，最终会导致合作失败。由此可以证明，对候选企业的评价是必要的。

12.2 供应商选择评价方法

供应商选择必须通过一系列的指标，运用科学的方法才能做出最终判断。国内外学者对供应商选择评价方法的研究大致可历经定性方法、定量方法以及定性与定量方法相结合三个阶段。早期的供应商选择方法采用定性方法，它主要是根据采购企业以往的经验以及与供应商的关系进行主观判断。自美国的电气工程师 Harris 首先提出经济订购批量（economic order quantity，EOQ）模型后，Wilson 提出了用同样的公式分析企业库存控制方面各种可能的应用，由此演变为各种扩展的模型。这时，人们采用定量方法来选择供应商，目标是确定采购的经济批量以减少成本。随后，Weber 等通过对文献的分析，得出了供应商选择问题是一个相互冲突的多目标问题的结论。例如，采购价格较低时可能导致产品质量下降以及交付可靠性降低，决策者必须综合考虑这些相互冲突的目标，以选择最适合需要的供应商。此后，供应商选择评价法的研究转向于将定量方法与定性方法相结合。

本书结合供应商选择评价方法所历经的三个阶段和国内外相关文献，对相关方法进行总结概括。

12.2.1 定性方法

(1) 直观判断法。直观判断法是根据征询所得的资料并结合人的分析判断，对供应商进行选择。这种方法是倾听和采纳有经验的采购员的意见，或直接由采购员凭经验做出的判断。因此这种方法简单易行，但主观性太强，最终结果易造成偏差，只能适应于产品的非主要供应商的选择。

(2) 招标法。招标法是由核心企业提出招标条件，各投标供应商进行竞标，最终由核心企业决标，与最有利供应商签订合同或协议的方法。此方法用于采购企业订单数量大、供应商竞争激烈的情况。招标法还分为公开招标和指定竞标。招标法竞争性强，企业能在更广泛的范围内选择合适的供应商，但招标法的手续比较烦琐、历经的时间长，不能适应紧急订货的需要，同时机动性也较差。

(3) 协商选择法。协商选择法是由采购企业选择出条件较为有利的几个供应商，与他们进行协商，最终确定双方都满意的合作伙伴。这种方法主要用于供应商较多、企业难以抉择的情况。由于协商选择法所选择的范围有限，不一定能得到价格最合理、供应条件最有利的来源。但当采购时间紧迫、竞争程度小、订购物资规格和技术条件复杂时，协商选择法比较合适。

12.2.2 定量方法

(1) 采购成本比较法。对于那些质量和交货日期都能满足要求的供应商，在进行选择时就需要通过计算其采购成本来进行比较分析。采购成本一般是售价、采购费用、运输费用等各项支出的总和。采购成本比较法是通过计算分析各个不同供应商的采购成本，选择采购成本较低的供应商的一种方法。这种方法的局限性在于只是单纯地通过成本进行供应商的选择，没有考虑其他因素。如有的供应商可能与企业的战略、文化等相违背。

(2) 成本分析法（activity based costing，ABC）。鲁德霍夫（Roodhooft）和科林斯（Konings）于1996年提出了基于活动的成本分析法，即通过计算供应商的总成本来进行选择。应用此方法需要企业建立广泛的管理会计系统来获取供应商活动和采购项目的相关成本。

12.2.3 定性与定量相结合的方法

1. 层次分析法

美国著名运筹学家萨蒂（Satty）于20世纪70年代提出了定性与定量相结合的层次分析法（analytic hierarchy process，AHP）。Weber等于1991年提出利用层次分析法对供应商进行选择，其原理是根据具有递阶结构的目标、子目标(准则)、约束条件、部门等来评价方案，采用两两比较的方法确定判断矩阵，然后把与判断矩阵的最大特征相对应的特征向量的分量作为相应的系数，最后综合给出各方案的权重（优先程度）。Tam等还把层次分析法运用于电信领域供应商的选择评价中，该方法让评价者对照相应的重要性函数表，给出因素两两比较的重要性等级，因而可靠性高、误差小，特别是在目标（因素）结构复杂且缺乏必要数据时更为适用。不足之处是遇到因素众多、规模较大的问题时，该方法容易出现问题，如判断矩阵难以满足一致性要求，对其进一步分组往往难于进行。

2. 模糊综合评价法

模糊综合评价法是以模糊数学为基础，应用模糊关系合成的原理，将一些边界不清、不易定量的因素定量化，从多个因素对被评价的事物隶属等级状况进行综合性评价的一种方法。将模糊集合论的观点引入供应商的选择评价问题，有利于定性指标的定量化，减少传统供应商选择过程中主观性过多的影响。当然此方法也有一定的局限性，如没有充分考虑到供应商历史数据在当前所起的作用等。许多学者把层次分析法与模糊评价法结合起来，讨论供应商选择问题，如刘彬等（2005）提出了基于一种绿色采购模式下 AHP 赋权的供应商选择模糊综合评价模型。高玉娜（2007）用模糊综合评价法对供应商的绩效进行了评估。

3. 神经网络法

人工神经网络（artifical neural network，ANN）是 20 世纪 80 年代后期迅速发展的一门新兴学科。ANN 具有自适应功能，即根据所提供的历史数据通过学习和训练能找出输入和输出之间的内在联系，从而求得问题的解，具有泛化功能，对干扰或不安全的数据显示了良好的容错能力；具有非线性映射功能，能够很好地实现输入和输出的非线性逼近功能。因此，把这一技术运用于供应链中供应商选择是一个很自然的想法。

4. 遗传算法

遗传算法是 20 世纪 70 年代由霍兰德（Holland）等模拟遗传选择和自然淘汰的生物进化过程的计算模型而发展起来的。该算法将达尔文的“自然选择，适者生存”思想引入串结构，在串之间不断进行有组织而又随机的信息交换，使优者被逐渐保留并加以组合，劣者淘汰，从而产生出更佳的个体。Liao 和 Kuhn 应用遗传算法对单产品模型进行了优化求解，其假设供应商在订货点及时供货，以退货率、供应延时率和总成本最低为目标。Shiromaru（2000）通过把模糊理论和遗传算法相结合，首先处理供应商评估中的模糊问题，再根据具体实例建立了一个模糊目标优化模型，最后采用遗传算法对模型进行求解。

5. 数据包络分析法

数据包络分析法（data envelopment analysis，DEA）是在相对效率评价概念的基础上建立起来的一种新的系统分析方法，它适用于具有多输入、多输出相同类型单位的有效性评价。DEA 模型假设有 n 个决策单元（decision making unit，DMU），每个决策单元都有 m 种类型输入、s 种类型输出，其中被评价的单元称为决策单元。Weber 提出用数据包络分析法来评价已经选择的供应商，在进行供应商选择时，需要把确定的选择准则转化为输入变量和输出变量，然后建立数据包络分析模型，计算各候选供应商的相对效率从而选择合适的供应商，之后进一步研究用 DEA 规划相结合的方法来协调选择供应商。许民利等（2007）讨论了数据包络分析方法在绩效评价方面的优势，结合供应商管理的特点，建立了供应商评价的指标体系，运用层次分析法对供应商指标进行整合并建立 DEA

模型进行分析和评价。

综合上述文献可以看出，几十年来，供应商问题得到了国内外学者的广泛关注与研究，构建出了与之相适应的供应商选择与评价指标体系，许多方法的应用也更加趋于科学化。然而供应商的选择与评价还存在着一些不足，需要未来展开进一步的研究。

（1）目前，供应商的选择评价指标大多比较笼统，缺乏对不同性质行业的具体指标的分析，因为不同行业对供应商要求的侧重点是不同的，应多按照行业或企业的特点来制定具有针对性的评价指标体系。

（2）许多研究并非是建立在供应链整体观念的基础上，对供应商的管理基本上是无外乎传统形式。在动态的供应链管理模式、市场环境中合作与竞争并存的状态下，一些指标不能很好地体现企业间资源共用、共担风险的战略性合作伙伴关系。

（3）由于供应商选择时会面临诸如是否有价格折扣、市场需求的不确定性等一系列的复杂条件，决策模型的构建和求解算法得出的结论不一定是全局最优的，企业如何选择最合适的供应商，其方法仍然值得进一步的研究。

（4）在信息化与低碳经济全面发展的时代，企业的兼容性、交付能力以及低碳环保能力将成为企业选择供应商的重要指标。与之相应地，供应商选择与评价的方法要更好地适应指标体系的变化要求，从而提高供应商选择的效率，使得评价结果更加直观，这也是未来研究的重要方面。

12.3 低碳供应链管理对供应商的影响

目前，虽然低碳供应链还没有统一的定义，也没有形成完整的体系，但是在社会生产和生活中，越来越多的企业开始关注和参与低碳供应链管理，并把对低碳环保的要求融入与供应商的商业实践中，选择低碳供应商。一方面，在低碳经济的发展过程中，为了抢占新一轮的经济优势，各个国家都不愿意甘拜下风，纷纷出台低碳政策，推动和保证低碳经济的发展，如制定了本国和本地区的节能目标，并积极采取措施以实现这些目标。这样企业在生产运营过程中就不得不依照法律制度规范自己的行为，与供应商在低碳环保问题上开展实际的合作，提供低碳产品或服务等。表 12-4 列出了主要发达国家和地区都率先推出的低碳政策。

表 12-4 主要国家和地区低碳政策

国家和地区	主要政策
欧盟	《欧盟能源政策绿皮书》《燃料质量指令》，欧盟战略能源技术计划
英国	《英国低碳转换计划》《英国可再生能源策略》，建立碳排放管制规划，政府拨款用于住房的节能改造，投资 32 亿英镑

续表

国家和地区	主要政策
德国	《循环经济与废弃物法》《可再生能源法》，政府从2009年6月开始把生态工业政策作为经济发展指导方针，增加环保投资，鼓励私人投资
日本	《21世纪环境立国战略》《建设低碳社会行动计划》《推进低碳社会建设基本法案》，启动支援节能加点的环保制度
美国	《低碳经济法案》《美国复苏与再投资法案》《美国清洁能源和安全法案》

资料来源：孙桂娟，殷晓彦，孙相云，等．2010．低碳经济概论［M］．山东：山东人民出版社

另一方面，随着公众低碳环保意识的提高，对低碳产品的要求会更加强烈。因此，在逐步实施低碳供应链管理的过程中，企业对供应商的要求也会随之提高，供应商会越来越多地面对客户在低碳环保方面的要求。如目前一些发达国家已开始建立低碳产品认证制度和碳标识制度。碳标识（黄进，2010）是一种对低碳产品的碳使用效率进行合格评定的证明性标志，它标注了产品从原料到成品的整个过程中二氧化碳的消耗数量，表明获准使用该标志的产品不仅质量合格，而且在原材料获取、生产、使用和最终废弃过程中符合低碳标准的要求，与同类产品相比，具有低能耗、低排放、低污染等环境优势。在欧洲许多国家，没有碳标识的产品是不允许进入当地市场的，这意味着那些未给产品标注碳标识的企业将难以在国际市场上立足。尽管碳标识目前无论从研究进度还是从实际应用来看尚处于初级阶段，但随着世界各国对环境保护和气候变化关注的日益加深，对碳标识制度的推广和使用指日可待，这无疑对我国实施碳标识制度提出了更加紧迫的要求，为防止在今后的国际贸易中受到有关“低碳壁垒”的影响，企业在供应链的源头——供应商选择上就更应当关注其低碳能力。

总之，低碳供应链管理的实施作为一种新鲜事物，对供应商来说有机遇也有挑战。

1. 机遇

（1）增加收益。供应商通过实行低碳减排政策，从而响应了客户低碳环保的期望，满足了客户的需求，这样有可能销售更多的产品、扩大市场份额以获得更多收入。

（2）树立低碳环保的形象，扩展合作范围。供应商实施低碳减排的环保措施，能引起社会公众和企业更多的关注和赞誉，从而赢得客户信赖，有利于在社会上树立良好低碳形象，这样就创造了更多的合作机会。

2. 挑战

（1）成本提高。供应商在实行低碳环保措施时，一些新的技术、设备的采用无疑会使总成本提高。

（2）技术障碍。供应商虽然想尽量满足客户的低碳环保要求，但有时难以找

到合适的替代材料，或替代材料无法实现相同的绩效。

(3) 缺少实施计划的响应时间。供应商对于新的低碳原材料的改进、新技术的开发或是对员工的培训都需要一定的时间，但这往往成为满足客户需要的障碍。

12.4 低碳供应商的选择分析

12.4.1 低碳供应商与一般供应链环境下供应商的关系

在讨论低碳供应商的一些理论、评价指标和选择方法时，要以一般供应链环境下供应商的相关理论为基础。因为以往供应商的选择、评价无论是在理论上还是在选择模式上都总结了大量丰富的实践经验，是被证实的、科学的结论。但同时也必须注意到在一般供应链环境下，供应商选择评价不能满足当前无论是企业还是公众对低碳环保方面要求的因素。只有在其基础上选择低碳供应商，才能符合社会发展的需要。

低碳供应商与一般供应链环境下供应商的区别在于，传统模式下采购企业考虑的重点是供应商的产品质量、快速的反应送达、价格以及服务等因素。因为传统的供应商选择是建立在资源优化配置理论以及效率先行的基础上的，采购企业是供应链的组织者和协调者。至于供应商生产过程是否符合低碳要求，是否造成环境污染问题，并不会影响到该企业的生产业绩，因此极少受到关注。在实行低碳供应链管理的过程中，必须把供应商的可持续发展能力、低碳举措、环境友好措施等纳入考察范畴，并作为不可缺少的重点考察因素。

12.4.2 选择低碳供应商的意义

(1) 从低碳供应链的构成来看，低碳供应商处于供应链中一种非常特殊但又重要的位置，它是低碳供应链的制造中心和质量、成本控制中心，如果采购企业采购的原料不符合低碳环保标准，势必使得最终产品也不符合标准而遭退货或者销毁。所以选择符合低碳标准的供应商，是减少直至避免带来的潜在成本损失的前提。

(2) 随着社会对低碳环保产品需求的增强，公众更倾向于购买环境友好型产品，这将使那些发展低碳供应链环节的企业的产品更受大众欢迎，从而提高了这些产品的竞争力。从长远来看，低碳产品必将代替现在的产品，而占商品销售中的主流。选择低碳供应商是增强采购企业产品竞争力的关键。

(3) 优秀的低碳供应商在很大程度上影响着整个供应链的整体绩效。也就是说低碳供应商如果能提供高质量的低碳原材料，提高对采购企业交货期改变的反应速度和柔性，那么在同样的条件下就会获得比非低碳供应商合作伙伴关系更多的时间和更高的利润。

(4) 对于采购企业而言，选择低碳供应商并与之建立良好的伙伴关系，可以实现相互之间的信息沟通、共同参与低碳产品和工艺开发，同时共担风险和共享利益，防止竞争者或其他外在影响造成风险；通过建立相互信任的关系，降低交易和管理成本，从而实现了低碳供应商和采购企业双赢的结果。

12.4.3　低碳供应商选择的注意事项

综上所述，低碳供应商有自身的特点，与一般供应链环境下供应商的选择存在差异性，本书认为低碳供应商的选择应对以下几方面予以关注。

首先，要保证供应商与采购企业在企业文化、经营理念与战略思想上对低碳供应链管理模式有较高的合作兼容性，认同低碳供应链管理的重要意义。低碳供应链管理作为一种新兴事物，各个企业对其接受能力是不同的，若供应商与采购企业对低碳的战略思想存在较大差异，合作必定以失败告终。除此之外，低碳供应商还应当与采购企业的低碳创新能力相容。一方面，持续的创新能力是企业获取竞争优势的来源；另一方面，也为整个低碳供应链的实现提供技术基础，使低碳供应链能在产品的各个环节得到实现。

其次，要保证低碳供应商选择的过程和结果相统一。低碳供应商选择评价是以一般供应链环境下供应商选择评价的框架体系为基础的，将低碳环保的相关指标融入其中。前者在选择评价中以价格、质量、服务等为主，重点在于评价供应商所提供产品或服务与核心企业或者供应链战略的匹配程度，而供应商所提供产品的生产过程不构成供应商选择评价指标。低碳环保是低碳供应链管理的核心理念，因此低碳供应商的选择应是过程和结果的统一，既要对供应商产品和服务进行评价，更重要的是将低碳环保因素的评价融入产品或服务产生的过程中。

最后，在低碳供应商选择评价过程中不能只注重低碳环保指标，而忽视其他指标，犯以偏概全的错误。低碳供应商选择评价的指标体系是传统指标和低碳环保指标的结合，低碳环保指标在其中所占比重应根据不同行业对低碳减排的要求、不同区域政策法律、消费者消费习惯以及供应链企业间尤其是核心企业的环保意识和社会责任有关，很难运用统一的标准予以衡量。评价过程中应当综合各学者、专家以及行业人士的意见，综合确定低碳环保指标在整个指标体系中的权重。

12.5　低碳供应商选择评价指标的建立

12.5.1　指标设计的原则

在供应商选择中涉及因素很多，评价指标及其相互间也存在复杂的关系，因此有必要建立一套具有良好的通用性和可重构性的评价指标体系，本书认为低碳供应商选择评价的指标体系的建立应遵循以下几项原则。

(1) 全面系统的原则。评价指标体系不仅要全面反映低碳供应商的综合水平，还要能反映出供应商在整个低碳供应链与其他企业合作的能力，使评价结果合理、客观，为建立低碳供应链的合作伙伴关系打下良好的基础。

(2) 简明原则。评价指标体系的大小必须适宜，也就是说评价指标体系不能过大也不能过小。如果过大，指标层次多、指标过细，必须把评价者吸引到细小的问题，增加供应商选择的难度。此外，还可能淡化主要指标，降低选择的准确性。相反，如果过小，指标层次少、指标过粗，又不能完全反映企业的综合水平。

(3) 可比性原则。评价指标体系的设置不仅要考虑在本系统中的使用，还要考虑到与其他的指标体系的可比性。

(4) 实用性原则。市场是不断变化的，每个企业都有自己的特点，评价指标应该具有足够的灵活性，使核心企业能够针对市场机遇，根据自身的实际情况，对指标体系进行灵活调整。

(5) 定性指标与定量指标相结合的原则。评价供应商的所有因素不是都能用定量指标进行描述的，因此要想全面地评价供应商，就必须用定性指标和定量指标相结合的方法来建立合作伙伴选择的评价指标体系。

12.5.2 低碳环保指标的建立

对于低碳供应商企业的选择评价，其二氧化碳的排放量必然成为重要的考核指标。除此之外，在低碳供应链的背景下，供应商实施节能减排，就必须推行清洁生产，注重企业的低碳形象、坚持“减量化、再循环、再利用”的原则等。值得指出的是，对于不同的行业、不同的产品，企业对低碳产品采购的策略不同，关注的侧重点也不同，因而对低碳供应商的选择评价体系中低碳环保指标构成的子因素也不尽相同。本书通过相关资料分析、专家访谈和参阅国家对低碳减排的政策要求，列出了以下几个方面，如图 12-1 所示，希望能对企业在实际选择中起到借鉴参考作用。

1. 二氧化碳排放量

从能源消费的角度看，供应商企业包括能源采购企业、能源转换企业和能源利用企业。无论是哪种企业都会在消耗能源的同时排放出温室气体——企业温室气体排放源可以分为直接温室气体排放和间接温室气体。直接温室气体排放是指该企业持有或控制的排放源，如锅炉、熔炉、车辆和空调设备等的温室气体排放，还包括消耗电力所产生的碳排放；间接温室气体排放是由企业的活动所导致的，但由其他企业所拥有或控制，如原材料的采购运输和外购电力、职工的公务出行等。因而要对供应商企业的碳排放进行量化。目前二氧化碳的量化方法，有

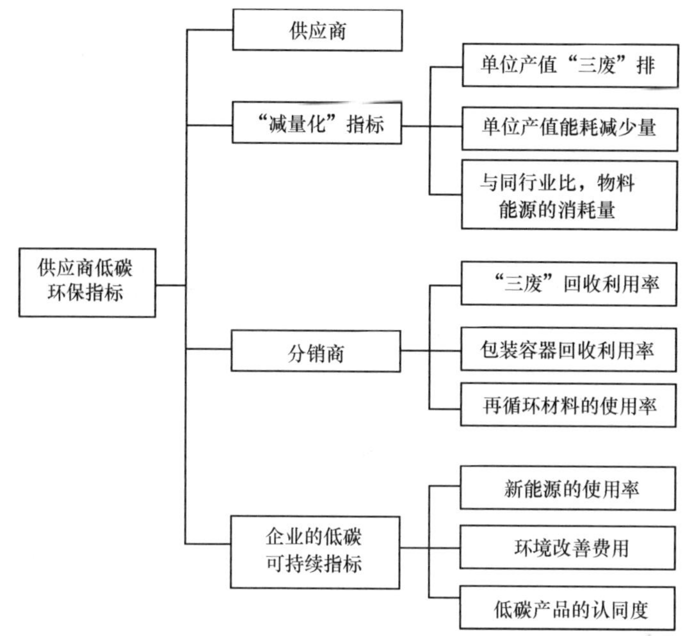

图 12-1　供应商低碳环保因素指标图

以下几种。

1）测定法

测定法是通过特殊设备、试剂等辅助材料，对特定空间的二氧化碳浓度进行测定的方法。例如，《公共场所空气中二氧化碳测定方法》，该方法测定结果精度高，但操作流程较为复杂，需具备一定专业知识。

2）排放系数法

排放系数法是基于联合国政府间气候变化专门委员会（Intergovernmental Panel on Climate Change，IPCC）发布的《2006 年 IPCC 国家温室气体清单编制指南》，二氧化碳的排放量 $= \sum$ 能源 i 的消费量 $\times i$ 能源 i 的排放系数，i 为能源种类。计算时一般采用国际通用的 IPCC 默认值作为排放系数进行二氧化碳排放量的计算，为了迅速评估采用某项技术或材料对于环境带来的影响，各单位编制了各种不同用途的排放系数。

3）ORNL 法

ORNL 法是美国橡树岭国家实验室（Oak Ridge National Laboratory）提出的对工业生产中释放出的二氧化碳进行量化的方法。例如，对化石燃料燃烧释放二氧化碳量进行计算：燃煤的碳释放量 $=$ 耗煤量 $\times 0.982 \times 0.73257$。其中，0.982 为有效氧化分数；0.73257 为每吨标准煤的含碳率。

2. “减量化”指标

“减量化”是指生产单位产品尽可能少地使用原料、燃料和机器设备，以及减少“三废”的排放量。这样做不但减少了碳排放量，而且节约了成本。因此对企业的减量化指标的设计可以包括单位产值“三废”排放量，单位产值能耗减少量，与同行业比，物料能源的消耗量等。

3. “再利用”指标

“再利用”要求供应商企业在生产过程中对“三废”进行有效处理，以尽可能地提高资源利用率，减少资源浪费，从而变废为宝、化害为利。再利用指标可以包括：“三废”回收利用率、包装容器回收利用率、再循环材料的使用率等。

4. 企业的低碳可持续性指标

企业在生产运作过程中消耗一定量的能源，必然对环境产生影响，尤其是一些环境意识薄弱又消耗大量能源的企业，对环境破坏更为严重。低碳经济的要求是尽量做到工艺清洁化，如使用低碳的新能源——太阳能、风能、核能，避免煤炭、石油等粗放型能源的使用。同时，企业是否注重自身环境的治理以及消费者对低碳产品的认可度尤为重要。因此可以设置的指标包括：新能源的使用率、环境改善费用，低碳产品认可度等。

12.5.3 低碳供应商选择评价综合指标体系的建立

通过上文文献综述部分对供应商评价指标体系的总结，不难发现学术界对于供应商的选择评价指标体系不能达成统一标准。此外，供应商与企业的合作层次不同或供应商所提供的业务类型不同，在具体的评价指标上也会有较大的差别。

但是，在低碳供应链环境下建立供应商选择评价指标体系，其目的在于揭示新的环境与竞争条件下的供应商评价特点。这样，按照低碳供应商选择评价指标体系的设置原则，参照国内外已有的研究结果，本书用供应商资质、产品水平、合作能力以及环保竞争力等四个方面来基本涵盖所测评的指标，从而为企业在低碳供应商选择评价方面提供新的有益参考。

本书构建了低碳供应商选择评价指标体系，如表 12-5 所示。

表 12-5 低碳供应商选择评价综合指标体系

低碳供应商选择评价综合指标体系	产品水平	质量水平	产品合格率
			质量管理体系
			质量改善计划
		成本	相对价格水平
			产品获得成本

续表

低碳供应商选择评价综合指标体系	企业资质	财务状况	总资产报酬率
			速动比率
			利润增长率
		发展潜力	员工人均培训时间
			装备水平
			科研经费投入率
	合作能力	服务水平	准时交货率
			订单完成率
		信誉水平	企业信誉
		沟通能力	信息化水平
			企业战略目标兼容性
	环保竞争力	低碳环保能力	二氧化碳排放量
			单位产值能耗减少量
			“三废”回收利用率
			环境改善费用

下面对低碳供应商选择评价指标体系进行具体说明，其中定量指标给出具体计算公式，定性指标按优、良、中、差四个等级分别设置相应得分。

1. 产品水平

1）产品质量

供应商所提供的产品必须满足企业生产的要求。在生产实践中，质量是一个具有一定临界点的选择标准，如果供应商的产品达不到一定的质量水平则会被淘汰，那么供应商的其他方面也就不存在评价的意义了。几乎在所有的供应商评价指标体系研究中都会用到质量这一指标。

(1) 产品合格率。产品合格率是指在一定时期内，合格产品数量占总采购产品数量的百分比。如在一年内，某企业向供应商采购了 N 件产品，其中合格产品为 Q，那么该产品的合格率为：$\frac{Q}{N}\times 100\%$。

(2) 质量管理体系。产品的生产过程受企业生产经营管理活动中多种因素的影响，是企业各项工作的综合反映。因此，产品的品质不是衡量产品质量的唯一因素，一个企业的保证获得稳定的、高质量的产品的能力是必不可少的。质量保障需要有一套完整的质量管理体系、手段和方法。全面质量管理（total quality management，TQM），国际标准化组织倡导的 ISO 系列认证则是公认有效的质量保证。评价一个企业的质量管理水平是一个复杂的过程，评价的内容非常多，本书主要从 TQM 和 ISO 标准系列建立简单的考核方法，如表 12-6 所示。

表 12-6 质量管理体系评价表

等级	得分	评价描述
优	7～10	已通过 ISO 9001 质量体系认证；质量目标与质量方针一致，体现了持续改善的承诺；有完整规范的质管文件；TQM 组织完善，职责明确；有科学完整的质量数据收集系统，而且进行了有效的分析和改善
良	5～7	通过了 ISO 9001 质量体系认证，质管文件基本完整，大部分员工对 TQM 有清楚的认识，责任明确，各项质量活动体现了持续改善的承诺
中	3～5	建立了质量管理体系，但文件不完整、执行效果一般，没有持续改善的计划
差	0～3	质量管理混乱，缺乏质管意识及质管文件，责任不清

（3）质量改善计划。产品合格率反映的是供应商所提供产品质量情况的“历史”，质量管理体系偏重于对质量管理现状的考察，同时还要对供应商未来的质量管理水平进行预测，这就要考察供应商的质量改善计划（表 12-7），尤其对于战略合作伙伴的供应商显得尤为重要。

表 12-7 质量改善计划评价表

等级	得分	评价描述
优	7～10	有 3 年以上的质量改善计划和详细的实施方案，并已取得初步成效
良	5～7	有 1 年以上的质量改善计划，并有详细的实施方案
中	3～5	有质量改善计划，但无实施方案
差	0～3	没有明确的质量改善计划

2）成本

（1）相对价格水平。价格是供应商选择的重要因素之一，但在实际运行中价格不是一成不变的。对供应商在价格因素方面的选择，可以通过其产品价格与行业内同种产品平均价格相比较来进行考核。供应商的相对价格水平为：$\frac{P_A}{\bar{P}} \times 100\%$。其中，$P_A$ 为供应商的价格水平，$\bar{P}$ 为行业内该种产品的平均价格水平。

（2）获得成本。在以往的学术研究中，成本是供应商选择评价的一个重要因素，但低价格不等于低成本。在供应链管理中，更重要的是要考虑如何把整条供应链的总成本降低，而不仅仅是把一次交易的价格降低。从制造商的角度来看，使获得相应的产品或服务的总成本最低化是提高供应链竞争力的一个有效途径。获得成本包括产品成交价格和订货成本，其公式为

$$获得成本 = \frac{P \times N + T}{N}$$

其中，P 为产品成交价格；N 为采购量；T 为所花费的订货费用。这里订货费用的大小与企业和供应商的合作交易方式有关。有时订货成本会很小，如采取供应商管理库存的方式，对于企业来说运输和库存成本已经转嫁给了供应商，此外良好的合作关系也可以节省采购费用；但如果企业与供应商沟通不善，通信费用高或自主库存等都会加大订货费用的成本。

2. 企业资质

1）财务状况

（1）总资产报酬率。总资产报酬率是企业在一定时期内获取的报酬总额与平均资产总额的比率，它代表了供应商全部资产的总体获利能力，其计算公式为：总资产报酬率＝（利润总额＋利息支出）/平均资产总额×100％。

（2）速动比率。速动比率是指速动资产总额与流动负债总额的比率，它是衡量供应商企业流动资产中可以立即变现，用于偿还流动负债的能力。速动资产是指流动资产中，可以立即变现的那部分资产，如现金、有价证券等，即流动资产减去存货和待摊费用。应当注意的是，作为一个时点指标，所选取的数据要求距离评价时点较近。设供应商在 t 时刻的速动资产是 QA，流动负债是 CL，则速动比率 $R=\frac{\mathrm{QA}}{\mathrm{CL}}\times 100\%$。

（3）利润增长率。利润增长率一般作为反映供应商企业发展能力状况的财务指标，设上期和本期的利润分别为 P^{t-1} 和 P^{t}，则利润增长率 $R=\frac{P^{t}-P^{t-1}}{P^{t-1}}$。

2）发展潜力

（1）员工人均培训时间。实行低碳供应链管理的企业，除了要有鼓励节能减排的政策及技术上的创新和应用推广外，员工节能环保意识的增强和对新技术的掌握也是必要的。因此要对员工进行培训。员工人均培训时间＝某时段内企业总培训天数/［（期初员工人数＋期末员工人数）/ 2］，单位：天。

（2）装备水平。企业的装备水平直接影响产品工艺的制定，进而影响到生产能力，是企业是否采用先进技术的衡量标准之一，所以需对企业装备水平进行评价（表 12-8）。

表 12-8　装备水平评价表

等级	得分	评价描述
优	7～10	有较好的装备，基本上实现了装备现代化，采用先进工艺
良	5～7	有较好的装备，但是好装备的数量还比较少，采用了较先进工艺
中	3～5	装备和采用工艺与行业平均水平持平
差	0～3	装备水平和采用工艺比较落后

(3) 科研经费投入率。供应商在科技研发方面的资金投入状况是体现其研发能力的重要指标之一，通常可以用一定时期内（一年）科研资金占销售收入的百分比来表示。企业在实际的考评中可以灵活变通，如在低碳供应链管理发展比较成熟的情况下，可考察供应商低碳研发费用的投入率。

$$科研经费投入率=\frac{年科研经费}{年销售收入}\times 100\%$$

3. 合作能力

1) 服务水平

(1) 准时交货率。准时交货率也称时间遵守率，是从时间的角度来考察供应商的交货能力。设供应商在一个固定时期内的总交货次数为 M，其中按时交货次数为 N，则准时交货率 $=\frac{N}{M}\times 100\%$。准时交货率越高说明供应商的交付能力越强，采购企业所需要保留的安全库存也就越低。

(2) 订单完成率。该指标反映了供应商对客户采购需求的满足情况。该指标可以用已完成订单的数目与总订单数目的百分比来表示。但是总订单数目并不能简单地看成是总的已经承接的订单的数目，因为有可能有些订单还处在交货期限以内，不能记入评价的范畴。所以总订单数应该是总已接订单数减去在交货期限以内的订单数。设时间段 t 内已经完成的订单数为 O_F，还处在交货期限以内的订单数为 O_C，总的已接订单数为 O_A，则订单完成比率 $R=\frac{O_F}{O_A-O_C}\times 100\%$。

2) 信誉水平

企业信誉是由银行和客户企业给予企业的信誉评价等级。作为定性评价指标，企业信誉的评价如表 12-9 所示。

表 12-9　企业信誉的评价表

等级	得分	评价描述
优	7～10	银行和客户给予企业的信用评价等级极高，品牌的影响力与顾客满意度高，企业合作的诚意与积极性高
良	5～7	银行和客户给予企业的信用评价等级高，品牌具有较高的影响力，企业合作的诚意与积极性高
中	3～5	银行和客户企业给予企业的信用评价等级高，品牌具有一定的影响力，企业合作的诚意与积极性高
差	0～3	品牌具有微弱的影响力，企业合作的诚意与积极性不高

3) 沟通能力

(1) 信息化水平。信息化是供应商与企业实现信息交流与信息共享的基本前提，也是供应商能够快速响应紧急订单的技术基础。其评分标准如表 12-10 所示。

表 12-10　信息化水平评价表

等级	得分	评价描述
优	7～10	采用了先进的管理信息化系统，对企业的人、财、物等实现了集成化信息管理，能够实现企业内外的信息共享
良	5～7	在生产、财务、物流等多个环节实现了管理信息化，基本满足信息共享的要求
中	3～5	利用计算机软件进行管理，但未实现信息的集成与共享
差	0～3	数据处理主要依靠人工方式，计算机使用率不高

（2）企业战略目标兼容性。一个企业的战略目标是其在将来发展的整体规划，决定着企业的发展方向，是企业生产管理活动的指导性方针。供应商的发展战略目标与核心企业的战略目标的同步有利于供应链的协调发展。如果战略目标发生冲突，供应商与核心企业所采取的行动就会不一致，意见分歧、相互摩擦将不可避免，甚至不断升级，走向决裂。在低碳供应商选择中，应考察供应商低碳战略目标的兼容性（表 12-11）。

表 12-11　战略目标兼容性评价表

等级	得分	战略目标兼容性评价描述
优	7～10	供应商有详细的战略目标规划，并与核心企业战略目标一致
良	5～7	供应商与核心企业的战略目标基本一致，双方相互认可
中	3～5	供应商与核心企业的战略目标差异明显，但可以协商解决，影响不大
差	0～3	供应商没有制定发展战略，或发展目标差异很大

4. 环保竞争力

（1）二氧化碳排放量。根据前文提到的关于二氧化碳量化的方法，采用排放系数法，即二氧化碳的排放量$=\sum$能源 i 的消费量$\times$能源 i 的排放系数。单位：万吨。

（2）单位产值能耗减少量。单位产值能耗是指特定统计期内，企业总的消耗量与总产值之比，如万元产值能耗量＝统计期内消耗的能耗/总产值。单位产值能耗减少量特指在低碳供应链背景下，供应商企业采取相关低碳环保措施后，与之前对比能耗的减少量。

（3）“三废”回收利用率。“三废”回收利用率指企业生产和运作过程中所产生的废气、废水和废弃物得到回收利用的比例。使“三废”变废为宝，既能使企业节约成本又能有效地实行节能减排。

“三废”回收利用率＝“三废”回收利用的数量/生产过程中产生的“三废”数量。

(4) 环境改善费用。环境改善费用指某一时期内，通常为一年，企业投入到改善环境或环境污染治理的费用，可直接通过企业调查获得相关资料，如引进新的节能减排技术或设施的费用，单位：万元。

12.6 基于DEA/AHP方法的低碳供应商选择评价

目前应用于供应商选择评价的方法很多，如前文提到的成本分析法、神经网络法等，供应商的选择评价在本质上是一个多属性决策问题，决策者的主观性和变动性很大，评价体系中各个指标的确定和权重存在很大的差异。此外，供应商评估中所涉及的多指标呈现非线性复杂关系，很难用数学规划方法解决。因此，在建立一个合理的低碳供应商选择评价指标体系后，决策者所选用的方法既要简单实用、客观合理，又要能够处理多指标之间的非线性关系，这样才可以为采购企业挑选出最合适的低碳供应商作为合作伙伴。因此本书构建了一个数据包络分析法和层次分析法相结合的集成模型，对低碳供应商选择评价问题进行研究，以方便企业对低碳供应商做出科学合理的选择与评价。

12.6.1 DEA方法的基本原理

数据包络分析方法是美国著名运筹学家查思斯和库伯教授于1978年首先提出的。它是一门集运筹学、管理科学与数学、经济学交叉研究的新领域。数据包络分析方法评价的依据是：决策单元的一组投入指标和一组产出指标。投入指标是指决策单元在社会、管理和经济等活动中所耗费的经济量，如固定资产原值、流动资金平均余额、职工人数、占用土地等。产出指标是指决策单元在某种投入要素组合下，经济活动中产生成效的经济量，如总产值、销售收入、利税总额、产值利润率等。根据投入指标数据和产出指标数据可以评价决策单元的相对效率，即评价部门、企业或时期之间的相对有效性。DEA方法就是评价多指标投入和多指标产出决策单元相对有效性的多目标决策方法。

1978年，查恩斯、库伯和罗兹提出了第一个DEA模型，评价部门间的相对有效性，这个模型被命名为C^2R模型。用这个模型评价多投入多产出生产部门的规模有效性和技术有效性是卓有成效的。1985年，查恩斯、库伯、格拉尼、塞富德和斯图茨提出了C^2GS^2模型，这种模型评价生产部门间技术有效性是十分有效的。1986年，查思斯、库伯与中国人民大学魏权龄教授为了进一步地估计有效生产前言面，提出了评价无穷多个决策单元的一种新的C^2W模型。此后，在国外和国内学者的共同努力下，又有多种DEA模型相继提出。DEA方法正在不断地完善和进一步发展。

1. C^2R 模型

C^2R 模型是假设有 n 个部门或企业，称为 n 个决策单元，每个 DMU 都有 m 种投入和 p 种产出，分别用不同的经济指标表示，这样由 n 个 DMU 构成的多指标投入和多指标产出的评价系统。

设 x_{ij} 表示第 j 个 DMU 第 i 种投入指标的投入量，$x_{ij}>0$；y_{rj} 表示第 j 个决策单元第 r 种产出指标的产出量，$Y_{rj}\geqslant 0$，v_i 表示第 i 种投入指标的权系数，$v_i\geqslant 0$；u_r 表示第 r 种产出指标的权系数，$u_r\geqslant 0$，($i=1, 2, \cdots, m$；$j=1, 2, \cdots, n$；$r=1, 2, \cdots, p$)；设投入指标和产出指标的权系数向量分别为 $v=(v_1, v_2, \cdots, v_m)^{\mathrm{T}}$，$u=(u_1, u_2, \cdots, u_p)^{\mathrm{T}}$。令 $t=1/v^{\mathrm{T}}x_0$，$\omega=tv$，$\mu=tu$，则 C^2R 的线性规划模型为

$$(P)\begin{cases}\max V_P=\mu^{\mathrm{T}}y_0\\ \text{s. t.}\quad \omega^{\mathrm{T}}x_j-\mu^{\mathrm{T}}y_j\geqslant 0,\quad 1\leqslant j\leqslant n\\ \omega^{\mathrm{T}}x_0=1\\ \omega\geqslant 0,\quad \mu\geqslant 0\end{cases}\tag{12-1}$$

在实际应用中，为了使判断 DMU 的 DEA 更有效、简便和实用，查恩斯和库伯引用了非阿基米德无穷小量的概念，从而可利用单纯形法求解线形规划问题，判断 DMU 的 DEA 有效性。设 ε 是非阿基米德无穷小量，在广义实数域内 ε 表示一个小于任何正数且大于零的数。考虑带有非阿基米德无穷小量 ε 的 C^2R 模型：

$$(P_\varepsilon)\begin{cases}\max \mu^{\mathrm{T}}y_0=V_{P_\varepsilon}\\ \text{s. t.}\quad \omega^{\mathrm{T}}x_j-\mu^{\mathrm{T}}y_j\geqslant 0,\quad 1\leqslant j\leqslant n\\ \omega^{\mathrm{T}}x_0=1\\ \omega^{\mathrm{T}}\geqslant \varepsilon\hat{e}^{\mathrm{T}},\quad \mu^{\mathrm{T}}\geqslant \varepsilon e^{\mathrm{T}}\end{cases}\tag{12-2}$$

其中，$\hat{e}^{\mathrm{T}}=(1, 1, \cdots, 1)$ 为元素均为 1 的 m 维向量；$e^{\mathrm{T}}=(1, 1, \cdots, 1)$ 为元素均为 1 的 p 维向量。(P_ε) 的对偶规划为

$$(D_\varepsilon)\begin{cases}\min[\theta-\varepsilon(\hat{e}^{\mathrm{T}}s^-+e^{\mathrm{T}}s^+)]=V_{D_\varepsilon}\\ \text{s. t.}\ \sum\limits_{j=1}^{n}x_j\lambda_j+s^-=\theta_{x_0}\\ \sum\limits_{j=1}^{n}y_j\lambda_j-s^+=y_0\\ \lambda_j\geqslant 0,\quad 1\leqslant j\leqslant n,\quad s^-\geqslant 0,\quad s^+\geqslant 0\end{cases}\tag{12-3}$$

其中，松弛变量 $s^-=(s_1^-, s_2^-, \cdots, s_m^-)^{\mathrm{T}}$，$s^+=(s_1^+, s_2^+, \cdots, s_m^+)^{\mathrm{T}}$。

2. C^2R 模型的经济含义

(1)DEA 有效性。当 $\theta^0=1$，且 $s^{0-}=0$，$s^{0+}=0$ 时，DMUj 为 DEA 有效，且

技术和规模同时有效。即资源得到了充分利用，投入要素达到最佳组合，取得了最大的产出效果，规模最佳；当 $\theta^0=1$，但至少有某个 $s_i^{0-}>0$，$(i=1, 2, \cdots, m)$ 或者至少有 $s_r^{0+}>0$，$(r=1, 2, \cdots, p)$，则 DMUj 弱 DEA 有效，不是同时技术效率最佳和规模收益最佳。当 $s_i^{0-}>0$ 表示第 i 种投入指标有 s_i^{0-} 没有充分利用；某个 $s_r^{0+}>0$，表示第 r 种产出指标与最大产出值尚有某个 s_r^{0+} 的不足；当 $\theta<1$ 时，DMUj 不是 DEA 有效，既不是技术效率最佳也不是规模收益最佳。

(2) 规模有效性。令 $k=\frac{1}{\theta^0}\sum_{j=1}^{n}\lambda_j^0$，$k$ 称为 DMUj 的规模收益值，当 $k=1$ 时，DMUj 规模收益不变，即边际产出等于边际投入时的规模；当 $k<1$ 时，规模收益递增，即在原投入的基础上适当增加投入可望使产出获得一定比例的增加；当 $k>1$ 时，规模收益递减，即增加投入可能使产出增加，但增加幅度会小于投入的增加幅度。

(3) DEA 结果的改进。对于 DEA 无效的决策单元，可以通过"投影定理"适当改进使其转变为 DEA 有效。DMUj_0 所对应的 (x_0, y_0) 在 DEA 相对有效面上的"投影" $(\hat{x}_0, \hat{y}_0)$ 是 DEA 有效的，即 $\hat{x}_0=x_0\theta^0-s^{0-}$，$\hat{y}_0=y_0+s^{0+}$。

3. DEA 方法的优点

(1) DEA 方法是以相对效率概念为基础的，对社会经济系统多投入和多产出相对有效性评价独具优势。其投入和产出之间相互联系和相互制约，在 DEA 方法中不需要确定其关系的任何形式表达式，具有黑箱型研究方法的特点。

(2) DEA 模型是以最优化为工具，以多指标投入和多指标产出的权系数为决策变量，在最优化的意义上进行评价，避免了在统计平均意义上确定权系数，具有内在的客观性；而事前设定权重的方法，如专家评估法，容易受到人为主观因素的影响。

(3) DEA 方法适应于处理复杂系统的多目标关系。一个复杂系统在输入和输出间存在着交错复杂的数量关系，对于传统方法而言，这些复杂的数量关系很难确定其具体函数形式。而 DEA 方法不需要给出这种具体的函数表达式，对输入输出的计算处理相对较简单。

(4) 对于非 DEA 有效的决策单元，DEA 方法能够指出有关指标增加还是减少的调整方向和具体的数量，从而可以对目标值与实际值进行比较分析、敏感度分析和效率分析等。进一步了解决策单位资源使用的情况，可以供管理者的经营决策参考，这是 DEA 方法区别于其他评价方法的又一显著特点。

(5) 相关的 DEA 辅助软件的应用促进了 DEA 的应用研究，使得 DEA 方法更易于上手，易于实现。

对于企业的低碳供应商来说，也有投入要素和产出要素，即输入指标和输出指标，这与 DEA 方法的特点是一致的。此外低碳供应商的整体运营效率和多部门之间的关系是非常复杂和非线性的，而 DEA 被认为是解决许多非参数和非线性问题的一个很好的工具。因此将 DEA 方法应用于低碳供应商的选择评价是可行的。

4. DEA 方法的局限性

（1）运用 DEA 方法非常强调指标间的低相关性，如若输入指标和输出指标存在完全相关或指标内部的高度相关，则容易造成决策单元向 1 集结的不正常评价结果，从而造成结果判断失误。这就需要借助其他分析方法，确保指标的低相关。

（2）DEA 方法只能把决策单元评价为有效、弱有效和无效三种情况。而对于决策单元有效的结果不能更明确地辨别优胜，因此需要借助其他方法，如层次分析法，或根据实际情况加入主观决策，对最终结果进行评判选择。

12.6.2　DEA/AHP 模型介绍

AHP 是通过分析复杂问题包含的因素及其相互关系，将问题分解为不同的因素，并将这些因素归并为不同的层次，从而形成多层次结构。每一层可按某一规定准则，对该层要素进行逐对比较建立判断矩阵。通过计算判断矩阵的最大特征值和对应的正交化特征向量，得出该层要素对于该准则的权重，在这个基础上计算出各层次要素对于总体目标的组合权重，最终得出不同设想方法的权值，为选择最优方案提供依据。AHP 的基本步骤如下。

1. 建立多级递阶层次结构

根据对问题的了解和分析，将评价系统涉及的各要素按性质分层排列。可根据类似于解释结构模型（interpretative structural model，ISM）等方法建立多级递阶结构。如图 12-2 所示：第 1 级是目标层，该级是系统要达到的目标。第 2 级是准则层，该级列出衡量达到目标的各项准则。第 3 级是方案或措施层，该级列出了各种可能采取的方案或措施。不同层次的各要素间的关系用连线表示，如果要素有连线，表示二者有关，否则表示不相关。

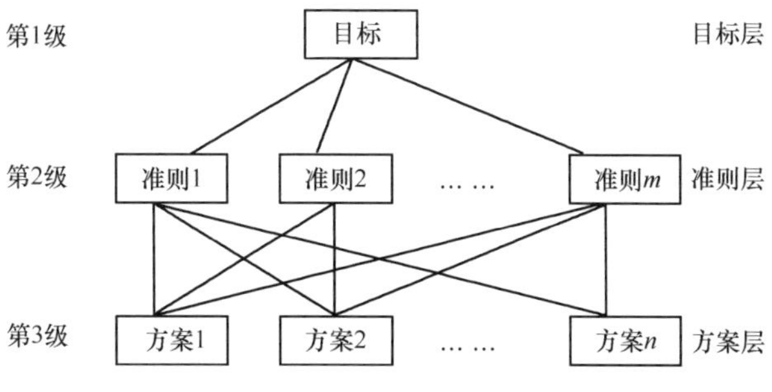

图 12-2　多级递阶层次结构图

2. 建立判断矩阵

判断矩阵是 AHP 的基本信息，也是进行相对重要度计算、进行层次单排序的依据。通过以上一级的某一要素做评价准则，对本级的要素进行两两比较来确定矩阵元素。如以 C 作为评价准则的有 n 个要素，判断矩阵形式如表 12-12 所示。

表 12-12 判断矩阵

C	B_1	B_2	…	B_j	…	B_n
B_1	b_{11}	b_{12}	…	b_{1j}	…	b_{1n}
B_2	b_{21}	b_{22}	…	b_{2j}	…	b_{2n}
⋮	⋮	⋮		⋮		⋮
B_i	b_{i1}	b_{i2}	…	b_{ij}	…	b_{in}
⋮	⋮	⋮		⋮		⋮
B_n	b_{n1}	b_{n2}	…	b_{nj}	…	b_{nn}

判断矩阵中的元素 b_{ij} 表示依据评价准则 C，要素 b_i 对 b_j 的相对重要性。b_{ij} 的值是依据资料数据、专家意见和评价主体的经验，经过反复研究后确定的。一般采用的尺度如下。

(1) 对 C 而言，b_i 比 b_j 极为重要，则 $b_{ij}=9$。

(2) 对 C 而言，b_i 比 b_j 重要得多，则 $b_{ij}=7$。

(3) 对 C 而言，b_i 比 b_j 重要，则 $b_{ij}=5$。

(4) 对 C 而言，b_i 比 b_j 稍重要，则 $b_{ij}=3$。

(5) 对 C 而言，b_i 比 b_j 同样重要，则 $b_{ij}=1$。

(6) 对 C 而言，b_i 比 b_j 稍次要，则 $b_{ij}=1/3$。

(7) 对 C 而言，b_i 比 b_j 次要，则 $b_{ij}=1/5$。

(8) 对 C 而言，b_i 比 b_j 次要得多，则 $b_{ij}=1/7$。

(9) 对 C 而言，b_i 比 b_j 极为次要，则 $b_{ij}=1/9$。

2，4，6 和 8 及其倒数，介于上述两相邻判断之间。

3. 相对重要度计算和一致性检验

建立判断矩阵后，要根据判断矩阵计算本级要素相对于上一级某一要素来讲，本级与之有联系的要素之间相对重要性次序的权值，即进行层次单排序。

1) 相对重要度计算

对判断矩阵先求出最大特征根，然后求其相对应的特征向量 W，即 $BW=\lambda W$，其中 W 的分量(w_1，w_2，…，w_n) 就是对应于 n 个要素的相对重要度，即权系数。常用的近似简便地计算权系数的方法有和积法和方根法。

和积法的步骤如下。

(1) 对 B 按列规范化：$\bar{b}_{ij}=\dfrac{b_{ij}}{\sum_{i=1}^{n}b_{ij}}$，　$i，j=1，2，\cdots，n$。

(2) 按行相加得和数 $\overline{W}_i$：$\overline{W}_i=\sum_{j=1}^{n}\bar{b}_{ij}$。

(3) 进行归一化处理得权重系数 W_i：$W_i=\dfrac{\overline{W}_i}{\sum_{i=1}^{n}\overline{W}_i}$。

方根法的计算步骤如下。

(1) 对 B 按行元素求积，再求 $1/n$ 次幂：$\overline{W}_i=\sqrt[n]{\prod_{j=1}^{n}a_{ij}}$　$i，j=1，2，\cdots，n$。

(2) 归一化处理，即得权重系数 W_i：$W_i=\dfrac{\overline{W}_i}{\sum_{i=1}^{n}\overline{W}_i}$。

2) 一致性检验

当判断完全一致时，应该有最大特征根 $\lambda_{\max}=n$，稍有不一致，则 $\lambda_{\max}>n$。因此，可以用 $\lambda_{\max}-n$ 来作为度量偏离一致性的指标。致性指标 CI 为：$\dfrac{\lambda_{\max}-n}{n-1}$，一般情况下 CI$\leqslant$0.01，就认为判断矩阵具有一致性。显然，随着 n 的增加判断误差就会增加，因此判断一致性时应考虑到 n 的影响，使用随机性一致性比值 CR=CI/RI，其中 RI 为平均随机一致性指标，当 CI$\leqslant$0.01 时认为可以通过一致性检验。表 12-13 给出了通过 500 个样本判断矩阵计算的平均一致性指标检验值。

表 12-13　平均随机一致性指标

阶数	3	4	5	6	7	8	9	10	11	12	13	14	15
RI	0.52	0.89	1.12	1.26	1.36	1.41	1.46	1.49	1.52	1.54	1.56	1.58	1.59

4. 综合重要度的计算

在计算了各级要素的相对重要度以后，可从上级开始，自上而下地求出各级要素关于系统总体的综合重要度，也称系统总体权重，即进行层次总排序。设上一级所有要素 A_1，A_2，$\cdots$，A_m 的层次总排序已定，即它们关于系统总体的重要度分别为 a_1，a_2，$\cdots$，a_m，则对应的本级要素 B_1，B_2，$\cdots$，B_n 的相对重要度为$(b_1^i，b_2^i，\cdots，b_n^i)^{\mathrm{T}}$，这里，若 B_j 与 A_i 无关系，则有 $b_j^i=0$。要素 $b_j^i=0$，即其综合重要度以上一级要素的综合重要度为权重的相对重要度的加权。

12.6.3 DEA/AHP模型对低碳供应商选择的步骤

1. 确定低碳供应商选择的指标体系和数据处理

1）投入和产出指标的划分

根据对低碳供应商选择评价的综合指标进行划分，投入指标为供应商企业在生产中的投入，包括对产品质量改善的投入、对员工的培训以及改善环境的费用投资等。产出指标是供应商企业经济成效和低碳环保成效等。具体内容如表 12-14所示。

表 12-14 低碳供应商选择的投入产出指标

投入指标	质量管理体系、质量改善计划、相对价格水平、产品获得成本、员工人均培训时间、装备水平、环境改善费用和科研经费投入率
产出指标	产品合格率、总资产报酬率、速动比率、利润增长率、准时交货率、订单完成率、企业信誉、信息化水平、企业战略目标兼容性、二氧化碳排放量、“三废”回收利用率、单位产值能耗减少量

2）数据处理

由于涉及的指标比较多，而且在 DEA 模型中一般使得输入指标和输出指标之和的两倍不小于等于决策单元的数量，可根据因子分析法，用少数的几个综合性指标代替现有的大量指标，为下一步的研究带来方便。因子分析法的步骤如下。

(1) 判断原始变量是否适合进行因子分析。因子分析要从众多关系复杂的原始变量中综合出少量具有代表意义的因子变量，其前提条件就是原始变量间必须有较强的相关性，否则根本无法从中综合出能反映原始变量结构的因子变量。所以一般在进行具体的因子分析前，需要对原始变量进行相关分析。最简单的方法是计算变量间的相关系数矩阵，并进行统计检验。如果相关系数矩阵中的大部分系数都小于 0.3 且未通过检验，那么这些变量就不适合进行因子分析。除此之外，SPSS 软件还提供了几种统计检验方法，如巴特利特球度检验（Bartlett test of sphericity）、反映象相关矩阵检验（anti-image correlation matrix）、KMO（Kaiser-Meyer-Olkin）检验。

(2) 提取公因子和确定公因子数目。SPSS 软件中提供了七种方法，如主成分分析法、最大似然法、a 因子提取法等，在此不一一介绍。选取提取因子方法的同时，还需要确定所需要提取的公因子的数目。在这一问题上无统一的原则来遵循，如可以根据特征根来确定：特征根在某种程度上可以被看成是表示公因子影响力度大小的指标，如果特征根小于 1，说明该公因子的解释力度不如直接引入一个原始变量的平均解释力度大。或根据公因子的累计方差来确定。在应用主成分分析法时，提取公因子的方差累计贡献率达到 85%～90%就比较满意了，可以决定需要提取公因子的数目。

（3）考察公因子的可解释性，并在必要时进行因子旋转，以寻求最佳的解释方式。通过对因子载荷矩阵的分析经常会发生以下现象，a_{11} 绝对值可能在某一行的许多列上都有较大的取值，或 a_{11} 的绝对值可能在某一列的许多行上都有较大的取值。这种现象表明某个原始变量 x_i 同时与几个公因子都有比较大的相关关系，即 x_i 的信息要由若干个公因子共同解释。这样按照默认的分解方式，各因子可能难以找到代表的实际意义。由于因子模型的载荷阵不唯一，可以利用这一特点对因子载荷矩阵作适当的旋转，使公因子载荷系数向更大(向 1) 或更小(向 0) 的方向 变化，使得对公因子的命名和解释变得更容易。SPSS 软件给出五种旋转方法，分为正交和斜交两类。常用的如方差最大化正交旋转 (varimax)。

（4）计算出因子得分等中间指标，进一步分析使用。实际上因子得分才是提取公因子的最终体现，这样便于对样本进行分类或对问题作更深入的研究。因子得分可以利用 SPSS 软件，方便快捷地得到结果。

2. 利用 DEA 方法为 AHP 方法构造判断矩阵

设有 n 个低碳供应商，每个供应商可以看成是一个决策单元，即 DMU_1，…，DMU_n，每个决策单元有 a 种投入，即低碳供应商在经营管理中需要消耗的经济量；有 b 种产出，指的是低碳供应商产生成效的经济量。根据因子分析法的低相关原则，利用多元统计中的数据降维技术进行指标体系的优化，提出若干主因子指标代替原来的输入指标和输出指标。设输入指标和输出指标分别为 m 和 p 。其模型如图 12-3 所示。

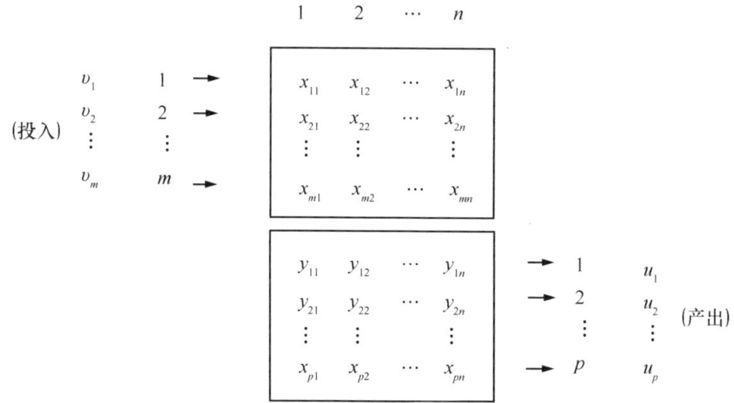

图 12-3　低碳供应商多指标投入与多指标产出评价系统

图 12-3 中，x_{ij} 表示第 j 个供应商第 i 种投入指标的投入量，$x_{ij}>0$；y_{rj} 表示第 j 个供应商第 r 种产出指标的产出量，$y_{rj}>0$；v_i 表示第 i 种投入指标的权系

数，$v_i \geqslant 0$；u_r 表示第 r 种产出指标的权系数，$u_r \geqslant 0$，($i=1$，2，…，m；$j=1$，2，…，n；$r=1$，2，…，p)。

与之前介绍的 C²R 模型不同的是，在这里任意选取 2 个供应商 A，B，使用 DEA 方法分别求出它们的相对效率值 θ_{AB} 和 θ_{BA}，本书采用带阿基米德无穷小量 ε 的 C²R 模型进行求解计算：

$$\begin{cases}\min[\theta_{AB}-\varepsilon(\hat{e}^{\mathrm{T}}s^{-}+e^{\mathrm{T}}s^{+})]=V_{D_{\varepsilon}} \\ \text{s. t.} \sum_{j=1}^{n} x_j\lambda_j + s^{-}=\theta_{AB} \\ \sum_{j=1}^{n} y_j\lambda_j - s^{+}=y_A \\ \lambda_j \geqslant 0, \quad 1 \leqslant j \leqslant n, \quad s^{-} \geqslant 0, \quad s^{+} \geqslant 0\end{cases} \tag{12-4}$$

$$\begin{cases}\min[\theta_{BA}-\varepsilon(\hat{e}^{\mathrm{T}}s^{-}+e^{\mathrm{T}}s^{+})]=V_{D_{\varepsilon}} \\ \text{s. t.} \sum_{j=1}^{n} x_j\lambda_j + s^{-}=\theta_{BA} \\ \sum_{j=1}^{n} y_j\lambda_j - s^{+}=y_B \\ \lambda_j \geqslant 0, \quad 1 \leqslant j \leqslant n, \quad s^{-} \geqslant 0, \quad s^{+} \geqslant 0\end{cases} \tag{12-5}$$

基于以 DEA 的求解结果，计算供应商 A 和 B 的相对效率 a_{AB} 或 a_{BA} ：

$$a_{AB}=\frac{\theta_{AB}}{\theta_{BA}}, \quad a_{BA}=\frac{\theta_{BA}}{\theta_{AB}}=\frac{1}{a_{AB}} \tag{12-6}$$

当 $a_{AB}<1$，表明供应商 A 强于供应商 B；$a_{AB}=1$，表明供应商 A 与供应商 B 实力相当；$a_{AB}>1$，表明供应商 A 不如供应商 B。根据 AHP 法成对比较构成判断矩阵：

$$A=\begin{bmatrix}1 & a_{12} & \cdots & a_{1n} \\ 1/a_{12} & 1 & \cdots & a_{2n} \\ \vdots & \vdots & & \vdots \\ 1/a_{1n} & 1/a_{2n} & \cdots & 1\end{bmatrix}$$

3. AHP 方法的排序和计算 DMU 有效性

根据上一阶段中由 DEA 求得的两两比较矩阵，求出最大特征值 $\lambda_{\max}$ 和其对应的特征向量 $\vec{w}$，$\vec{w}=(w_1, w_2, \cdots, w_n)^{\mathrm{T}}$。$w_j$ 代表第 j 个供应商的相对重要程度，基于此对全部供应商进行排序。除此之外，还可以根据 C²R 模型计算出每个供应商 DEA 是否有效、判断其规模有效性和进行 DEA 的改进。

低碳供应商的选择评价过程如图 12-4 所示。

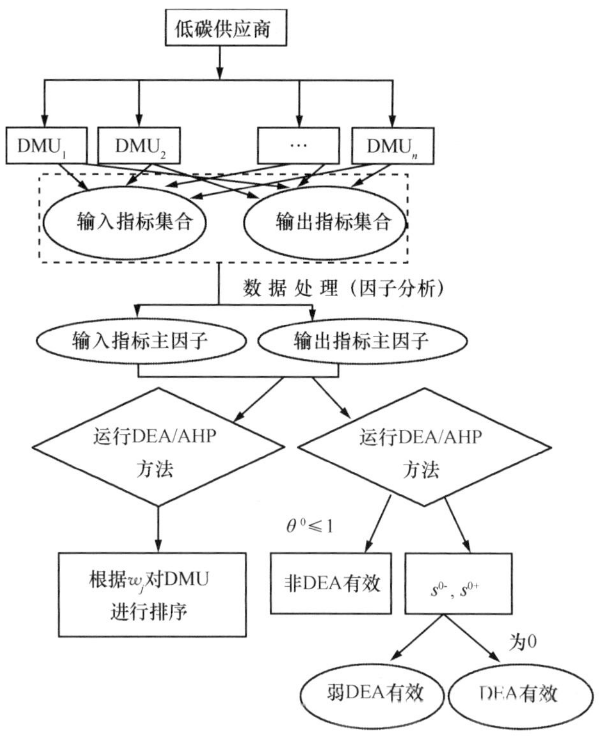

图 12-4　低碳供应商选择评价过程模型

12.6.4　低碳供应商选择评价实证分析

1. A 企业概况

A 企业成立于 1992 年，是一家集矿业开采、钢铁冶炼、钢材加工、建筑开发为一体的钢铁联合企业。2006 年被国家统计局认定为中国大型工业企业。

A 企业积极响应低碳环保举措，坚持环保设施与生产设施同步建设、同步运行。总计安装各种除尘器 32 台（套）、消声器 15 台（套）、净化水处理装置 3 台（套），投资环保设施近 3 亿元。该企业打造工业废水循环经济链条，工业用水全部采用闭路循环，废水经高效水处理设施进行循环处理后重复使用，循环利用率达到 98.4%，基本实现零排放。通过煤气回收系统，企业每天回收利用转炉煤气 40 多万立方米，回收利用高炉煤气 800 多万立方米，相当于 1067 吨标准煤；烧结废气用于焦炭烘干，每年节约焦炭 14 000 多吨；生产余热供本集团办公、生活区取暖和中央空调使用，从而减少了该地区燃煤量，减少二氧化硫和烟尘的排放量，既节省了能源，又对本地区的环境保护做出贡献。企业打造工业废渣循环经济链条，凭借“超细粉”项目的投产，将炼铁车间每年产生的几十万吨水渣做成矿渣超细粉，每年达到几十万吨的生产能力，解决了炼钢年产钢渣 20 万吨替代项目。资源再生、循环利用的技术在 A 企业已经延伸到生产的方方面面，形成了“资源—生产废物—再生资源”的“低碳发展”模式，仅“三废”形成资源后，一年就能创造效益数亿元。

A 企业把节能减排的任务转化为节能减排指标，分解落实到各生产分厂。各分厂再进一步细化，把指标落实到班组。A 企业成立了能源环保办公室，专门负责节能减排的监测、统计分析和考核工作。同时还制定了《能源和环保管理规定》《能源消耗定额管理办法》《节能监督检查办法》，做到了目标明确、责任清楚。对钢铁行业自身而言，低碳调整是一个无限的过程，不断升级的过程。A 企业始终坚持科学发展观，全力发展低碳经济力争在“十二五”期间再上一个新台阶续写低碳环保的绿色篇章。

2. A 企业低碳供应商选择评价过程

A 企业虽然在生产上积极响应低碳环保的举措，但在供应商的选择上并没有特别关注低碳供应商的选择。因此在本次调研中，A 企业愿意以水泥供应商为例，对供应商重新进行选择评价，从中选择更适应低碳供应链管理的供应商。现可供 A 企业选择的供应商有 7 个，出于保护商业秘密的目的，书中所涉及 的供应商名称仅以数字表示。

1）评价指标的删选与数据处理

在运用 DEA/AHP 方法对低碳供应商进行评选时，根据上文中低碳供应商评价选择投入与产出指标，划分为输入指标和输出指标。本书结合 A 企业的实际情况，通过与该企业采购部门、生产部门的领导和员工座谈，最终决定删除“产品获得成本”和“单位产值能耗减少量”这两项指标。其理由分别是：在备选的供应商中有些曾有过短暂的合作，有些没有合作过，所以对产品获得成本中所涉及的成交价格和订货成本等数据无法获得；单位产值能耗减少量这一评价指标是因为部分供应商无法提供未采取低碳举措和采取低碳减排举措前后两个时期对单位产值能耗量的具体数值，因此无法形成对比。通过 A 企业所掌握的供应商的历史资料以及对部分供应商的考察，由供应商企业的相关领导对定性指标进行打分，最终确定输入指标和输出指标以及具体数据资料。

输入指标：质量管理体系、质量改善计划、相对价格水平、员工人均培训时间、装备水平、环境改善费用和科研经费投入率。

输出指标：产品合格率、总资产报酬率、速动比率、利润增长率、准时交货率、订单完成率、企业信誉、信息化水平、企业战略目标兼容性、二氧化碳排放量①、“三废”回收利用率。

由于涉及的指标比较多，输入指标和输出指标分别为 7 个和 11 个。利用 SPSS 软件对各指标进行相关性分析，结果显示，指标间的信息存在一定的重叠，也就说明各评价指标之间是存在一定相关性的，见 KMO 检验。因此，需要对样本指标进行因子分析，从而避免使用大量指标，以少数的几个综合性指标来替代。这样就便于接下来的研究。本书以输出指标为例，介绍其因子分析的过程。

（1）原始变量检验。本书应用 SPSS 软件对样本数据进行 KMO 检验和巴特利特球度检验。KMO 统计量取值在 0 和 1 之间，KMO 越接近 1 则越适合作因子分析，反之则不适合。一般认为 KMO 的值大于 0.9 非常适合，大于 0.7 以上效果一般，0.6 则不太适合，0.5 以下不适合。本案例结果如表 12-15 所示。其中 KMO 值为 0.783，适合作因子分析。Bartlett 检验的显著性概率为 0.000，表示该相关矩阵不是单位矩阵，所取数据来自正态总体，因此适合采用因子分析方法。

表 12-15　KMO 检验与 Bartlett 球度检验结果

KMO 检验		0.783
Bartlett 球度检验	卡方检验	153.679
	自由度	36
	显著性指标	0.000

（2）提取公因子和因子命名。本书用 SPSS 软件中的主成分分析法提取公因子，以特征根大于 1 作为纳入标准。由表 12-16 可知，所提取的 4 个公因子的累计方差贡献率达到了 94.048%，说明这 4 个公因子概括了原来变量总信息量的绝大多数，故选取这 4 个因子作为主因子。

表 12-17 和表 12-18 分别表示的是因子载荷矩阵和经 Varimax 法进行旋转后得到的因子载荷矩阵，用旋转后的载荷矩阵分析主因子所代表的含义，从而得到各主因子的命名。

① 参阅世界可持续发展理事会（World Business Council for Sustainable Development，WBCSD）编制的《水泥工业二氧化碳计算和报道标准（CSI）》，水泥生产的二氧化碳排放分为直接排放和间接排放。鉴于生产工艺的复杂性以及数据收集的局限，仅以直接排放中二氧化碳排放量比重较大的原料煅烧所产生的二氧化碳来代替水泥生产所产生的总体排放量。1 吨水泥熟料由原料煅烧分解排放 0.527 吨二氧化碳，即二氧化碳排放量＝熟料×0.527（吨）。

表 12-16　总方差解释表

成分	初始特征值			被提取的载荷平方和			旋转平方和		
	合计	方差贡献率/%	累计方差贡献率/%	合计	方差贡献率/%	累计方差贡献率/%	合计	方差贡献率/%	累计方差贡献率/%
1	4.896	44.510	44.510	4.896	44.510	44.510	3.876	35.233	35.233
2	2.523	22.935	67.445	2.523	22.935	67.445	2.384	21.673	56.906
3	1.987	18.061	85.506	1.987	18.061	85.506	2.376	21.603	78.509
4	0.940	8.542	94.048	0.940	8.542	94.048	1.709	15.539	94.048
5	0.536	4.870	98.918						
6	0.119	1.082	100.000						
7	2.615×10^{-16}	2.378×10^{-15}	100.000						
8	2.065×10^{-16}	1.877×10^{-15}	100.000						
9	-6.066×10^{-16}	-5.515×10^{-16}	100.000						
10	-1.769×10^{-16}	-1.608×10^{-15}	100.000						
11	-3.063×10^{-16}	-2.784×10^{-15}	100.000						

注：提取方法为主成分分析法

表 12-17　因子载荷矩阵

成分	1	2	3	4
信息化水平	0.933	0.173	−0.265	−0.169
企业战略兼容性	0.856	0.188	−0.310	−0.038
企业信誉	0.826	0.248	−0.399	0.063
“三废”回收利用率	−0.052	0.672	0.377	0.367
二氧化碳排放量	0.041	0.849	−0.345	−0.279
总资产报酬率	−0.307	0.268	0.889	0.422
速动比率	0.292	−0.487	0.741	−0.450
利润增长率	0.418	−0.287	0.841	−0.181
准时交货率	0.243	0.451	−0.177	0.765
订单完成率	0.076	0.328	−0.436	0.885
产品合格率	0.223	−0.365	0.428	0.703

注：提取方法为主成分分析法；提取 4 个主成分

表 12-18　旋转后的因子载荷矩阵

成分	1	2	3	4
信息化水平	0.950	0.022	−0.012	0.001
企业战略兼容性	0.904	0.005	−0.252	−0.159

续表

成分	1	2	3	4
企业信誉	0.876	0.026	−0.304	0.067
“三废”回收利用率	−0.071	0.730	−0.410	0.238
二氧化碳排放量	0.032	0.923	−0.244	−0.158
总资产报酬率	0.309	0.269	0.830	0.146
速动比率	−0.467	−0.131	0.724	−0.288
利润增长率	0.210	0.173	0.958	−0.006
准时交货率	0.322	0.208	−0.086	0.784
订单完成率	−0.284	0.251	0.132	0.897
产品合格率	0.255	−0.502	0.400	0.685

注：提取方法为主成分分析法；旋转法为最大方差法旋转；经过 7 次迭代收敛

第一公共因子在信息化水平、企业战略兼容性和企业信誉上有高载荷，以上三个指标反映了供应商信誉合作水平，故称信誉合作因子。

第二公共因子在“三废”回收利用率和二氧化碳排放量上有高载荷，称之为低碳环保因子。

第三公共因子在总资产报酬率、速动比率和利润增长率上有高载荷，反映的是供应商的财务状况，称之为经济水平因子。

第四公共因子在准时交货率、订单完成率和产品合格率上有高载荷，称之为供货能力因子。

(3) 因子得分。SPSS 对实例分析的输出结果，在数据文件中生成了 4 个变量 fac1 _ 1、fac2 _ 1、fac3 _ 1 和 fac4 _ 1，储存着 4 个公因子的得分，可直接通过该软件直接生成 4 个新的综合 fac1 _ 1、fac2 _ 1、fac3 _ 1 和 fac4 _ 1，如表 12-19所示。

表 12-19　输出指标各因子得分

供应商	信誉合作因子	低碳环保因子	经济水平因子	供货能力因子
1	0.008 59	1.465 30	−1.113 99	0.476 57
2	−0.009 42	0.60 570	1.458 66	0.843 87
3	−1.475 32	0.623 07	0.115 94	0.380 41
4	−0.043 55	0.298 11	1.025 03	−0.397 17
5	−0.915 84	−1.383 69	−0.914 30	−1.114 12
6	1.126 39	−0.911 11	−0.818 60	1.227 92
7	1.309 15	0.514 03	0.247 26	−1.417 48

(4) 数据归一化处理。原始数据中带有负数，则进行归一化处理。处理标准为：设 a_i 为第 i 项投入或产出的最大值，b_i 为第 i 项投入或产出的最小值，z_{ij} 分别表示相应的投入项 x_{ij} 或产出项 y_{ij}，于是得到 $z'_{ij}=0.1+0.9\times\frac{z_{ij}-b_i}{a_i-b_i}(j=1,2,\cdots,n)$。归一化处理后的才可以得到真正的输入输出数据，如表 12-20 所示。

表 12-20 输出指标数据处理后的各因子得分

供应商	信誉合作因子	低碳环保因子	经济水平因子	供货能力因子
1	0.58	1.00	0.10	0.74
2	0.57	0.33	1.00	0.85
3	0.10	0.73	0.51	0.71
4	0.56	0.63	0.82	0.45
5	0.28	0.10	0.17	0.20
6	0.54	0.25	0.20	1.00
7	1.00	0.70	0.56	0.10

同理，用 SPSS 软件对输入指标进行运算，得到两个主因子可以表示现有的 7 个输入指标，两个主因子的贡献率达到 85.17%，其中质量管理体系、质量改善计划和相对价格水平在第一个公因子上有高载荷，反映的是供应商的产品水平，称之为产品水平因子。员工人均培训时间、装备水平、科研经费投入率、环境改善费用在第二个公因子上有高载荷，反映的是为保障企业发展投入的成本、员工等技术和装备等因素，可称之为业务保障因子。其输入指标最后的因子得分如表 12-21 所示。

表 12-21 输入指标数据处理后的各因子得分

供应商	产品水平因子	业务保障因子
DMU_1	0.96	0.52
DMU_2	0.54	0.76
DMU_3	0.75	1.00
DMU_4	0.23	0.59
DMU_5	1.00	0.25
DMU_6	0.57	0.10
DMU_7	0.10	0.17

根据 C^2R 模型，7 个供应商可以看成是 7 个 DMU，通过因子分析，每个 DMU 分别有 2 个输入指标和 4 个输出指标，如表 12-22 所示。

表 12-22　低碳供应商投入与产出数据

DMU	DMU_1	DMU_2	DMU_3	DMU_4	DMU_5	DMU_6	DMU_7
x_1	0.96	0.54	0.75	0.23	1.00	0.57	0.10
x_2	0.52	0.76	1.00	0.59	0.25	0.10	0.17
y_1	0.58	0.57	0.10	0.56	0.28	0.54	1.00
y_2	1.00	0.33	0.73	0.63	0.10	0.25	0.70
y_3	0.10	1.00	0.51	0.82	0.17	0.20	0.56
y_4	0.74	0.85	0.71	0.45	0.20	1.00	0.10

2）低碳供应商判断矩阵的建立

根据式（12-4）～式（12-6）三个公式，计算决策单元两两相对效率，以 DMU_1 和 DMU_2 为例：

$$\begin{cases}\min[\theta-\varepsilon(s_1^-+s_2^-+s_1^++s_2^++s_3^++s_4^+)]\\ 0.96\lambda_1+0.54\lambda_2+s_1^-=0.96\theta\\ 0.52\lambda_1+0.76\lambda_2+s_1^-=0.52\theta\\ 0.58\lambda_1+0.57\lambda_2-s_1^+=0.58\\ 1.00\lambda_1+0.33\lambda_2-s_2^+=1.00\\ 0.10\lambda_1+1.00\lambda_2-s_3^+=0.10\\ 0.74\lambda_1+0.85\lambda_2-s_4^+=0.74\end{cases}\tag{12-7}$$

$$\theta_{12}=0.8231$$

$$\begin{cases}\min[\theta-\varepsilon(s_1^-+s_2^-+s_1^++s_2^++s_3^++s_4^+)]\\ 0.96\lambda_1+0.54\lambda_2+s_1^-=0.54\theta\\ 0.52\lambda_1+0.76\lambda_2+s_2^-=0.76\theta\\ 0.58\lambda_1+0.57\lambda_2-s_1^+=0.57\\ 1.00\lambda_1+0.33\lambda_2-s_2^+=0.33\\ 0.10\lambda_1+1.00\lambda_2-s_3^+=1.00\\ 0.74\lambda_1+0.85\lambda_2-s_4^+=0.85\end{cases}\tag{12-8}$$

$$\theta_{21}=1.000$$

$$a_{12}=0.8231,\quad a_{21}=\frac{1}{a_{12}}=1.2149$$

同理得 AHP 的判断矩阵为

$$A=\begin{bmatrix} 1 & 0.8231 & 1.2139 & 0.9123 & 1.1875 & 0.7419 & 0.7619 \\ 1.2149 & 1 & 1.2579 & 1.0000 & 2.2041 & 0.9237 & 0.9123 \\ 0.8238 & 0.7950 & 1 & 0.8123 & 1.1448 & 0.6327 & 0.6213 \\ 1.0728 & 1.0000 & 1.2311 & 1 & 1.8755 & 0.8979 & 0.8876 \\ 0.8421 & 0.4537 & 0.8735 & 0.5332 & 1 & 0.3928 & 0.3680 \\ 1.3125 & 1.0826 & 1.5693 & 1.1137 & 2.5456 & 1 & 1.0000 \\ 1.3478 & 1.0961 & 1.6095 & 1.1266 & 2.7175 & 1.0000 & 1 \end{bmatrix}$$

3）AHP 方法的排序及计算 DMU 有效性

（1）AHP 综合排序。通过上述判断矩阵计算最大特征值 $\lambda_{\max}$ 和其对应的特征向量 $\vec{w}$：

$$\lambda_{\max}=7.019$$

$$\vec{w}=[0.2423 \quad 0.3619 \quad 0.2073 \quad 0.3327 \quad 0.1825 \quad 0.4001 \quad 0.41200]^{\mathrm{T}}$$

对判断矩阵进行一致性检验：$\mathrm{CI}=\dfrac{\lambda_{\max}-n}{n-1}=\dfrac{7.019-7}{7-1}=0.003<0.01$。

平均一致性指标 RI=1.36，则 CR=CI/RI=0.003/1.36=0.002<0.01，可以通过一致性检验。

因此可以得到 AHP 综合排序的结果从大到小依次为：DMU_7，DMU_6，DMU_2，DMU_4，DMU_1，DMU_3，DMU_5。

（2）DEA 模型的有效性判断。根据带阿基米德无穷小量 ε 的 $\mathrm{C^2R}$ 模型，利用 Matlab 软件，可以方便地计算出各 DMU 的有效性，其结果如表 12-23 和表 12-24 所示。

表 12-23　各 DMU 有效性评价结果

DMU	λ_1^0	λ_2^0	λ_3^0	λ_4^0	λ_5^0	λ_6^0	λ_7^0
1	0.000 0	0.000 0	0.000 0	0.000 0	0.000 0	0.619 3	1.207 4
2	0.000 0	0.000 0	0.000 0	0.857 4	0.000 0	0.426 4	0.377 9
3	0.000 0	0.263 8	0.000 0	0.000 0	0.000 0	0.403 1	0.774 6
4	0.000 0	0.388 9	0.000 0	0.000 0	0.000 0	0.036 0	0.757 0
5	0.000 0	0.000 0	0.000 0	0.000 0	0.000 0	0.175 9	0.240 7
6	0.000 0	0.240 6	0.000 0	0.000 0	0.000 0	0.000 0	0.600 0
7	0.000 0	0.000 0	0.000 0	0.000 0	0.000 0	0.000 0	1.000 0

表 12-24　各 DMU 有效性评价结果

DMU	s_1^{0-}	s_2^{0-}	s_1^{0+}	s_2^{0+}	s_3^{0+}	s_4^{0+}	θ	K
1	0.143 4	0.000 0	0.000 0	1.209 5	0.700 0	0.000 0	0.513 8	3.555 3
2	0.000 0	0.000 0	0.581 3	0.688 8	0.000 0	0.000 0	0.806 3	2.060 9
3	0.000 0	0.000 0	0.000 0	1.203 8	0.268 1	0.000 0	0.372 5	3.236 5
4	0.000 0	0.000 0	0.037 2	0.452 5	0.000 0	0.000 0	0.725 2	1.630 0
5	0.144 9	0.000 0	0.112 5	0.126 1	0.000 0	0.000 0	0.234 1	1.880 0
6	0.000 0	0.000 0	0.000 0	2.121 2	0.071 6	0.747 3	0.718 3	1.165 0
7	0.000 0	0.000 0	0.000 0	0.000 0	0.000 0	0.000 0	1.000 0	1.000 0

3. *A* 企业低碳供应商选择评价结果分析

(1) 根据 AHP 的综合排序结果不难发现，AHP 的排序第一，所以对 *A* 企业来说，第 7 家低碳供应商为最优选择。

(2) 根据表 12-23 和表 12-24 可以得出以下结论。

第一，从总体规模有效性和技术有效性的角度来看，$DMU_7=1$，且 $s^{0-}=0$，$s^{0+}=0$，DMU_7 是有效的，说明该低碳供应商资源得到充分利用，投入要素到达最佳组合，取得了最大的产出效果。其他 DMU 的相对效率值都小于 1，因此是 DMU 无效的。

第二，从规模收益的角度来看，除了第 7 家低碳供应商外，其他 6 家低碳供应商的 k 值均大于 1，即规模收益递减，这说明低碳供应商企业对资源没有得到充分利用，产出水平没有达到预期的效果，因此这些低碳供应商企业应该在现有基础上加强管理水平，考虑如何充分利用资源，从而获得更大的产出，改善经济效益递减的趋势。

值得注意的是，从本案例选取的输入指标具体问题具体分析，投入松弛变量有冗余，但不能说明企业在产品水平和业务保障方面投入过多，无论是对产品的质量管理、员工人均培训时间或是环境改善费用等方面，企业对其任何一项的投入都是值得鼓励的，问题的关键是要使投入真正发挥功效。如供应商企业提高装备水平，追加对环境治理的费用，这些投入是不是对企业产品质量的提高和环境的改善有所帮助。

产出的松弛变量中大于 0 的部分是对应的产出不足量，主要体现在低碳供应商的信誉合作、低碳环保水平上，尤其是低碳环保因子的产出不足更高。这也说明在低碳经济发展的初期，供应商企业不太注视低碳环保，或是虽然有意在低碳环保上做文章，但效果还不显著，还需企业在低碳环保方面提高效率。

第三，如果仅以 DEA 方法判断 DEA 的有效性，那么不难发现如果存在两家供应商 DEA 同时为 1，不能进一步区分优劣，用 DEA/AHP 方法则可以进一步区分。

第13章　低碳供应链管理的实施——以云南化工行业为例

13.1　云南化工行业实施低碳供应链管理的现状

13.1.1　云南化工行业概况

云南拥有丰富的能源、矿产等资源，资源总量居全国第6位，人均资源量是全国平均水平的2倍，人均拥有资源丰富度值为全国平均值的2.4倍，全省水能资源理论蕴藏量居全国第2位，经济可开发量占全国可开发量的1/4，在已发现的142种矿产中，有35种储量居全国前5位。发展化工行业能充分利用这些资源，将资源优势转化为经济优势（车志敏，2008）。云南地处中国、东南亚、南亚三大市场的结合部，对内连接国内市场，对外连接东南亚、南亚市场，东南亚、南亚地区也拥有丰富的能源、矿产等资源，且它们中许多国家，特别是云南周边国家，正处于工业化刚刚起步的阶段，工业发展处于主要依赖开发自然资源和对原材料进行初加工，需要大量的化工产品。云南拥有的资源和区位优势可以充分利用这些国家丰富的自然资源和原材料发展化工行业，也可以向这些国家出口其经济建设需要的深加工化工产品。

到2009年云南省规模以上的化工企业，有化学原料及化学制品制造业、医药制造业、化学纤维制造业、橡胶制造业以及塑料制造业等，共计500家。如表13-1所示，化学原料及化学制品制造业2009年总产值达到4 707 262万元，比上年增值5.4%，出口交货值达321 897万元；医药制造业总产值达1 201 352万元，比上年增值17.2%，出口交货值达35 485万元；化学纤维制造业总产值达121 928万元，比上年增值2.6%；橡胶制造业总产值达30381万元，比上年增值0.9%，出口交货值达33万元；塑料制造业总产值达356526万元，比上年增值14.7%。近年来，云南省积极发展新型化工，依托资源优势和区位优势，引导化工企业延伸下游产业链，以产品的高附加值和高技术含量推动化工行业竞争力的整体提升。

表 13-1　省规模以上化工企业增加值（2004～2009 年）

类别	2004 年		2005 年		2006 年		2007 年		2008 年		2009 年	
	增值/万元	比上年/%	增值/万元	比上年/%	增值/万元	比上年/%	增值/万元	比上年/%	增值/万元	比上年/%	增值/万元	比上年/%
化学原料及化学制品制造业	513 273	22.8	653 108	19.0	811 210	22.0	864 892	18.6	1 257 976	19.3	1 148 615	5.4
医药制造业	180 317	13.8	210 789	9.4	243 610	13.5	314 789	24.0	397 603	18.9	469 740	17.2
化学纤维制造业	16 516	−1.6	37 184	118.7	41 957	9.8	37 943	4.8	40 032	1.5	43 931	2.6
橡胶制品业	3 219	18.2	4 481	6.8	5 969	9.2	7 059	11.0	8 127	4.2	27 972	−0.9
塑料制造业	27 370	−11.6	30 948	−13.6	35 553	9.6	42 629	6.5	71 611	40.8	80 374	14.7

资料来源：云南统计局．2010. 云南统计年鉴 2010 [M]．北京：中国统计出版社

从表 13-1 看，云南省化工行业企业年总产值都在不断增加，目前云南省磷化工企业“以肥为主”，主要产品是磷复肥、氮肥。磷复肥、氮肥市场容量已接近饱和，下一步发展重点是煤化工、有机化工、玻璃纤维、盐及盐化工、天然气化工等“以化为主”的产业。2009 年氮、磷肥产量达到 356.73 万吨，化学纤维达到 36 258 万吨，硫酸 939.2 万吨，纯碱 140 877.90 吨，烧碱 205 594 吨，化学农药 1325 吨，化学医药 2242.66 吨，塑料 343 090.94 吨。云南省工业发展迅速，但基本都是资源型的。多年来对资源的粗放消耗，导致供给量急剧下降，产业发展后续资源严重不足。目前昆钢原料的 50%、云铜原料的 60%、云铝原料的 100%都依赖进口。省化工企业多为“三高一低”企业，技术落后，生产的大多是初级产品，加工业及下游产业落后，丰富的资源大部分作为原料或初级产品输送到外省深加工，不能产生较高的附加值，没有很好地把资源优势转化为经济优势。而云南省的工业废气排放量达 94 838 008 万标立方米，废水排放量达 32 375 万吨，固体废物产生量达 8673 万吨，增长迅速。按照国家的节能减排政策，云南省应该淘汰或限制落后产能，发展化工产品的精深加工，加大科技和制度创新，以节能减排为目的，大力调整产能结构，积极延伸产业链，切实转变经济发展方式，走一条符合云南化工行业科学发展之路。

13.1.2　云南化工行业大力推进节能减排

在党的十六大确立的“解放思想、实事求是、与时俱进、开拓创新”的思想路线指引下，党中央提出科学发展观与和谐世界观，把建设生态文明提升到与建设物质文明、精神文明、政治文明同等的高度，把应对气候问题纳入构建和谐社会与和谐世界的总体战略中。2009 年 9 月，胡锦涛同志在联合国气候变化峰会上，提出了中国今后应对气候变化的具体措施：一是加强节能，提高能效，争取

到 2020 年单位 GDP 的 CO_2 排放比 2005 年有显著下降；二是大力发展可再生能源和核能，争取 2020 年非化石能源占一次能源消费的比重达到 15%左右；三是大力增加森林碳汇，争取到 2020 年森林面积比 2005 年增加 4000 万公顷，森林蓄积量比 2005 年增加 13 亿立方米；四是大力发展绿色经济，积极发展低碳经济和循环经济，研发和推广气候友好技术。

云南素有“有色金属王国”之称，经济发展对资源的依赖性和化工产业的耗能比重达，高污染、高排放等环境问题比较突出。云南省二氧化碳年排放量从 2005 年 1.19 亿吨上升到 1.52 亿吨，人均排放量也从 2.13 吨上升到 3.34 吨，省单位 GDP 二氧化碳排放量高于全国平均水平 21%左右。在面临经济高速发展和低碳转型的选择中，云南省节能减排工作颇具压力。化工行业一直是高能耗、高污染的一个行业，其节能减排工作更是重中之重。“十五”期间，云南省先后出台“十五”化工行业发展规划和一些重点产业的准入条件，有效地避免了行业的重复建设和恶性竞争，指导行业走可持续发展的道路，并通过资源整合、整顿进一步保证了化工行业发展的原料基础。从 2003 年下半年开始，云南省全面推进磷矿资源的总体建设，将优质资源向优势化工企业集中。同时，从产业布局来看，形成了较为合理的以昆明、滇东北、滇南为中心的三大化工区域发展经济带。为推动全省化工行业走节能减排的可持续发展之路，云南省经济委员会将进一步推出限制和淘汰落后产能的具体措施：限制类和淘汰类分别执行不同的电价标准，严格限制新增黄磷装置及老装置的扩能改造，全面推进黄磷产业节能降耗工作及磷铁利用、泥磷回收、粉尘收集、尾气净化等降耗技术的使用。省级工业园区（包括特色工业园区）、省确定的工业强县市率先限制化工过剩产能项目的引进和扩能建设，坚决淘汰现存的落后生产能力；自然保护区、风景名胜区、森林公园、世界自然文化遗产地和高原湖泊汇水区内，城市规划区 10 千米以内，主要河流两岸和公里主干道两侧 2 千米以内，居民聚集区和食品、药品、精密制造生产设施 1 千米以内，限制新的化工项目建设，已有项目应逐步向工业聚集区搬迁改造。云南省及各州（市）单位 GDP 能耗等指标如表 13-2 所示。云南“十一五”的节能目标是：到 2010 年，全省万元 GDP 能耗比 2005 年减低 17%，由 1.73 吨标准煤下降到 1.44 吨标准煤。“十一五”前 4 年全省单位 GDP 能耗累计下降 14.11%，累计完成目标进度为 81.63%，全社会实现节能量 1160 万吨标准煤，折合减排二氧化硫 18.6 万吨，减排二氧化碳 3000 多吨，相当于多创造生产总值 740 多亿元。2010 年上半年，全省完成总产值 3037.61 亿元，同比增长 13.8%。全省单位 GDP 能耗同比下降 2.57%，全省社会用电量 465.1 亿千瓦时，同比增长 12.37%，单位 GDP 电耗同比下降 1.26，全省规模以上工业单位增加值能耗下降 3.39%，节能指标一片绿色。2009 年云南省每消耗 1 吨标准煤多产出 950 元，相当于多创造生产总值 740 多亿元，云南省“十一五”节能目标完成进度在全国名列前茅，多项重要节能减排指标达到全国前列。

表 13-2　2009 年云南省及各州（市）单位 GDP 能耗等指标

地区	单位 GDP 能耗		单位工业增加值能耗		单位 GDP 电耗	
	指标值/（吨标准煤/万元）	上升或下降/（±%）	指标值/（吨标准煤/万元）	上升或下降/（±%）	指标值/（吨标准煤/万元）	上升或下降/（±%）
云南省	1.495	−4.60	2.739	−3.78	1591.1	−4.16
昆明市	1.223	−4.61	2.001	−2.58	1441.1	−7.34
曲靖市	1.730	−5.60	4.955	2.87	2127.3	−1.26
玉溪市	1.663	−4.62	1.684	−7.41	1462.5	−1.35
保山市	1.477	−3.92	2.453	−21.57	1409.6	−7.74
昭通市	1.512	−3.91	2.485	−11.01	1276.8	−1.14
丽江市	1.499	−3.94	4.441	−10.69	1704.2	−4.39
普洱市	1.287	−2.50	2.000	−21.82	1111.0	−8.25
临沧市	1.097	−3.50	1.322	−28.05	895.7	−6.05
楚雄州	1.357	−3.95	1.880	−8.96	1243.0	−4.13
红河州	2.035	−3.92	3.770	−6.81	2385.5	−3.59
文山州	1.408	−5.34	1.772	−12.84	1871.2	−3.08
西双版纳	0.996	−5.04	1.073	−12.25	1081.9	−4.92
大理州	1.416	−5.51	2.088	−14.16	1226.5	−5.85
德宏州	1.526	−4.30	3.100	−18.31	2516.1	−5.80
怒江州	1.351	−5.06	0.830	−11.19	1660.1	−13.33
迪庆州	1.247	−4.02	0.841	−22.00	1356.4	−4.89

资料来源：云南省统计局政府信息公开网站

云南解化集团有限公司在国家节能减排政策的引导下，出台了《三废综合治理规划》，投资 3.9 亿元对现有设备进行升级换代，采取源头治理与末端治理相结合的办法，以尽快实现达标排放为目标，进行硫化氢、二氧化硫和氮氧化物的综合治理。该厂领导和集团还签订责任状，到期完不成任务者将进行离职处理。由于措施的坚决执行和减排项目的具体实施，该厂废水废气排放量大量减少，周围的人居环境得到极大改善。云南化工行业代表企业云天化集团董事长董华说，集团目前规划的 14 套硫酸低温位热能回收项目全部建成后，在生产硫酸产量不减少的情况下，每年将增加副产蒸汽 351 万吨，可节约标煤 34 万吨，减排二氧化碳 93 万吨，有着较大的社会效益。云天化投资 11.76 亿元用于加快淘汰落后产能，实施节能减排项目 270 多个，重点完成了硫酸低温位热能利用项目、热法磷酸余热利用项目、黄磷尾气综合利用项目等重大节能项目。到 2010 年 7 月，累计实现可比价产值节能 195.2 万吨标准煤（郑季良，2010）。云南冶金集团 2006～2009 年实现节能 22 万多吨的标准煤，提前一年并超额完成省政府规定的“十一五”节能目标。云南省化工行业在这些领头羊的带领下，快速步入节能减排、低碳的行列。秦光荣在云南省召开的节能减排工作会议上表示：每年升级财政预算安排不低于 1 亿元的节能减排专项资金，确保重点节能减排项目的顺利实施。云南省政府还出台相应政策，推进优势生物产业、光电子、旅游、装备制造、现代物流等低能耗的新兴产业发展，加大低能耗、低排放产业在工业经济中的比重。2010 年 7 月云南省政府向社会公示了《2010 年云南省淘汰落后产能公告名单》，涉及 10 个行业（炼铁、炼钢、焦炭、铁合金、电石、铜冶炼、铅冶炼、锌冶炼、水泥、造纸），165 家企业，规定各州市 2010 年 9 月 30 日前必须全部关停整顿，对未按时完成关停的企业所在的州（市）政府、行业部门、企业及相关行政部门，将追究主要领导责任，实行严格的问责制。同时，实施节能示范项目，逐步形成储备一批，实施一批，投产一批的项目建设模式。云南省与国家开发银行合作设立了 200 亿产业专项贷款，由财政贴息促进新兴优势产业发展。省政府与中广核集团有限公司签署“能源合作框架协议”，旨在与广东携手在清洁能源、矿产资源的开发和有效利用方式上全面推进云南的新能源建设。

13.2 影响因素的研究假设与问卷设计

13.2.1 影响因素的研究假设

通过大量的文献阅读和前面的章节分析，本书认为政府政策、社会舆论、核心企业行为、上下游企业间行为会显著影响企业实施低碳供应链管理。

1. 政府政策导向与企业的低碳行为

任何国家发展低碳经济、研发低碳技术都需要有一个制度保障体系，因此建立本国的政策体系是至关重要的，这样不仅可以把发展低碳经济提升到国家的战略高度，同时可以通过各种政策的优惠措施鼓励更多企业投入到低碳行列（孙桂娟等，2010）。政策的表达形式一般包括法律、法规、规章、行政命令、国家重要领导人的讲话或批示，以及政府的大型规划、具体的行动计划与策略等。政策能引导社会中人们的行为或事物的发展朝着政策制定者所期望的方向发展，把整个社会生活由复杂的、多面的、相互冲突的、漫无目标的潮流，纳入明晰的、单面的、统一的、目标明确的轨道，使社会有序地发展。

2007 年 10 月 28 日在第十届全国人民代表大会上修订通过了《中华人民共和国节约能源法》，该法首次提到低碳的概念，分别规定节能低碳管理，工业、建筑、交通运输节能低碳，节能低碳技术，重点用能单位节能低碳，公共机构节能低碳等。国家将实行有利于节能低碳和环境保护的产业政策，限制发展高能耗、高污染行业，发展节能低碳环保型产业。鼓励工业企业采用高效的、节能低碳型的电动机、锅炉、窑炉、风机、泵类等设备，采用热点联产，余热余压利用、洁净煤以及先进的用能监测和控制等技术。在 2004 年国家发改委发布的我国第一个《节能中长期专项规划》中指出主要产品单位能耗指标为到 2010 年总体达到或接近 20 世纪 90 年代初期国际先进水平，其中大中型企业达到 21 世纪初国际先进水平，2020 年达到或接近国际先进水平。主要产品单位能耗指标见表 13-3。国务院明确表示把应对气候变化目标纳入“十二五”规划中，并落实到地方与行业的发展规划中。“十二五”期间要大规模推广应用目前成熟先进的能效技术、节能建筑、太阳能热利用、热电联产、热泵、超超临界锅炉、二代加核电、混合动力汽车等；着手安排部署新一代低碳技术的研究开发和示范运营，如三代核电、风电、电动汽车、整体煤气化联合循环发电系统（integrated gasification combined cycle，IGCC）、太阳能光伏发电技术，加快其商业化进程；同时，开展四代核能、碳捕获与埋存技术（carbon capture and storage，CCS）、太阳能热发电、二代生物燃料、先进材料等技术的基础研究。目前国务院研究制定的政策有《节能环保产业发展规划》《新兴能源产业发展规划》《发展低碳经济指导意见》和《加快推行合同能源管理，促进节能服务业发展的意见》等。

表 13-3　主要产品单位能耗指标

指标	单位	2000 年	2005 年	2010 年	2020 年
火电供电煤耗	克标准煤/千瓦时	392	377	360	320
吨钢综合能耗	千克标准煤/吨	906	760	730	700
10 种有色金属综合能耗	吨标准煤/吨	4.809	4.665	4.595	4.450
乙烯综合能耗	千克标准油/吨	848	700	650	600
水泥综合能耗	千克标准煤/吨	181	159	148	129
建筑陶瓷综合能耗	千克标准煤/平方米	10.04	9.9	9.2	7.2
铁路运输综合能耗	吨标准煤/百万吨换算千米	10.41	9.65	9.40	9.00

从企业角度来看，受政府政策影响，企业会根据政策利弊来调整自己未来的发展方向，努力进行技术创新，提高能效，加入全球的低碳环保行列。

2. 社会舆论与企业的低碳行为

企业在社会中具有“经济人”和“社会人”的双重角色，既有追求利润的权利，又有尽义务的社会责任（张贤荣，2010）。社会公众是企业的消费群体，社会公众的选择会直接影响到企业的利益，特别是在资讯发达的今天，企业更有必要尊重社会公众的看法，并且要不断加强其社会责任，构建企业与社会公众的和谐关系，促使整个经济社会的和谐发展。虽然企业对社会公众的影响是多方面的，但是本书要讨论的是社会公众对企业的影响，首先前面已经提过社会公众的需求利益决定企业的生存。其次社会公众对企业的评价、对企业的诉讼、对企业的态度这些所构成的社会舆论会直接影响到企业的发展。社会公众对企业的产品质量、服务等的评价会直接或间接地传递到自己所在的单位、群体或组织，传递给自己的家人、朋友和同事，甚至会传递到与该企业有商务来往的企业，这些不可控制因素会极大地影响企业声誉。企业经营的理念、企业文化等不能被社会公众所接受，也会遭到排斥或抵制。如今大家都在谈论气候变化问题严重，呼吁人们保护人类赖以生存的地球，节约资源，减少排放物，低碳生活，走一条可持续发展的科学发展之路。而如果某企业仍然我行我素，行高能耗高污染，影响周围居民生活和健康之路，一定会严重影响甚至威胁到企业的生存和发展。所以在社会舆论的压力下，企业必须正确面对并承担相应的社会责任。世通华纳的董事长张乐阳先生通过媒体告诉大家“低碳出行，从我做起”。沃尔玛的绿色行动也向大家传递一种企业理念：我们关注环境，关注人类的生存和可持续发展。这些行为不仅提升了企业形象，更能为企业赢来好的合作伙伴和广阔的市场空间。

3. 核心企业引导与企业的低碳行为

从整个供应链的结构上看，可以认为是由一个主导企业（可以是生产商、供应商或零售商）充当某一群企业的核心，把其他成员企业联结在核心企业周围所构成一个网链，如图 13-1 所示。供应链上的各成员企业具有独立的法人资格，即各企业之间没有行政的隶属关系。所以供应链管理不能依靠行政手段，而是通过企业间存在的共同利益所产生的驱动力、凝聚力将众多供应链企业高效运营起来。在实践中，我们发现供应链中核心企业的影响力在很大程度上决定了供应链运作良好与否以及整个供应链竞争力的大小，可见核心企业在整个供应链的运作中占有重要地位。

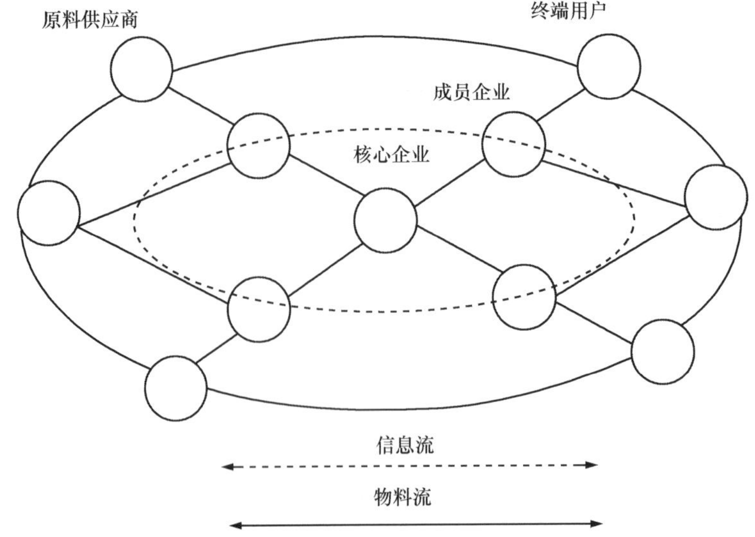

图 13-1　核心企业在供应链中的地位概念模型

如图 13-1 所示，核心企业是整条供应链的信息交换中心，商品的需求与供给信息在核心企业处交汇后，经过处理生成各节点企业的需求信息，此信息交换的质量会直接影响整个供应链的运作效率。核心企业也会扮演物流集散的调度角色，首先是原材料供应商向上游企业提供物料，然后由生成型企业进行制造加工，再流向销售商最终到达用户手里。核心企业必须保证各个成员企业都能在准确的时间得到确定的产品种类和数量，既不会造成缺货也不会造成库存积压，尽量降低整个供应链的总成本。此外，核心企业还通过其企业规模和在行业中的影响力、新产品的研发能力及产品在市场上的占有率、企业主营产品的合理结构、企业的经营理念和本企业长期以来形成的商业信誉等来增加其核心地位的影响力，提升对成员企业的吸纳力以及成员企业对其的信任感，最终形成供应链企业间的战略合作关系，使得供应链高效运作。可见核心企业行为能极大地影响供应链成员企业的低碳化行为。

4. 上下游企业间行为与企业的低碳行为

供应链是涵盖不同产品变化过程和活动的上下游企业链接而成的组织化网络。企业与供应链上的其他成员企业是一种竞争合作关系，或者说是合作伙伴关系（李振超，2010）。从价值传递过程来看，供应链管理就是将供应链上的功能转移到最有效率的节点企业，最大限度地增加价值、提高效率，促使整个供应链协调运作，这是供应链竞争的一种趋势。但是毕竟供应链各节点企业是不同的经济实体，具有不同的经济法人地位，所以在这种价值的转移过程中，上下游企业之间追求的目标肯定存在一定程度的争议。例如，销售商（下游企业）根据初步需求预测，向制造商（上游企业）签订合约，要求制造商建立某种产品的生产能力，合约签订后，销售商根据实际需求提交最终订单。如果销售商在最初的预测是基于乐观的需求预测，而实际并没有出现市场高需求的时候，制造商将面临过剩投资；如果制造商决定谨慎投资，当市场出现高需求时，两企业都将面临供货不足。很显然这两种结果是有损双方企业利益的，也影响了整个供应链的运作效率。那么在实际操作中，就需要上下游企业间基于互相信任地协商与合作，信任能减少供应链企业间的交易成本，促进企业间的合作，提高整个供应链的快速反应能力，更能保持合作伙伴的固定性。因此，供应链企业间行为能直接影响到企业的行为。

13.2.2 问卷的设计

本书实证部分采用问卷作为主要的调查工具，意图通过问卷调查，获得影响企业实施低碳供应链管理的因素。以供应链中节点企业生产型企业立足，分析其在采购、销售过程中的低碳化措施，并着重从政府、企业领导人、核心企业引导力等方面设计企业实施低碳化的影响因素。在这样一条采购—生产—销售的供应链上，是哪些主要因素影响了企业实施低碳供应链管理，是本次调查的目的。围绕调查目的和研究内容，设计的调查问卷包含以下三方面基本内容：①填报人员的基本信息；②企业目前的低碳行为调查；③激励因素调查。

鉴于商业机密性和问卷的严密性，在问卷设计初展开了小规模的访谈和大量的文献阅读，问卷主体部分共针对 5 个变量提出了 25 项问题，并进行了试调研，通过试调研找出了问卷中存在的问题与不足，删除了一些内部一致性较差的部分题目，最终形成了 22 个测试题，确保了问卷具有较高的表面效度。本书尽量使问卷中的问题成为封闭型。从企业的采购生产、销售状况、障碍分析及企业员工的低碳意识四个方面和两个重要性量表进行分析调查。在问题设计中为了获得真实回答，需要进行一些问题处理。例如，B2 供应商有进行“三废”（废水、废气、废渣）处理吗？B6 在贵企业以往的供应商中有通过 ISO 14001 环境管理认证的企业吗？都是通过了解相对数据，判断总体的情况。在问卷中，能限定数量范围的也尽量限定，如 E3 贵企业近期（半年内）有进行低碳环保的宣传吗（A 5 次以上；B 3～5 次；C 少于 3 次；D 从来没有；E 正准备），避免了“偶尔”和“经常”这样模糊语的差异。但是在问题和选项的设计中，难免会出现不恰当和遗漏的地方，并且有些封闭式或开放的问题及备选答案可能会出现理解上的差异，进而影响到问卷的质量。

13.2.3 样市区简介

本书以云南 *A* 企业为样本点，云南 *A* 企业是云南 *M* 化工的龙头企业，云南 *A* 企业是在云南省委、省政府实施大企业大集团战略中，于 2005 年 8 月组建成立的省属大型企业集团，现由云南省人民政府国有资产监督管理委员会直接监管，下辖 10 余家企事业单位，且拥有一家上市公司。*A* 企业也是云南省政府重点扶持的 10 个地方工业企业之一， 2008 年位列中国企业前 500 强，中国制造业前 300 强，中国化工前 10 强，云南百强企业前 10 位。并在 2008 年 11 月，被评为云南省改革开放 30 周年最具影响力十大企业之一。2009 年 4 月，被全国总工会授予“全国五一劳动奖状”。2009 年 6 月，荣获“2009 年最具创新力企业”称号。本次调研以 *A* 企业的中层干部为调查对象，采用问卷调查的形式，共发放问卷 100 份，回收有效问卷 98 份，问卷回收率达 98%。把所有信息输入 SPSS 系统，经过编码处理，在 SPSS 系统中形成了 98 个对象，每个对象包含 34 个数据。该数据经过内部协调性检验，个别地方也做了核实修改，成为本书研究的依据。在问卷回收后，又进行了实地的访谈，对企业的低碳生产、销售过程有了进一步的了解，补充了问卷的不足。

从相应的问卷可以看出，学历高的当下年轻的员工对环境保护政策的支持，以及平时自己生活当中对环境保护的积极态度，所以企业自身可以加强对环境保护政策的宣传、教育和学习，让员工从自身角度出发，支持和相应国家环保政策，努力配合做好节能减排工作。

1. 企业低碳生产现状调查

根据企业采购生产情况调查的数据显示，66%的人员对供应商的生产过程并不了解，或处于一般性了解。其他更多的是不关心，通过了解到的供应商“三废处理”状况多为一般性处理，由此我们也可以得知，相对应地本企业“三废”处理措施也是一般性处理。采购是供应链的第一个环节，也是下游企业实行环保的重要环节，采购部门和供应商建立的企业合作关系，直接影响公司的环境绩效。很多一流的企业，环保意识和社会责任感比较强，会使用内部标准和环境管理系统来管理自己公司的环境绩效，并提高效率，如果供应商企业不能遵守或达到相应的标准，可能就无法构成友好的合作关系。当问及企业的生产工艺流程是否不断改进的时候，57%的人选择按设备的使用年限，23%的选择需要时改进，极少有紧跟行业先进。当然短期来看，设备的引进、改装、整修，工艺流程的再造会给企业增加大量的成本，长期来看，设备的老化、流程的繁复会给企业造成更多的成本、资源浪费。特别是现在供应链管理都讲求逆向物流，而大部分企业在设计产品时，极少考虑其可回收性，追求一次性消费，或一次性买卖，认为购买环保的材料或者环保设施会需要大量的资金投放，而其效果也是不太明显，经济效益也具有严重的滞后性。其实可回收性的产品考虑到了产品生命周期的全过程，既会减少对环境的影响，还会使资源得到充分的利用，所以也有企业在选择资金投入的时候做好投资方案，会尽量地避免和减少短期损失。

目前市场上很多都会使用绿色包装，如可降解塑料、纸包装、可食性包装等，也可以选择集合包装的环保包装方式，但是仍然会有应特殊要求的、对环境会有污染的包装物存在，企业需要在低碳材料的研发上、在研发成果的共享上做出自己的努力。在选择合适的物流方式上，企业最先考虑的都是经济性，然后是方便合适的运输方式。王长琼在《绿色物流》（化学工业出版社，2004 年）中面对不同运输方式在技术、经济性能、环境影响等方面的表现情况，用 1～5 五个等级进行衡量，1 表示性能最优，5 是最差，排序结果如表 13-4 所示。

表 13-4　不同运输方式的技术、经济、环境性能比较

性能	铁路	公路	水运	航空	管道
运输能力	2	4	1	5	3
速度	2	3	4	1	5
连续性	2	1	5	4	3
灵活性	3	1	4	2	5
运输成本	3	4	1	5	2

续表

性能	铁路	公路	水运	航空	管道
运输能耗	3	4	1	5	2
大气污染	3	5	2	4	1
温室效应	3	5	2	4	1
土地占用	4	5	1	3	2

从能源消耗和环境污染来看，五种货物运输方式中，航空和公路运输的能源利用效率最低、污染最大，因而可持续性差；而管道、水运和铁路则具有较好的可持续性。在很多的实际工作中，公路运输是比较方便而且实际的。但是从环境友好的角度考虑，建议企业尽可能多地考虑铁路运输、海运、水运的方式与公路运输相结合。而且随着国家环保政策的引入和执行，企业将环境成本纳入考虑范围，从长期利益出发，在政策的导向下会做出相应的调整，例如，选择更加环保的合作对象，考虑产品或包装的可回收性，选择合适的运输方式等。

2. 企业员工低碳意识调查

调查显示，大部分员工只是知道“低碳”这个词，是环境保护的代名词，并不理解其意义是指较低温室气体的排放，所谓的“低”是针对当前高度依赖化石燃料的能源生产消费体系所导致的“高”的碳强度及其相应“低”的碳生产率。

如图 13-2 及图 13-3 所示，43％的员工在近一个月的日常生活中并未关注国家出台的相关环保政策，说明员工对政府的环境保护政策并不关心，并且认为节能减排政策会对未来企业的发展产生一定的影响，至少在短期内会对企业的运营状况具有强烈的挑战。环境保护宣传活动的频率也说明企业自身对环境保护的重视度不够，就算是宣传也是简单的图片、板报、标语等流于形式的方式。在全世界都在呼吁环境保护的时候，在政府做出各方面的努力制定相关环境保护政策和法规，各省市地区制定相关减排目标后，需要当地的企业改变一贯的传统的管理模式，积极响应国家的环境保护政策，尽早加入低碳环保行列，为自身在供应链中找到合适的、积极有利的竞争地位打好基础。

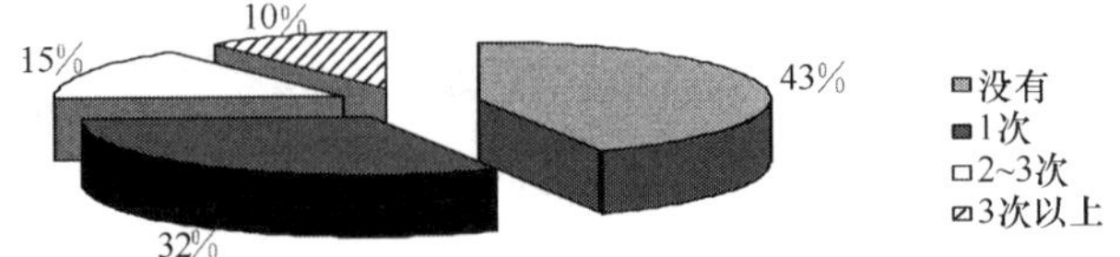

图 13-2　调查者关注环保政策频率

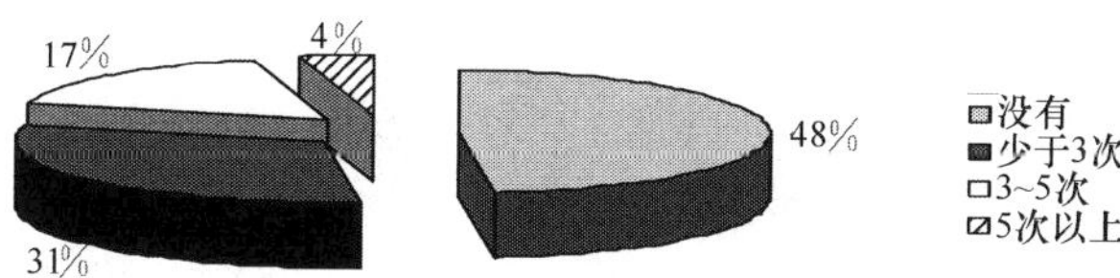

图 13-3　调查者企业宣传环保政策频率

13.2.4　问卷的处理

依据本次调查的需要，本书抽样调查方式为非概率抽样中的典型抽样法，即按照非概率的原则或者依据对个体和总体特征的判断，有意识地选择具有代表性的典型个体，进行深入细致的调查。这里的“代表性”因为是主观判断得到的，所以这类抽样方式也叫判断抽样。选出的样本是在总体中非常具有代表性的，能通过研究选出样本的特性，判断整体样本的特性。

问卷得到的数据是否准确、可靠，需要评价量表的信度和效度。信度是指测验结果的一致性、稳定性及可靠性，其表示方法主要有四种：①稳定性系数（重测信度），需要对同一组访问对象在尽可能相同的情况下，在不同的时间内进行两次测量，根据两次的相关分析来评价量表的信度。②等值系数（复本信度），用两份问卷（具有等效性）在最短的时间内对同一组调查对象进行测量所得的结果的一致性程度一般多以内部一致性来加以表示该测验信度的高低。③内在一致性系数（折半信度和 Cronbach α 信度），本书采用 Cronbach α 信度，测验内部的项目在多大程度上考察了同一内容，评价了量表中各题项得分间的一致性，α 系数高时，信度就高，α 系数低时，信度不一定低。低信度，$\alpha<0.35$；中信度，$0.35<\alpha<0.70$；高信度，$0.70<\alpha$。一般来说，问卷的 α 系数在 0.8 以上该问卷才具有使用价值，达到 0.85 以上，表明问卷信度良好（安胜利等，2002）。④评分者信度，不同的评分者对同一测量进行评定时的一致性，评分者的文化背景、生活经历、价值观等会潜在影响评分者的评分。

效度表示一项研究的真实性和准确性程度，又称真确性。它与研究的目标密切相关，一项研究所得结果必须符合其目标才是有效的，因而效度也就是达到目标的程度。效度是相对的，仅针对特定目标而言，因此只有程度上的差别。效度的评价种类很多，目前被广泛采用的是内容效度、结构效度和效标效度。因子分析法里面主要突出量表的结构效度，测量结果与测验的理论假设之间的一致性程度，在 SPSS 输出量表里表现为 KMO 值［KMO＝所有变量间相关系数平方和/(所有变量间相关系数平方和＋所有变量间偏相关系数平方和）］，一般认为 KMO 值大于 0.7 便可以作因子分析。效度与信度的关系为：信度是效度的必要条件，但不是充分条件。一个测量的效度要高，其信度必须高，而一个测量的信度高时，效度并不一定高。

13.3　量表的信度与效度分析

接下来需要对量表中的各个层面及量表的整体进行信度检验。所谓的信度检验是指对于量表的稳定性进行检验，即对同样一个量表对于同一人群的测量结果是否前后一致进行检验。信度检验的方法分为：α 信度系数法、重测信度法、复信度法及折半信度法，本书采用 Cronbach α 值来检验其整体和各维度导向问题的内部一致性。量表的信度情况如表 13-5 所示，整个量表的 Cronbach's Alpha 系数即克朗巴哈 α 值为 0.666，α 介于 0.600 到 0.800 之间表示较好；Cronbach's Alpha Based on Standardized Items 是 0.748，即项目平均值为 0.748，大于 0.700 具有较高信度所以本书所用测量问卷的同质性信度比较好。

表 13-5　内部一致性检验

可靠性统计		
Cronbach's Alpha	项目平均值	项目个数
0.666	0.748	16

经过 SPSS 软件分析，输出的 KMO 值为 0.764，说明适合进行因子分析；另外，经过了 Bartlett 球度检验的 *P* 值为 0.000，已达显著水平，适宜进行因子分析，具体 SPSS 输出结果如表 13-6 所示，本测量问卷适合进行因子分析。

表 13-6　问卷效度检验结果

取样足够度的 Kaiser-Meyer-Olkin 度量		0.764
Bartlett 的球度检验	近似卡方	400.405
	自由度	120
	显著性指标	0.000

13.4　企业实施低碳供应链管理的激励模型构建

13.4.1　影响因素的结果分析

根据调查问卷中 16 个因素所得的数据分析如表 13-7、表 13-8 所示。

表 13-7　解释的总方差

成分	初始特征值			提取平方和载入		
	合计	方差贡献率/%	累计方差贡献率/%	合计	方差贡献率/%	累计方差贡献率/%
1	6.875	42.967	42.967	6.875	42.967	42.967
2	2.003	12.519	55.485	2.003	12.519	55.485
3	1.392	8.698	64.184	1.392	8.698	64.184
4	1.075	6.716	70.900	1.075	6.716	70.900
5	0.922	5.760	76.659			
6	0.772	4.822	81.482			
7	0.622	3.888	85.369			
8	0.558	3.487	88.857			
9	0.414	2.586	91.443			
10	0.305	1.907	93.350			
11	0.292	1.827	95.177			
12	0.262	1.637	96.814			
13	0.201	1.255	98.069			
14	0.132	0.825	98.894			
15	0.091	0.569	99.463			
16	0.086	0.537	100.000			

注：提取方法为主成分分析法

表 13-8　旋转成分矩阵

成分	1	2	3	4
X_1	0.732	0.030	0.141	−0.190
X_2	−0.050	0.482	0.501	0.140
X_3	0.362	0.247	0.630	0.426
X_4	0.731	0.090	−0.005	0.459
X_5	0.347	0.326	0.618	0.158
X_6	0.228	0.253	0.334	0.696
X_7	0.737	0.202	0.067	0.360
X_8	0.740	0.424	−0.120	0.350
X_9	0.747	0.161	0.399	0.084
X_{10}	0.287	0.673	0.410	−0.010
X_{11}	0.247	0.634	0.394	−0.043

续表

成分	1	2	3	4
X_{12}	0.113	0.734	0.361	0.281
X_{13}	−0.045	0.136	0.795	0.023
X_{14}	0.534	0.701	−0.079	−0.035
X_{15}	0.026	0.786	0.145	0.432
X_{16}	0.075	0.048	0.040	0.830

注：提取方法为主成分分析法；旋转法为具有 Kaiser 标准化的正交旋转法；旋转在 7 次迭代后收敛

表 13-8 中解释成分 1 的因子有 X_1，X_4，X_7，X_8，对应问卷中的问题是政府税额补贴、政府宣传普及环保知识、政府设立“低碳”模范企业、政府大力宣传低碳企业文化，归纳为政府政策激励。

解释成分 2 的因子有 X_{10}，X_{11}，X_{12}，X_{15}，对应问卷的问题是成立低碳产品生产基地、提高企业间的合作满意度、供应链企业互相推广低碳新技术、建立供应链企业间的低碳信息共享平台，归纳为核心企业主导。

解释成分 3 的因子有 X_2，X_3，X_5，X_{13}，X_{14}，对应问卷的问题是供应链企业共同参与低碳技术的研发、产品的生产、供应链成立低碳基金、表彰低碳先进企业、规定各企业的“节能减排”目标、建立供应链企业间的低碳协调小组，归纳为上下游企业监督。

解释成分 4 的因子有 X_6，X_9，X_{16}，对应问卷中的问题是普及消费者低碳意识、政府向企业提供“低碳”产品研发的小额低息贷款、社会环保人士的舆论监督，归纳为社会舆论监督。

13.4.2　相关性分析

相关性分析结果如表 13-9、表 13-10 所示。

表 13-9　均值方差表

项目	描述统计	
	平均值	标准偏差
因子 1	1.980 6	0.713 26
因子 2	2.095 1	0.610 03
因子 3	2.121 3	0.570 73
因子 4	1.785 2	0.728 09

表 13-10　信度分析

项目	平均方差提取值	组合信度
因子 1	0.68	0.90
因子 2	0.68	0.90
因子 3	0.46	0.80
因子 4	0.58	0.80

平均提取方差值（average variance extracted，用于检验结构变量内部一致性的统计量）中除了因子 3 以外，其余均大于 0.5；组合信度由多于一个变量的总和做成的新变量的信度的值都大于 0.8，说明量表的内部一致性较好。

如表 13-11 所示，因子 1 与因子 2 之间的相关系数是 0.417，即政府政策激励与核心企业主导两方面的激励措施具有较高的相关性；因子 1 与因子 3 之间的相关系数是 0.489，政府政策激励与上下游企业监督也具有较高的相关性；因子 1 与因子 4 之间的相关系数是 0.547，政府政策激励与社会舆论监督措施具有较高的相关性（* * 表示在 0.01 水平下显著相关），同样核心企业主导与上下游企业之间的监督激励措施具有较高的相关性，与社会舆论监督也有较高的相关性，上下游企业之间的激励措施与社会舆论监督具有较高的相关性。即四个因子之间均具备较高的线性相关关系，因子分析和信度分析结果较好，可以进行下一步的分析。

表 13-11　四个因子的相关系数矩阵表

项目		因子 1	因子 2	因子 3	因子 4
因子 1	皮尔逊相关系数	1	0.417**	0.489**	0.547**
	显著性（双侧）		0.000	0.000	0.000
	样本离差阵	45.278	16.146	17.727	25.291
	协方差	0.509	0.181	0.199	0.284
	N	90	90	90	90
因子 2	皮尔逊相关系数	0.417**	1	0.806**	0.467**
	显著性（双侧）	0.000		0.000	0.000
	样本离差阵	16.146	33.120	24.988	18.448
	协方差	0.181	0.372	0.281	0.207
	N	90	90	90	90

续表

项目		因子 1	因子 2	因子 3	因子 4
因子 3	皮尔逊相关系数	0.489**	0.806**	1	0.488**
	显著性（双侧）	0.000	0.000		0.000
	样本离差阵	17.727	24.988	28.990	18.039
	协方差	0.199	0.281	0.326	0.203
	N	90	90	90	90
因子 4	皮尔逊相关系数	0.547**	0.467**	0.488**	1
	显著性（双侧）	0.000	0.000	0.000	
	样本离差阵	25.291	18.448	18.039	47.180
	协方差	0.284	0.207	0.203	0.530
	N	90	90	90	90

** 相关性在 0.01 水平上显著（双侧）

13.4.3 激励模型构建

经过上述企业低碳生产现状的调查、影响企业实施低碳供应链管理的因素综合分析，首先在采购阶段，为了克服上下游企业间的恶性竞争、不信任等的影响，上下游企业间需要建立合理一致的采购生产标准，互相监督，互相信任，并在核心企业的积极领导下，积极研究低碳的生产过程，研发低碳新技术，在供应链成员企业间分享减碳的成果，在社会舆论的监督下设计低碳的营销模式及消费者的低碳消费行为，当然这些行为都需要政府政策的大力支持和激励，最后在融合了供应链管理的模式下，本书构建激励企业实施低碳供应链管理的模型如图 13-4所示。

根据供应链的物料流、信息流及资金流过程，从低碳采购、低碳制造、低碳支付、低碳物流四方面考虑激励机制的模型构建。首先低碳采购是绿色采购理论的发展，从采购本身的角度出发，采购经理在供应链的碳管理中担任比以往重要的角色，他们修改采购规格，选择低碳化的替代材料。采购的货物和服务、专业人员的行动或者缺少的行动都直接影响自然环境。例如，在符合价格、质量、交付和其他标准的基础上，采购人员对采购何种材料有很大的影响。这些采购的材料对产生的废料有直接影响，废料可以随后扔到废物处理场所或者再循环。采购专业人员也影响设备的选择，进而影响能源的使用、排放以及生产和交付中的其他环境影响。所以企业若用内部的环境标准和环境管理系统来管理自己公司的环境绩效，并提高效率，而供应商企业不能遵守或达到相应的标准，可能就无法构成友好的合作关系。在这方面上下游企业间构成互相监督的激励方式。

低碳制造包括低碳设计、低碳生产、低碳包装三方面内容。低碳制造能提高

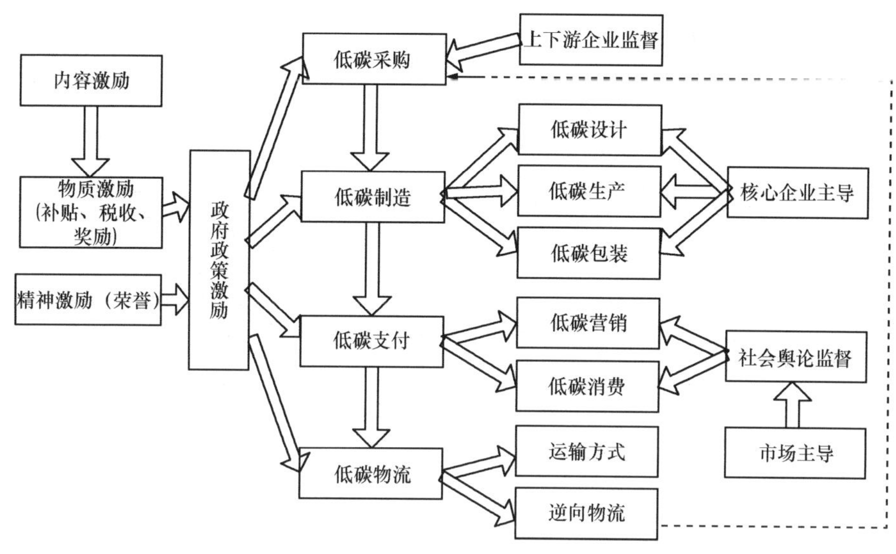

图 13-4　激励机制模型

企业的能源利用率，积极运用低碳技术对原有工艺、技术进行改造，提升能效技术、节能技术。通过加强科学管理和推进技术进步的各种途径，降低生产成本，从源头上做好环保工作，开发研究绿色包装材料、低碳原料及新材料的开发利用工作。在降低污染和排放方面：一是加大节能减排力度，减少污染物排放。调整和优化能源结构，提高产能的技术与效益，构建绿色文明生产系统。二是生产对生态环境和人体健康无害，能循环复用或再生利用，可促进国民经济持续发展的绿色材料和产品。也就是说在原材料选择、产品制造、使用、回收和废弃的整个过程均应符合生态环境保护的要求。三是企业应承担其社会责任，在保护环境、推行循环经济、低碳经济方面承担一定的社会责任，如包装废弃物回收利用工作、承担碳排放中和等。但是资金的缺乏阻碍了企业低碳设计、生产的推进，一般低碳产品的研发、材料的选择、设备的投入、技术改造等都会增加企业的短期成本，而且其效益具有滞后性，小企业没有能力去实现，需要核心企业大力研发新的低碳材料、引进新的设备，增强低碳生产技术的研发和推广，构建低碳信息的共享平台，引领供应链成员企业走低碳经济之路。

低碳支付包括低碳营销和低碳消费两方面，这两方面也是从企业和消费者角度出发，低碳经济时代，企业主动实施低碳营销是企业在营销实践中主动承担社会责任的积极反映，也是企业可以保持长久竞争优势的一个重要筹码。低碳消费是以正确的消费伦理观念为基础，要求正确看待人的消费行为所包含的“三重关系”：一是正确看待人的消费与自然环境的关系，确立善待自然、与自然界和谐相处的理念。二是正确看待消费中个人利益与他人及社会利益的关系。三是正确看待物质消费与精神文化消费的关系。买方市场消费者需求决定企业的出路，当企业不顾大众利益，污染人类赖以生存的地球环境，不承担相应的社会责任，消费者也会避而远之；当消费者自己的行为违反社会环境伦理道德，也会相应地受到社会公众的惩罚。所以社会舆论的监督对企业和消费者都具有一定督促作用。

低碳物流包括运输方式的选择和逆向物流两方面。运输方式前文已分析过，从环境友好的角度考虑，建议企业尽可能多地考虑铁路运输、海运、水运的方式与公路运输相结合。逆向物流的内容包括由于损坏、季节性、再存储、残次品、召回或者过度库存等原因而处理的回流商品；再循环利用的包装原料和容器；修复、改制、或翻新的产品、处理废弃的机器或设备；处理危险物流；恢复价值。逆向物流是因环境保护和资源的再生利用而产生的，其重要性就在于它对环境的保护、资源的节约和充分利用、促进社会的可持续发展发挥着重要的作用。企业增加逆向物流的管理能提高客户服务水平，增强企业的竞争优势，也能使节约的资源成为新的利润来源，其积极改善环境的行为更能树立良好的企业形象。所以从企业内部环境和外部环境来看，都应该增强逆向物流的管理。

当然，据前面数据分析，最重要的是政府的政策导向，在整个供应链管理的过程中，都应该给予相应的激励措施，从企业的根本需求出发，大致分为物质激励和精神激励。对于小的企业政策的补贴和优惠或许更具吸引力，对于已有一定规模的企业，其精神激励（荣誉激励）显得更加重要。政府对有利于低碳经济发展的生产者或经济行为给予补贴，对低碳经济发展实施税收优惠政策等，都是有效的经济激励手段；大力发展低碳经济意识，宣传新的低碳管理模式，树立低碳模范企业，设立有效的奖惩制度。

根据上文的分析，可以从政府政策激励、社会舆论监督、核心企业主导、上下游企业间的监督四方面提出相应的对策，督促供应链企业更好地实施低碳供应链管理。

13.5　政府政策激励

13.5.1　建立低碳法律法规体系

近年来，我国颁布的一些政策对提高能源利用率、节约能源资源、控制温室气体排放以及增强应对气候变化能力提供了有力保障，如 2007 年的《应对气候变化国家方案》《可再生能源中长期发展规划》《核电中长期规划》《中国的能源状况与政策》，2009 年的《中华人民共和国可再生能源法》《中华人民共和国循环经济促进法》等，逐步将低碳经济发展的工作纳入法制化轨道，修订已经发布的专项能源法规，跟进制定新的相关配套的法规和政策，进一步强化清洁、低碳能源开发和利用的激励政策，并把低碳法律法规的实施作为社会生产和生活的头等大事抓紧落实，使低碳经济发展有法可依、有章可循。通过立法明确政府、企业、公众在推行低碳供应链管理方面的义务和职责。从国家战略层面来看，目前我国与低碳经济相关的国家战略有“可持续发展战略”“节能减排行动方案”“能源规划”“循环经济”和“创新型国家”等。由于低碳经济是一种全新的经济发展模式，确立“低碳化”的国家社会经济发展总体战略必须搞清楚低碳经济和上述几大战略的关系，在科学发展观的指导下，从建设资源节约型、环境友好型社会和节能减排的需要出发，遵照低碳经济的内在发展规律，将多个发展战略进行协调整合，建立低碳经济评价体系和社会经济发展碳排放强度的评价标准，并提出切实可行的发展低碳经济的战略目标，形成一个具有国家意志的可操作的低碳经济发展的总体思路与实施方案。

13.5.2　健全低碳经济调控体系

在明确了国家的大体方针和发展方向后，需要制定相应的清晰稳定的鼓励支持政策。首先财政政策是政府进行宏观调控、合理配置资源的重要手段，在支持企业发展低碳经济增长模式的过程中起着至关重要的作用。财政政策主要围绕增加低碳经济发展支出、政府的“低碳”采购、设立环境整治与保护补助的专项资金、推向生态效益补偿资金的试点工作、财政贴息政策等。政府的预算支出是支持企业大力发展低碳经济的资金保证，技术创新、产品研发等都需要大量的资金投入；政府通过制定低碳采购标准，指定具体的低碳采购活动，规定低碳科技产品采购占政府总采购的比例等，促进低碳技术的创新和引导低碳产品的消费。政府也可通过财政补贴补偿企业在生产过程中所产生环境治理的费用，并充分利用和保护资源，引导和鼓励企业进行环境保护和节约资源；对清洁生产、开发和利用新能源、废物的综合利用等项目进行贷款贴息；对污染治理、低碳产业的发展等项目给予贷款利率的优惠等，支持和扶持企业走上低碳经济发展之路。从以往国家颁布的财政政策来看，偏向于财政支出，对税收的作用重视不够，因此未来要结合绿色税制的构建，加强税收的调节作用。对发展低碳经济的企业给予税收支持，对从事低碳技术研发的企业给予一定的所得税减免或者对企业购置的环保设备投资，可按一定比例进行税额的抵免等，吸引其他企业发展低碳经济。最后完善关税政策，抑制高能耗、高污染、资源性产品出口，支持高附加值产品的出口，鼓励企业对产品和技术的升级改造，鼓励高新技术和产品的引进。健全环境税收政策，确保我国环境资源的有偿使用，适时开征碳税，控制资源的使用量和二氧化碳的排放量。除了国家财政政策的大力扶持，节能环保行业的金融服务也是值得开发的一块。目前国家正积极推动绿色信贷，商业银行大力推进节能减排项目的贷款额度，创新管理机制，合同能源管理，鼓励和扶持低碳技术开发和应用企业进入创业板市场，为其发展壮大提供资本支持，国际清洁发展机制（clean development mechanism，CDM）交易，推行基于配额交易的碳排放权交易等新型的融资方式，并与国际金融机构积极沟通合作，建立国内环境交易所，拓展融资渠道。

13.5.3 创新低碳行政管理体系

世界各国在发展低碳经济的过程中都努力地出台国家政策，推动、保障低碳经济和技术的发展，各国都制定了本国和本地区的节能目标，确立了“命令和控制”的行政管理模式，要求工矿企业的污染物排放在限定的时间内达到排放限额标准（普遍实行污染物的“总量控制”），同时还要求政府机构在做出决定的过程中考虑其决定对环境的不良影响，如美国《国家环境政策法》规定：“联邦政府的一切机构，在采取会对人类环境产生明显的重大影响的联邦行动时，应当编制一份详尽的说明书，其中应包括拟议中的行动将对环境产生的影响。”由于各国污染控制法规大多采用严厉的“技术强制”处理方式，即强迫现有污染源“重新符合”排污限额，强迫新污染源采用“最佳使用技术”，“命令和控制”模式发挥了重要的作用。我国也明确承诺了具体的碳减排目标，有专门的低碳经济政策，制定地方政府的目标责任制，由中央和地方政府、重点企业层层分解落实节能减排指标，配套出台《节能减排统计、监测与考核实施办法》《主要污染物总量减排统计、监测与考核办法》以及《单位 GDP 能耗监测、统计和考核办法》等文件，并通过自上而下的“目标—任务分解—考核”的方式推进。当然政策的实施需要地方政府和重点规模企业具有高效的执行力，科学地分解和制定阶段性目标。对于新型的企业和项目，严格执行《中华人民共和国环境影响评价法》，优先审批清洁生产项目，严把能耗增长源头关，从严控制新的高能耗项目，把能耗标准作为项目审批、核准实施和备案的强制性门槛，引导和约束企业实行清洁生产，走可持续发展之路。

13.5.4 构建低碳社会全员参与意识

建设“低碳中国”是我国的战略选择和长远目标，必须大力宣传低碳经济的概念、内涵、措施和发展低碳经济的重要性、必要性，通过能源结构的调整、产业结构的调整、科学技术的创新、政策法规的完善、消费过程的优化等措施，全面推进低碳社会的建设，促进经济的可持续发展，构建资源节约型、环境友好型社会。培养全面的低碳意识，倡导低碳消费，真正从生产环节降低对碳资源的消耗、商品流通环节降低环境污染、消费环节降低资源的浪费，从科学发展观的战略高度把低碳文化变为全社会的主流意识。在这个长期的过程中，政府应该承担主体责任，发挥宣传教育的基础性作用，充分利用媒体资源，倡导以过度消费为耻，以适度消费、健康消费、绿色消费为荣的思想意识；培养和提高全社会成员的资源环境忧患意识、低碳环保意识。可以筹建专门的低碳博物馆，设立全国低碳日或世界低碳日等公众项目。

13.6　社会舆论监督

13.6.1　宣导正确的企业社会责任观

一个优秀的企业不仅要实现其经济效益，更需要懂得回馈社会，并且这种回馈不仅仅是公益性、社会性的形式上面的单方面给予，而是在回馈的同时要得到社会公众的认可。在整个生产过程中从“社会公民”角度出发，充分认识企业是社会的一分子，要充分关注人的价值、人的健康、安全和环境的改善等，根据企业应有的社会责任所做出的对产品策略、营销策略、服务策略的改变等，都是要从根本上关注人与环境的协调。通过对社会的慈善捐赠和积极参与社会公益事业的健康发展，可以提高企业的声誉，树立良好的企业形象，同时在企业自身的发展过程中维护生态环境，加大环保产品的研发，尽可能地降低和减少对环境的污染，积极开发新产品、新技术、新工艺，实行清洁生产，提高能源利用率，节约资源，降低碳的排放量，抢占低碳市场。

13.6.2　完善社会利益团体的机制和作用

社会利益团体代表了社会公众的公共利益，我们要充分利用这一有效群体的作用，发挥其积极的一面，监督企业完善自己的环境保护机制，积极加入低碳行列。例如，消费者保护协会可以从消费者利益出发，组织编写相关教育资料，开展低碳消费教育，提高消费者自身的素质，引导社会公众科学、合理、文明地消费理念；各行业工会组织就企业的工作环境、劳动保护等问题与企业积极协商，争取发挥工会组织的重要作用，保护劳动者切身利益；各商业协会应该从环境保护出发，制定符合排放标准的行业准入制，引导行业的绿色健康发展。环境保护组织更要肩负起低碳环保的重任，通过组织环境保护的竞赛、演讲、学习、培训等方式加强社会公众的环境保护意识。对不符合环境保护要求的企业要及时披露，充分利用报纸、网络、电视等媒体信息，引起社会的广泛关注。也可以建立相关团体，代表受害者或受到环境破坏的区域，向法庭提起诉讼，坚决打击破坏环境的不法行为。

13.6.3　建立社会公众对企业的评价机制

评价机制是在政府行政许可审批前，对待审批项目的可行性评价，一般由法定的中介机构进行科学、客观的评价，政府部门评价机构出具的评价决定批准或者不予批准，如新引进的工业项目必须通过环境影响评价、安全评价等。评价反馈是现代管理的重要环节，主要通过对管理活动和任务进行评价，然后根据评价结果对管理过程进行修正，以期更好地达到目标。就社会公众对企业的评价来说，可以从管理行为评价、企业文化健康度评价、企业绩效评价、企业形象力评价等方面考虑。管理行为评价机制可以为企业管理者提供科学的决策依据，有助于管理者的活动朝标准化、制度化和规范化发展；企业文化健康度的评价有助于企业营造良好的企业文化建设氛围，激发员工的工作参与度，加强企业的核心凝聚力，使得企业员工形成正确的企业价值观、企业精神、道德规范和行为准则；企业形象力评价需要构建企业形象力评价指标体系，指导企业制定并实施良好的形象战略。社会公众要有主体意识，积极参与这些企业的评价机制，加强企业的约束和激励。

13.7 核心企业主导

13.7.1 积极推进低碳技术的研发

低碳供应链与绿色供应链有相似之处，都是基于保护环境的原则，对资源进行合理的开采和充分的利用，达到供应链的资源最优配置。一般企业实施低碳生产的积极性不高，其资金的短缺和低碳经济效益的滞后性决定了供应链成员企业不会积极主动进行低碳技术的研发，而核心企业一般具有较强的经济实力和研发能力，其对新产品的研发和推进市场占有率具有相对的优势。在云南化工行业中重点抓好钢铁、有色、煤炭、煤化工、磷化工、建材、电力等行业，必须加大实施节能技术措施，如高效利用选矿技术、湿法冶炼技术、精细磷化工产品生产关键技术、高效节能火法、有色金属和稀贵金属深加工技术、中低品位磷矿资源深度开发与综合利用技术、煤焦化及副产品高效利用技术、大型煤气化净化先进技术等。对新建的建筑物按照云南省人民政府提出的50%节能标准设计，对现有的不节能建筑进行节能改造，把节能、省地、新型墙体材料应用等有机地结合起来。在企业选择合理的运输方式时，充分发挥水运、铁路和汽运的比较优势，加强和结合多种运输方式，推进低碳物流的发展。最后是加快新能源和再生能源的开发，发展清洁能源。

13.7.2 构建低碳供应商合作的选择和评价机制

核心企业在强调环境保护原则的过程中，选择合适的合作伙伴是供应链高效运作的关键之一。基于低碳的目标，不仅要求实现系统内资源的可持续利用，更注重整个供应链的低碳文化、价值观念的可持续发展，因此对于低碳供应链的核心企业而言，选择具有相同的环境价值观的合作伙伴，不仅会考虑其生产能力、成本、质量、服务和信誉等基本因素，还会采取适当的低碳指标体系，对合适的合作伙伴或潜在的合作伙伴进行评估和选择，促进供应链成员企业积极实施低碳采购、低碳设计、低碳生产、低碳运输、低碳营销等项目，使得供应链成员企业能达到核心企业的环境保护需求，增强供应链的核心竞争力，最终保证供应链的稳定长期发展。

13.7.3 建立低碳信息共享平台

核心企业是整条供应链的信息交换中心，商品的需求与供给信息在核心企业处交汇后，经过处理生成各节点企业的需求信息，此信息交换的质量会直接影响整个供应链的运作效率。核心企业也会扮演物流集散的调度角色，首先是原材料供应商向上游企业提供物料，然后由生成型企业进行制造加工，再流向销售商最终到达用户手里。王能民曾在绿色供应链研究里面指出：绿色供应链运营研究与实践的重点应该是一般供应链运营不强调的内容，如激励机制、合作机制、反向后勤、工艺与资源的选择与评价、供应链内的知识流等问题，以上问题是保证绿色供应链实现其战略目标的关键。同理，对环境保护的指标更加明晰和量化后，供应链的管理仍然需要核心企业的主导，设计有效的激励机制，建立低碳信息共享平台，及时分享企业减碳的成果，使得成员企业在开发低碳产品的时候拥有较新的信息资源和技术，在实施低碳营销的时候有很好的案例，有先进的低碳物流设计模式，当然，也使得成员企业有实施低碳供应链、发展低碳经济的参与感。

13.8 上下游企业间的监督

上游企业为下游企业提供原材料，此节点企业又为下游节点企业提供相应的半成品，经过最下游企业的加工生产最终流向消费者市场，如果供应链企业都制定统一的环境保护准则，约定相同的产品质量标准及企业环境责任标准，并适时地监督其是否存在及实施情况，通过合同的方式对上下游企业规定环境绩效必须达到的最低标准，或者通过企业认证来建立互相合作的关系；建立上下游企业间的低碳知识培训，传授有利于共同发展的管理、技能知识，设定共同的环境目标等对整个供应链实施低碳管理具有很好的督促作用。发展低碳经济具体下来是控制温室气体的排放，即节能减排，研究表明，从碳减排的贡献度来看，节能可以起到 40％的作用，减排起到 60％的作用。节能在低碳经济的建设中具有相当重要的地位，所以供应链企业间要充分调整能源结构，提高清洁能源的使用比例，如水电、风能、核电、太阳能等；减排即要求企业在“三废”的排放上，在资源的重复利用上进行技术的更新和改造，达到资源充分利用和温室气体的零排放。

参考文献

白思俊．2009. 系统工程［M］．北京：电子工业出版社．

布朗 L R. 1999. 生态经济革命：拯救地球和经济的五大步骤［M］．萧秋梅译．台湾：扬智文化出版社．

蔡斯 R B. 1999. 生产与运作管理——制造与服务［M］．宋国防译．北京：机械工业出版社．

车志敏．2008. 云南科学发展研究［M］．云南：云南大学出版社．

陈国权．1999. 供应链管理［J］．中国软科学，(3)：101-104.

陈建华，马士华．2006. 供应链整合管理的实现机制与技术解决方案［J］．工业工程与管理，11 (l)：21-31.

陈敬贤，施国洪，马汉武．2008. 基于改进灰关联法的供应链风险评价模型及研究［J］．软科学，22 (10)：11-15.

陈思源，董敏，王京安，等．2011. 基于碳足迹的供应链管理研究与思考［J］．产业观察，7：99.

陈志祥，马士华．2001. 供应链中的企业合作关系［J］．南开管理评论，2：56-59.

但斌，刘飞．2000. 绿色供应链及其体系结构研究［J］．中国机械工程，(11)：1233-1236.

丁超勋．2010. 低碳理念下物流产业的生态化整合路径［J］．研究与探讨，(10)：23-25.

丁卫东，刘凯，贺国先．2003. 供应链风险研究［J］．中国安全科学学报，(4)：64-66.

樊纲．2010. 走向低碳发展：中国与世界——中国经济学家的建议［M］．北京：中国经济出版社．

付芳，赵慧峰．2011. 基于供应链管理的低碳经济体系研究［J］．观点，1：47-48.

付加锋，庄贵阳，高庆先．2010. 低碳经济的概念辨识及评价指标体系构建［J］．中国人口资源与环境，(8)：38-43.

付允，马永欢．2008. 低碳经济的发展模式研究［J］．中国人口资源与环境，(3)：41-46.

高玉娜．2007. 模糊综合评价法在供应商绩效评价体系中的应用［J］．物流科技，(1)：135-137.

耿元秋，董动社．2000. 陆地碳循环研究进展［J］．地理科学进展，19：296-307.

郭立夫，李北伟．2006. 决策理论与方法［M］．北京：高等教育出版社．

郭雪松，孙林岩，徐晟．2007. 基于 P-SVM 的绿色供应商评价模型［J］，预测，(5)：198-211.

郭志伟．2008. 供应链信用风险分析与控制［J］．经营与管理，(3)，45-46.

贺巍巍．2008. 基于绿色度的绿色供应链综合评价体系研究［D］．北京：清华大学．

胡昌华，许化龙．2000. 控制系统故障诊断与容错控制的分析和设计［M］．北京：国防工业出版社．

胡运权．1999. 数学模型［M］．北京：高等教育出版社．

黄进．2010. 碳标识和环境标志［J］．标准科学，(7)：4-8.

戢守峰，刘铭嘉，丁伟，等.2008. 基于三级供应链的收益共享契约协调研究［J］. 东北大学学报，(11)：1653-1656.

姜青舫，陈方正.2000. 风险度量原理［M］. 上海：同济大学出版社.

蒋洪伟，韩文秀.2000. 绿色供应链管理：企业经营管理的趋势［J］. 中国人口资源与环境，(4)：90-92.

李金林，赵中秋.2006. 管理统计学［M］. 北京：清华大学出版社.

李振超.2010. 供应链网络下集群企业合作创新行为的演化分析［D］. 兰州：兰州大学.

李志强，王性玉.2010. 基于博弈理论的供应链企业间信用风险分析［J］. 商业研究，(5)：19-21.

林明.2008. 燃烧电厂环境影响评价研究［D］. 保定：华北电力大学.

刘彬，朱庆华.2005. 基于绿色采购模式下的供应商选择［J］. 管理评论，8 (17)：32-36.

刘光复.2000. 绿色设计与绿色制造［M］. 北京：机械工业出版社.

刘静玲.2009. 可持续发展实用工具与案例［M］. 北京：中国环境科学出版社.

刘茜，马吉睿.2008. 信息共享下绿色供应链价格协调问题研究［J］. 物流技术，(12)：97-101.

刘淑妍，诸大建.2009. 我国可持续发展政策的走向与未来展望分析［J］. 中国人口·资源与环境，(2)：122-126.

刘思华.2002. 企业可持续发展论［M］. 北京：中国环境科学出版社.

刘惟信.1996. 机械可靠性设计［M］. 北京：清华大学出版社.

刘燕华，李秀彬.2007. 脆弱生态环境与可持续发展［M］. 北京：商务印书馆.

刘永胜.2007. 供应链风险预警机制［M］. 北京：中国物资出版社.

刘永胜.2010. 供应链风险研究［M］. 北京：知识产权出版社.

骆守俭，郝斌.2009. 供应商关系管理［M］. 上海：上海财经大学出版社.

马士华，林勇.2000. 供应链管理环境下供应商的综合评价选择研究［J］. 物流技术，5：30-32.

马士华，林勇.2005. 供应链管理［M］. 北京：机械工业出版社.

马忠海.2002. 中国七种主要能源温室气体排放系数的比较评价研究［D］. 上海：中国科学院上海冶金研究所.

糜仲春，苗缅云.2003. 废旧家电回收的反向物流系统模型研究［J］. 科技进步与对策，(10)：68-69.

摹方中.2003. 敏捷供应链管理中几个决策问题的研究［D］. 杭州：浙江大学.

聂茂林，张成考.2005. 生态供应链管理环境下的物流绿色化［J］. 企业经济，9 (301)：48-49.

庞燕，王忠.2011. 低碳经济环境下钢铁制造业绿色供应链管理模型研究［J］. 企业经济，(2)：66-68.

彭娟.2008. 供应链协同管理研究初探［J］. 物流工程与管理，(10)：105-108.

瞿群臻，王明新.2012. 低碳供应链管理绩效评价模型的构建［J］. 中国流通经济，(3)：39-43.

山本良一.2003. 战略环境经营生态设计［M］. 王天民译. 北京：化学工业出版社.

盛晋晰．2004. 大规模定制下的供应商技术研究与实现［D］大连：大连理工大学．

施楠．2007. "京都时代"中国二氧化碳排放控制研究［D］．北京：中国石油大学．

世界环境与发展委员会．1997. 我们共同的未来［M］．王之佳，柯金良译．长春：吉林人民出版社．

孙宝文．2008. 基于委托—代理理论的供应链伙伴关系研究［M］．北京：中国人民大学出版社．

孙桂娟，殷晓彦，孙相云，等．2010. 低碳经济概论［M］．济南：山东人民出版社．

孙洪杰，廖成林．2006. 基于共生理论的供应链利益分配机制研究［J］．科技进步与对策，(5)：114-115.

孙艳艳．2009. 基于信息共享的动态联盟利益分配过程研究［D］．西安：西安电子科技大学．

唐任伍．2010. 经济学原理［M］．北京：北京师范大学出版社．

唐晓波，黄圆媛．2005. 协同学在供应链协同中的应用研究［J］．情报杂志，24 (8)：23-25.

童磊，越雪霜．2011. 我国碳交易市场的现状、问题及发展对策［J］．生产资料，5：165-168.

王长琼．2004. 绿色物流［M］．北京：化学工业出版社．

王超，王金．1992. 机械可靠性工程［M］．北京：冶金工业出版社．

王冲，夏远强，张昌生．2006. 供应链管理相关理论研究综述［J］．价值工程，(3)：50-53.

王非，胡信步．2005. 供应链管理若干问题研究综述［J］．人文地理，(3)：26-30.

王国文．2010. 低碳物流与绿色供应链：概念、流程与政策［J］．开放导报，(2)：37-40.

王惠霞．2007. 物流管理基础［M］．北京：科学出版社．

王君．2009. 可持续发展［M］．北京：中国发展出版社．

王能民，杨彤．2001. 基于绿色制造的供应链设计［J］．制造业自动化，(4)：10-12.

王能民，杨彤．2006. 绿色供应链的协调机制探讨［J］．企业经济，(5)：13-15.

王寿兵，王如松，吴千红．2001. 生命周期评价中资源耗竭潜力及当量系数的一种算法［J］．复旦学报（自然科学版），40 (5)：553-557.

魏权龄．1988. 评价相对有效性的 DEA 方法［M］．北京：中国人民大学出版社．

魏修建．2005. 供应链利益分配研究——资源与贡献率的分配思路与框架［J］．南开管理评论，(8)：78-83.

魏一鸣，王恺，凤振华，等．2010. 碳市场与碳金融——方法与实证［M］．北京：科学出版社．

吴雪靖，刘凯．2009. 基于集值统计理论的供应链风险评价研究［J］．物流技术，28 (10)：100-102.

夏德建，任玉珑，史乐峰，等．2010. 中国煤电能源链的生命周期碳排放系数计量［J］．统计研究，27 (8)：82-89.

辛章平，张银太．2008. 低碳经济与低碳城市［J］．城市发展研究，(4)：92-95.

邢继俊，黄栋，赵刚．2010. 低碳经济报告［M］．北京：电子工业出版社．

熊焰．2010. 低碳之路：从新定义世界和我们的生活［M］．北京：中国经济出版社．

许民利，覃波．2007. 基于 DEA 模型的供应商评价［J］．上海商学院学报，(3)：58-60.

杨红芬，吕安洪，李琪．2002. 供应链管理中的信息风险及对策分析［J］．商业经济与管理，(2)：32-35.

杨红娟 . 2007. 绿色供应链管理［M］. 北京：科学出版社 .

杨红娟，郭彬彬 . 2010. 基于 DEA 方法的低碳供应链绩效评价探讨［J］. 经济问题探索，(9)：31-35.

杨建新，徐成 . 2002. 产品生命周期评价方法及应用［M］. 北京：气象出版社：68-72.

杨文佳 . 2011. 基于投入产出分析的供应链碳排放评价研究［D］. 北京：北京交通大学 .

叶蜀君 . 2008. 信用风险度量与管理［M］. 北京：首都经济贸易大学出版社 .

于海斌，朱云龙 . 2000. 协同制造［M］. 北京：清华大学出版社 .

袁男优 . 2010. 低碳经济的概念内涵［J］. 城市环境与城市生态，(10)：43-46.

苑清敏，齐二石，李健 . 2002. 绿色供应链与工业生态园区［J］. 天津理工学院学报，(2)：26-29.

张克勇，周国华，刘向杰 . 2009. 零售商竞争环境下第三方负责回收的闭环供应链系统协调策略［J］. 技术经济，(3)：124-128.

张坤民 . 2008. 低碳经济论［M］. 北京：中国环境科学出版社 .

张侨，郭宏湘 . 2004. 基于信任的供应链治理机制研究［J］. 重庆交通学院学报，(4)：29-33.

张琴 . 2010. 供应链信用风险控制研究［D］. 武汉：武汉理工大学 .

张贤荣 . 2010. 现代环境下社会公众对企业影响的研究［D］. 西安：西安建筑科技大学 .

张新 . 2011. 低碳供应链初探［J］. 物流工程与管理，(8)：80-82.

赵广华 . 2010. 产业集群企业的低碳供应链管理［J］. 企业管理，(8)：88-90.

赵焕成 . 1986. 层次分析法：一种简易的新决策方法［M］. 北京：科学出版社 .

赵林度 . 2003. 供应链与物流管理：理论与实务［M］. 北京：机械工业出版社 .

赵小菊 . 2008. 信用风险管理［M］. 上海：上海财经大学出版社 .

赵益维 . 2009. 供应链风险因素与防范对策研究［J］. 技术与市场，(6)：3-4.

郑季良 . 2010. 云南省低碳经济发展的现状和路径研究［J］. 第五届云南论坛，12：181-185.

郑鑫，杨静，王利生 . 2009. 我国化石能源燃烧产生的 CO_2：排放量预测［J］. 水电能源科学，5：224-227.

郑迎飞，周欣华，赵旭 . 2001. 国外企业绿色供应链管理及其对我国的启示［J］. 外国经济与管理，(12)：30-34.

钟秉林，黄仁 . 2000. 机械故障障诊断学［M］. 北京：机械工业出版社 .

钟晶晶 . 2011. 发改委谈物价形势　蔬菜流通成本被指高达 70%［N］. 新京报，2011-4-26.

朱道立，林虹，曾宪文 . 2002. 供应商选择决策——集成化管理软件 ERP 系统供应商选择［J］. 物流技术，6：23-26.

朱建军，刘士梦，黄敏 . 2003. 供应商选择及订购计划的分析［J］，东北大学学报（自然科学版），5：956-958.

朱庆华 . 2004. 绿色供应链管理［M］. 北京：化学工业出版社 .

庄贵阳 . 2007. 低碳经济：气候变化背景下中国的发展之路［M］. 北京：气象出版社 .

庄贵阳 . 2008. 低碳经济引领世界经济发展方向［J］. 世界环境，(3)：26-31.

Ang B W，Zhang F Q. 2000. A survey of index decomposition analysis in energy and environmental studies［J］. Energy，(25)：1149-1176.

Azapagic A，Clift R. 1999. The application of life cycle assessment to process optimization［J］.

Computers and Chemical Engineering, 23 (10): 1508-1519.

Charnes A, Cooper W W, Phdes E. 1978. Measuring the efficiency of DMU [J]. European Journal of Operational, (2): 429-444.

Chee Y W, John J, Hans-Henrik H. 2004. Supply Chain Coordination Problem: Literature Review [M]. Center for Industrial Production: Aalborg University.

Chopra S, Sodhi M. 2004. Managing risk to avoid supply china breakdown [J]. MIT Sloan Management Review, 46 (1): 53-61.

Cooper M C, Lambert D M, Pagh J D. 1997. Supply chain management: more than a new name for logistics [J]. International Journal of Logistics Management, (8): 1-4.

Dickson G W. 1966. An analysis of vender selection system and decisons [J]. Journal of Purchasing, 2 (1): 5-17.

Donald J. 2003. Supply Chain Logistics Management [M]. 北京：机械工业出版社.

Duca J V, van Hoose D H. 1998. Goods-market competition and profit sharing: a multistory macro approach [J]. Journal of Economics and Business, 50 (6): 525-534.

Faisal M N, Banwet D K, Shankar R. 2007. Information risks management in supply chains: an assessment and mitigation framework [J]. Journal of Enterprise Information Management, 20 (6): 677-699.

Fiala P. 2005. Information sharing in supply chains [J]. Omega, 33: 345-351.

Fvnes B. 2004. Environmental uncertainty supply chain relationship quality and performance [J]. Journal of Purchasing & Supply Management, (10): 179-191.

Gabriel J, Jacques M, Kirby J, et al. 2000. Integrating environmental requirement into the supply chain: IBM is ECP initiatives [J]. Electronics and the Environment, 8: 225-229.

Gavirneni S. 2001. Benefit of operation production distribution environment [J]. European Journal of Operational Research, (130): 612-622.

Gilbert K. 2005. An ARIMA supply chian model [J]. Management Science, 51 (2): 305-310.

Gilbert S. 2001. Green Supply Chain: Enhancing Com-petitiveness through Green Productivity [M]. Taipei: Taiwan Press.

Goh M, Lim J Y S, Meng F. 2007. A stochastic model for risk management in global supply chain networks [J]. European Journal of Operational Research, 182: 164-173.

Hagelaar T J L, van der Vorst J G A. 2002. Environmental supply chain management: using life cycle assessment to structure supply chains [J]. International Food and Agribusiness Management Review, 4: 399-412.

Hallikas J, Virolainen V M, Tuominen M. 2002. Risk analysis and assessment in network environments: a dyadic case study [J]. International Journal of Production Economics, 78: 45-55.

Handfield R B. 1996. Green supply chain: best practices from the furniture industry proceedings [C]. Orlando: Annual Meeting of the Decision Sciences Institute: 1295-1297.

Hatherall D A. 1988. Purchasing in the pharmaceutical industrial [D]. Lancaster: Lancaster University.

Holland J H. 1992. Adaptation in Natural and Artificial Systems：An Introductory Analysis with Application to Biology，and Artifical Intelligence [M] . Cambridge：The MIT Press.

Juttner U，Peck H，Christopher M. 2003. Supply chain risk management：out-lining an agenda for future research [J] . International Journal of Logistics：Research and Applications，6 (4)：197-210.

Kunseh P，Springael J. 2008. Simulation with system dynamics and fuzzy reasoning of a tax policy to reduce CO_2 emissions in the residential sector [J] . Operational Research，185：1285-1299.

Lee H L，Padmanabhan V，Whang S. 1997. The bullwhip effect in supply chains [J] . Sloan Management Review，(38)：93-102.

Liao Z，Kuhn A. 2004. Operational integration of supplier selection and procurement lot sizing in supply chain [C] . Global Project and Manufacturing Management Symposium.

Lye A V，Bergen M E. 1997. Quick response in manufacturer retailers channels [J] . Management Science，(43)：559-570.

Markley M J，Davis L. 2007. Exploring future competitive advantage through sustainable supply chains [J] . International Journal of Physical Distribution Logistics Management，(37)：763-774.

Min H. 1994. International supplier selection：a mufti-attribute utility approach [J] . International Journal of Physical Distribution & Logistics management，24 (5)：24-33.

Min H，Galle W P. 1997. Green purchasing strategies：trends and implications [J] . International Journal of Purchasing and Materials Management，(4)：10-17.

Moraseh K. 2000. The distribution of profits structure model of entrust coordination mechanism [J] . International Journal of Industrial Organization，(18)：257-278.

Nagel M H. 2000. Environmental supply-chain management versus green procurement in the scope of a business and leadership perspective [R] . San Francisco：IEEE：219-224.

Pearce D. 2000. The role of carbon taxes in adjusting to global warming [J] . Economic Journal，101 (407)：38-48.

Rao P，Holt D. 2005. Do green supply chains lead to competitiveness and economic performance [J] . Journal of Operations&Production Management，(9)：898-916.

Sarkis J. 1998. Theory and methodology：evaluating environmentally conscious business practices [J] . Operational Research，107：159-174.

Sarkis J. 2003. A strategic decision framework for green supply chain management [J] . Journal of Cleaner Production，(4)：397-409.

Say N P，Yucel M. 2007. A computer-based system for environmental impact assessment applications to energy power stations in Turkey [J] . Energy Policy，35 (12)：6385-6491.

Schoenherr T，Tummala V M R，Harrision T P. 2008. Assessing supply chain risks with the analytic hierarchy process：providing decision support for the offshoring decision by a US manufacturing company [J] . Journal of Purchasing & Supply Management，14 (2)：100-111.

Shapley L S. 1953. A Value for n-Person Games Annals of Mathematics Studies [M] . Princeton New Jersey: Princeton University Press.

Shiromaru I. 2000. A fuzzy satisfying method for electric power plant coal purchase using genetic algorithms [J] . European Journal of Operational Research, 126: 218-230.

Simon C. 2000. Supply chain management: an analytical frame work for critical literature review [J] . European of Purchasing&Supply Management, (6): 67-83.

Suh T, Kwon G. 2006. Matter over mind: when specific asset investment affects calculative trust in supply chain partnership [J] . Industrial Marketing Management, (35): 191-201.

Sundarekani B. 2010. Modeling carbon footprints across the supply chain [J] . International Journal of Production Economics, 128 (1): 43-50.

Tang C S. 2006. Perspectives in supply chain risk management [J] . Production Economics, 103: 451-488.

Vachon S, Klassen R D. 2008. Environmental management and manufacturing performance: the role of collaboration in the supply chain [J] . International Journal of Production Economics, (111): 299-315.

Vachon S, Robert D. 2006. Klassen, extending green practices across the supply chain [J] . International Journal of Operation& Production Management, (26): 795-821.

van Hoek R I. 1999. Form reversed logistics to green supply chain [J] . Supply Chain Management, (4): 129-137.

Webb L. 1994. Green purchasing: forging a new link in the supply chain [J] . Resource, 1 (6): 14-18.

Weber C A, Current J R, Benton W C. 1991. Vendor selection criteria and methods [J] . European Journal of Operational Research, 50: 2-18.

Wijaya M E, Limmeechokchai B. 2010. The hidden costs of fossil power generation in Indonesia: a reduction approach through low carbon society [J] . Science and Technology, 32 (1): 80-84.

Willis T H, Huston C R, Pohlkamp F. 1993. Evaluation measures of just-in-time supplier performance [J] . Production and Inventory Management Journal, 34: 1-6

Wilson E L. 1994. The relative importance of supplier selection criteria: a reviewed update [J] . International Journal of Purchasing and Materials Management, 25: 35-41.

Yahya S, Kingsman B. 1999. Vendor rating for an entrepreneur development program: a case study using the analytic hierarchy process method [J] . Journal of Operational Research Society, 50: 916-930.